悩みが消えて、
相手がわかる

心を読み解く技術

NLPパート理論

NLP Parts Model

原田幸治——著
Koji Harada

晶文社

装丁　岩瀬聡
イラスト　河村誠

まえがき

あなたの心は、一つのものではありません。
あなたの気持ちを生み出しているのは、あなた自身ではありません。

あなたがついカーッとなって怒鳴ってしまうのも、
気がつくと甘いものを食べてしまっているのも、
抑えきれない感情に襲われるのも、
いつまでも自分を責め続けてしまうのも、
どっちを選べばいいか分からずに迷ってしまうのも、
……どれも、あなたが自分で選んでいるものではありません。

この少し常識とは違う考え方が本書の中心です。
根底にある発想は『**心は集合体**』というものです。

一人の人の心の中には、数多くの心の部品がある。決まった役割を自動的にこなしてくれる担当者がいる。そのように考えます。

そして担当者それぞれの気持ちを知ることで、一人分の心の中で起きていることを理解します。

心の動きが見えてきたら、悩みを解消することができます。

本書では『心は集合体』という発想を基にして、さまざまな悩みを解消する方法を紹介しています。日々の生活における行動についての悩みも、手に負えない感情についての悩みも、他人の心の動きが関わってくる人間関係の悩みも、さらには迷いや執着などの繊細な悩みも、心を集合体として見ることで対処できるようになります。

多少ボリュームがありますが、日常で体験する厄介な悩みを幅広く扱おうとすると、どうしてもこれぐらいになってしまいます。今のあなたに当てはまるケースもあれば、あまり関係がないと感じる内容もあるかもしれません。前から順番に読み進めてくださっても構いませんし、必要なところから読んでくださっても構いません。

第1章では、心を集合体として理解するためのポイントを解説しています。いくつかの用語や考え方も説明していますので、まずは第1章から目を通していただくと他の章も分かりやすいかと思います。
また、心という集合体の動きを説明する例として、「○○したいのに、つい△△してしまう」といった〈葛藤〉を取りあげています。やりたくても続かないことや悪習慣など、身近な悩みと関係する題材です。そうした悩みがあるときには第1章を参考にしてください。

第2章と第3章は〈感情〉がテーマです。

第2章では基本となる感情として〈怒り〉と〈悲しみ〉について解説しています。もっとも幅広い意味で使われて、日頃から経験することの多い感情でしょう。それぞれの性質を『心は集合体』という観点から心の動きとして説明しています。今までよりも怒りや悲しみの実態を深く理解できるようになるはずです。日頃からできる解消法も紹介していますから、日々のストレスのケアとしても役に立つと思います。

第3章では、さらに複雑な感情を扱います。第2章で説明した〈怒り〉と〈悲しみ〉を土台として、より繊細な心の動きを捉えていきます。とても人間らしい感情です。だからこそ苦しく、いつまでも思い悩みやすいテーマだといえます。
ポイントは、さまざまな種類の感情を心の中の動きとして区別するところです。自分についても他人についても、心の中で何が起きているかを理解できれば感情の種類が分かりますし、その対処法もハッキリします。自分の抱えている感情が何なのかを意識して、その感情についての項目で紹介している方法を試してみてください。対処法が分かっているだけでも気分が楽になりますし、やるべきことに集中できると感情に振り回されることもなくなります。

逆に、この視点は悩みを聞くときにも役立ちます。感情の種類が分かれば、「どのような心の動きが起きているのか」、「どのような出来事があったのか」が想像できます。相手の感情の種類を読み取ることで、相手の事情を見立てることも可能になるでしょう。

第4章はコミュニケーションがテーマです。人間関係において他人とどのように関わるか。端的にいえば、コミュニケーションとして求められるのは、

・相手の気持ちを汲みとること
・自分の気持ちを自覚すること
・分かりやすい言葉で伝えること

に集約されます。

自分と相手の気持ちを理解できる必要がありますから、ここで『心は集合体』という視点を使います。相手の心の動きを読み取る。自分の心の動きを自覚する。あわせて、分かりやすい言葉にして伝えるための工夫も紹介しています。

厄介なコミュニケーションとして起きがちなケースを事例として取り上げています。いずれも日常的に悩みを抱えやすいものだと思われますが、参考になれば幸いです。

そして最後の第5章では、より複雑で悩ましいテーマを扱います。どっちに進んでも受け入れ難い結果になりそうな選択を迫られている。頭では分かっているつもりなのに、いつまでも引きずってしまう過去がある。ずっと背負ってきた心の重荷を降ろしたい。そうしたケースでは、心の中で多くの気持ちが入り乱れるものです。まさに『心を集合体』として整理するのが役立つときです。

経験を重ねるほど、心の奥底に深い苦しみが残りやすいものかもしれません。それでも生きられる強さも身についてくるのでしょう。ですが「その苦しみを手放してみよう」と思い始めるときもあるようです。そんなときには第5章で紹介した方法を使ってみてください。

心の中を深く理解するための発想を紹介しているからこそ、気軽には済ませられないテーマも含まれると思います。あなた自身の悩みと密接に関わる話が出てくると、「そんなにうまくいくはずがない」と思いたくなる可能性もあります。

それもまた自然な心の動きです。軽々しく扱われたくないほど重大な問題だということです。どうぞ、その問題と真剣に向き合っている自分自身を労わってください。そして本書で紹介している原則を基に、あなた自身で心の動きを眺めてみてください。きっとここで取り上げた一般論よりも、遥かにリアルで堅実な方法が見つかることでしょう。

今の時点では必要が無さそうな章もあるかもしれません。必要がないのなら、悩んでいないのでしょう。それに越したことはありません。もし必要になったら、再び本書を手にとって、関係しそうなところを開いてください。何かのヒントにはなると思います。悩みが出てきたら読み返す……そんな形で使っていただけることを願っています。

それでは早速、第1章に進みましょう。『心は集合体』。本書の土台の部分からです。

悩みが消えて、相手がわかる

心を読み解く技術

NLPパート理論

目次

第2章 感情を生み出すパート

第5章　心を調和させる

第1章 心は集合体

悩みを解消する考え方

悩むのと苦しいのは違います。

苦しみが避けられないときでも、悩みは解消できます。


本書は悩みを解消することを目的としています。


「あの人の気持ちが分からない」

「どうしたら、あの人に振り向いてもらえるだろう？」

「部下を動かすにはどうしたらいいのか？」

「うまく子供と関わるにはどうすれば……？」

「どうしてこんなに自分は苦しいの？」

「どうしても自分の心がコントロールできない」

「こんな自分を変えたい」


こうした悩みを抱える最大の理由。

その理由が、世の中の九割が暗黙のうちに前提としてしまっている考え方にあります。

「心は一つのものである」という考え方です。


一人の人間に、一つの心がある。一人の人間に一つの体があるのと同様に、心も一つだと捉えてしまいがちなのです。

私たちは体という一つの塊で人間を区別して、その人に名前をつけます。一人ひとりを区別する基準を体としているわけです。

そして一つの体に一つの心が宿っていると考える。

知らず知らずのうちに、一人の人間の心を一つのものとして理解しようとしてしまいます。


しかし本書で提案するのは、その発想自体を変えることで、さまざまな悩みを解消しよう、ということです。

そもそも〈悩み〉とは「**〈問題〉が自分には〝対処できない〟と捉えている状態**」です。〈問題〉は「現状が自分にとって望ましくない」ことを言いますから、悩みがあるということは「現状が望ましくないにもかかわらず、自分には対処できない」ことになります。なんとかしたい切実な想いがあるのに、どうすることもできないから困っている。そういう状態でしょう。

つまり、

悩み＝問題×対処不能性

というように書き表せます。

本書で紹介するのは、具体的な〈問題〉を解決して望ましい結果を手に入れる方法ではありません。どんなに頑張っても思い通りにならないことはあるものです。とくに他人が関係する場合は、自分の努力だけでは結果をコントロールできません。たとえばテストやスポーツでは、競争相手が自分より良いパフォーマンスを発揮したら目標には届かないかもしれません。人間関係であれば、自分の説得の仕方にかかわらず、相手の考えは変えられない場合もあります。もっと言えば、大切な人との別れや喪失が避けられないこともあるでしょう。

しかし、問題への対処方法が分かっていれば、少なくともベストを尽くすことができます。望ましい結果に結びつくかどうかは定かではありませんが、今やるべきことに集中できます。

「こうすれば大丈夫なはずだ」という自信や安心感があるため、「どうすることもできずに困ってしまう」という悩みの状態は解消できるわけです。もちろん、適切な対処をすれば望ましい結果に結びつくケースも増えるとは思いますが。

本書の趣旨は「問題があっても対処できそうだ」と思えるようにして悩みを解消するところにあります。どんなに苦しい状況でも、その状況での最善を見つけられるようになります。

では、最善とは何でしょうか？

自分で「これが自分のやりたいことだ」と納得してできることではないでしょうか。学術的に証明された〝良いやり方〟であっても、自分が納得していなければ、いずれ後悔するかもしれません。一方、「自分にはこれが大切だ」と深く納得しながら取り組むことができれば、精一杯その瞬間に向き合えるでしょう。

そのためには**気持ちに納得できる**必要があるわけです。自分の心の中をしっかりと理解する。

そこで『**心は集合体**』という着眼点が役立ちます。心を一つのものとして見ているときには分からなかった本心が、深いところまで実感できるようになります。

そうすれば納得しながら問題に向き合えて、ベストな対処をしているという自信が得られ、悩みが解消される。そういうコンセプトです。


もしかすると現時点では説明が抽象的で、ピンとこないように感じられるかもしれませんが、読み進めるにつれて趣旨が掴めてくると思います。今の段階は、「心を集合体として捉えることで、心の中を深く理解する」というポイントを押さえていただければ充分です。


『心は集合体』。

つまり、たくさんの気持ちが寄り集まったものを一人分の心と考えるのです。

私という一人の大きな乗り物を、たくさんの人が分担しながら操縦している状態をイメージしてください。そこでは、それぞれの乗組員に役割があって、お互いにコミュニケーションも起きています。それぞれの出番も違います。そこに全体としての**動き**が生まれるのです。「心の動き」とは、つまり「**心の中の役割分担**」だということになります。

この心の役割分担が複雑になってくると、人は悩みます。子供へ優しく接したいのに、怒鳴ってしまう。悔しがっても無意味だと知っているのに、感情が抑えられない。本当は仲良くしたくて話を始めるのに、いつもケンカになってしまう。自分で自分を傷つけていることに気づいていても、自分をゆるすことができない……。こういった葛藤や複雑な感情、ややこしい人間関係では、いくつかの気持ちが同時に動いています。心の役割分担が複雑なだけでなく、役割同士が対立さえしているのです。自分の心の中で起きているこの対立状態に対処できないため、悩むわけです。

心を気持ちの集合体として扱えば、この複雑な心の動きを整理できます。現実的には大半の場合、今まで「複雑な気持ち」だと思っていたものも、せいぜい二つ、三つの役割が入れ替わっているだけだと分かります。二、三人の登場人物がする会話のようなものです。意見を一人ずつ順番に聞いていく様子を想像してもらえれば、自分の本心を理解することも、それほど難しくないと感じられるのではないでしょうか。

くり返しますが、心を理解するコツは「心を集合体として見る」ということです。一人の心という舞台で、数人の登場人物が話をしている。そんなイメージで人と関わるだけのことです。以降では、心を集合体として理解する上でのポイントを解説していきますが、気をつけることはあまり多くありません。

「どうしたら心の役割分担を理解して、それぞれの役割の奥底にある気持ちに納得できるか？」

この骨組みを、頭の片隅に置いておいてください。

これからその骨組みに肉づけをしていきます。シンプルな発想ですから、事例を通じて少しずつコツを染みつかせていきましょう。

心はプログラムの集合体

「心は集合体」という考え方は、神経言語プログラミングに基づいています。神経言語プログラミングを簡単に説明すると、「人の振る舞いをプログラムによるものと想定して、プログラムを理解したり変えたりするもの」といえます。心理学の主流が「すべての人に共通する心の性質」を統計的に調べるところにあるのに対して、神経言語プログラミングでは「一人ひとりの心の違いを説明するしくみ」に注目します。一人ひとりの行動パターンや、感情の表れ方、考え方に違いがあるのは、そのときに起こっているプログラムが違うからだと考えるわけです。

仕事やスポーツで成果を出す人は、そうでない人とは違ったプログラムを使っている。人前で話をするときに緊張する人と、人前で楽しそうに話せる人とでは、違ったプログラムを使っている。犬が怖い人と、犬をカワイイと感じる人は、違ったプログラムを使っている。なんとなくうまくいく人もいれば、なぜか分からないけれど苦しんでしまう人もいる……という、その「なんとなく」の違いをプログラムとして説明するのです。プログラムという言葉には「書き込まれたもの（学習されたもの）」という意味が含まれますから、うまくいかないプログラムがあるなら変えてしまえば良いと考えます。思い通りにプログラムを書き換えて、望ましいほうに進めるようにするのです。

神経言語プログラミング（Neuro-Linguistic Programming）は、その頭文字をとってＮＬＰと呼ばれます。もともとは心理療法家の技法を研究するところから生まれてきましたが、その応用範囲の広さから現在では、コーチングやカウンセリング、ビジネス、教育、自己啓発などさまざまな分野で使われています。

心理療法は、心が思い通りにならない苦しみや人間関係の悩みを解決するための技法です。話を聞いたり、質問をしたり、イメージを使ったトレーニングをしたりして、問題となる考え方や感情の癖、行動パターンなどを変えるように援助します。ＮＬＰでは、そうした心理療法の技法を取り入れながら、問題を生み出す考え方、感情、行動のパターンをプログラムとして捉えて修正するのです。

実際、「問題が起きるのはプログラムがうまくいっていないから」という発想の下、プログラムを変えるための手法がたくさん開発されてきました。その中の一つに、**心を集合体として整理する**方法があるのです。

プログラムという見方でいえば、人の心の中には数え切れないほどのプログラムがある、ということです。心とは数多くのプログラムの集合体だと考える。そして、複雑な心の動きを、いくつかのプログラムの働きとして理解するわけです。

この考え方がＮＬＰで紹介されるときには、主に葛藤を解消するための技法として説明されます。**葛藤**とは、心の中に相反する気持ちがある状態です。「〇〇したい。でも、できない」とか、「〇〇したい。でも、つい△△してしまう」といった形が代表的です。「部屋を片づけないといけない。でも、やらない」、「甘いものを減らしたい、でも、なぜか食べる手が止まらない」、「子供に優しく接したい。でも、つい怒鳴ってしまう」、「勉強をしようとするとゲームがしたくなる。でも、ゲームをしていると勉強が気になって楽しめない」といった状態です。

この葛藤を解消するために、「〇〇するプログラム」と、「〇〇させないプログラム（もしくは、△△するプログラム）」とを別のものとして扱うのです。自分の心という一つのものが思い通りにならないのではなく、**二つの別々のプログラムが対立している**と考えます。さきほどの乗組員の喩えでいえば、目の前に障害が見えたときに「右に避けろ！」、「いや、左だ！」というように意見が対立している状況です。意見が対立しているのですから、両方の言い分を聞いて、折り合いをつければいい。そういうシンプルな発想です。

「心が葛藤している」状態を、あえて二つのプログラムが対立していると考えるのです。そうすることで、心の中の要素を分けられますから、気持ちが整理できます。それだけでも、ゴチャゴチャしていた心の中がスッキリします。プログラム同士の対立にどうやって具体的に折り合いをつけるかは後ほど解説しますが、折り合いのついた状態をイメージしやすくするために、気持ちが整理できた例だけ挙げておきます。

「寝る前に勉強したいのに、つい意味もなくインターネットを見てしまう」といっていた人は、「気が済むまでインターネットを見てから勉強をするようになった。すぐに勉強に取りかかる日もあるし、疲れていたらインターネットだけ見て寝ることもある」と話していました。「タバコをやめたいのに、やめられない」といっていた人は、「禁煙はしていませんが、もう何年もタバコを吸っていません。吸いたくなったら吸うつもりですが、最近は吸いたくないんです」となったそうです。

葛藤が解消されると、気分が楽になる。

選択肢が増えて、自由な感じになります。

「やりたければやるし、やりたくなければしない」という、いたって当たり前の状態になります。自分の素直な気持ちに従って、やりたいことをやれるようになるのです。

心をプログラムの集合体として扱って、それぞれのプログラムに注意を向けることで、さまざまな気持ちを区別しながら感じられるようになります。心の中を丁寧に感じ取って、本当の気持ちを知ることができるのです。だからこそ、その瞬間の気持ちに沿った行動ができるわけです。

そして自分の心をプログラムごとの気持ちとして感じ分けることに慣れてくると、自然と他人の心の動きも見えてくるものです。そこにどんなプログラムが動いているのかを推測しやすくなります。プログラムが切り替わる瞬間も見てとれます。いくつかの気持ちが入れ替わりながら表れているのが見えたら、どの気持ちに合わせて対応するべきかも工夫できます。

心をいくつかのプログラムが動く様子として見られるようになれば、簡単なやり方でコミュニケーションを効果的にすることができます。コミュニケーションの方法については第4章で詳しく説明するとして、まずは心という集合体を作っている部品、つまりプログラムの性質について解説をしておきます。いくつかの原則を知ってもらえれば、心の動きを格段にイメージしやすくなるはずです。

心のそれぞれの部分を「パート」と呼ぶ

プログラムの性質について、最初は呼び名の使い分けから解説します。

NLPでは心をプログラムの集合体として捉えるわけですが、いつでも複数のプログラムを同時に扱うわけではありません。一つのプログラムだけに注目して、そのプログラムだけを変える場合も多いものです。たとえば「飛行機が怖くて乗れない」とか「上司の前では萎縮してしまう」、「犬が恐い」、「大声で迫られると硬直してしまう」、「人前に出ると緊張する」などは、そのプログラムだけを単体で扱うのが効果的なケースです。瞬間的にスイッチが入ったように、ある反応パターンや行動パターンが自動的に表れるのが特徴です。**同じ状況ではほぼ毎回そうなる**。それ以外の反応という選択肢がない。これが一つのプログラムを単体で扱うときのチェックポイントだといえます。

プログラムを絞り込んで、そのプログラムを変える方法については、拙著『心が思い通りになる技術——NLP：神経言語プログラミング』（春秋社刊）で解説しています。心を作り上げているプログラムというものの性質やしくみを詳しく知りたい方は、そちらを参照してください。プログラムを変える手法の手順については、ほかにも多くの本で説明されています。いずれにしても、望ましくないパターンが毎回起きてしまうのですから、そのパターンを生み出しているプログラムを変えてしまえばいいという発想です。

一方、心を集合体として見るとうまくいきやすいケースの代表が、さきほど説明した①**葛藤**です。それから、重要な決断をしなければならない場面での②**迷い**や、③**複雑な感情**が入り乱れて悩んでいるときも、心を集合体として整理するのが効果的です。

これらの場合には、いつも同じ反応パターンが表れるわけではありません。**そのときどきによって表れる反応が違います。** いくつかの選択肢の間を行ったり来たりする。それが心を集合体として扱うときのチェックポイントです。

②の迷いとは、「やるか、やらないか」あるいは「A、B、Cのどれにするか」のように、いくつかの選択肢の中から一つを選ぶことです。転職をするかどうかとか、どのように介護をしていくかとか、一度の決断でその後の生活が大きく変わる場面では、迷いが起きるのは自然なことです。それぞれの選択肢が頭に浮かぶたびに気持ちがコロコロと変わります。

さらに詳しく見ていくと、実際には一つの選択肢に多くの気持ちが関わっているものです。転職を例にとるならたとえば、「転職する」ほうの選択肢だけでも、「好きなことを仕事にしてみたい」気持ち、「今の職場の人間関係から逃れたい」気持ち、「新しい仕事で成長したい」気持ちがあって、「転職しない」ほうの選択肢には、「収入が下がるかもしれないのは困る」気持ち、「今の職場での期待を裏切りたくない」気持ち、「また新たな人間関係の不満が出るかもしれない」という気持ちがある……といった具合です。いくつかの選択について、それぞれに多くの気持ちが絡んでいるのです。なかなか結論が出せなくても当然でしょう。

③の複雑な感情が表れるのは、人生に大きな変化が起こった場合です。

一生懸命に取り組んできた夢が途絶えたときや、大切にしていた人間関係が崩れたときなどは、その変化の大きさから多くの感情が入り混じります。その感情の強さと複雑さで圧倒されて身動きがとれなくなったり、強い感情に振り回されたような衝動的な行動をしたくなったりしがちです。

どんなにそれまで安定して充実した人生を送っていた人でも、培ってきたものが一気に崩れるときがあります。さらには、辛い思いやうまくいかないもどかしさをくり返し体験してきた人も、複雑な気持ちを抱えやすいものです。「あのとき、ああしていれば……」といった後悔やどうすることもできない悲しさ、どう表現していいか分からない怒りや不満、うまくできない自分自身を責める気持ち……、さまざまな考えや感情がグルグルと回っているような状態です。心という集合体を作る部品として、色々な気持ちが動いているといえます。いくつもの気持ちの間で混乱しているのですから、なかなか苦しさから抜けられません。

①葛藤であれ、②迷いであれ、③感情が複雑に入り乱れている状態であれ、さまざまな気持ちが入り組んでいる場合には、心を集合体として扱って、絡み合った気持ちを少しずつ解きほぐしていきます。すると、スッキリと楽な気持ちで前に進めるようになります。

いつも同じ反応になるのか？　それとも、そのときどきによって違った気持ちが表れてくるのか？　それによって一つのプログラム単体を扱うのか、心をプログラムの集合体として扱うのかが決まるということです。そしてさまざまな気持ちの間をコロコロと移り変わるような場合には、心を集合体として捉えて、まず複雑な心の中を整理します。そして納得して進めるようにします。

思い通りの行動をしたからといって、思い通りの結果に繋がるとは限りません。仕事やスポーツ、人間関係などでは、自分がベストを尽くしても他人の影響によって、望んだとおりに物事が進まないことはあるものです。結果は自分のコントロールの範囲を超えているのです。だからこそ自分のコントロールの範囲として、自分の行動でベストを尽くせるかどうかが重要です。そのためには、葛藤についても、迷いについても、複雑に感情が入り乱れるときにも、納得して行動できるようにするのが役立つわけです。これが心を集合体として扱う発想の土台といえるでしょう。

そのときの工夫としてNLPでは**パート**という発想を使います。パートとは部分という意味です。パーツと呼ぶこともあります。日本語で「部分」と呼んでも構いませんが、いずれにしても「私の心の中の一部分」という意味です。

一つのパートはプログラム一つ分です。あえて呼び方を変えているのは、そこに**担当者**を想定したいからなのです。つまり「そのプログラムを担当している人がいる」という発想です。

冒頭で説明したように、私という一つの乗り物の中にいる乗組員のことをパートと呼ぶ、と考えてもらえればイメージもしやすいと思います。実際に心の中の担当者がいるかどうかは気にしないでください。プログラムを擬人化しているのがポイントです。

私たちは日頃から人とコミュニケーションをとっています。関係が深いときほど、相手の言い分を理解して、相手の気持ちを察しようとしているはずです。私たちには大事な相手の気持ちを分かろうとする能力（プログラム）があるということです。パートという担当者を想定してプログラムを擬人化することで、相手の気持ちを分かろうとする能力が使えるようになるのです。

実際のやり方として、心の中にいるプログラムの担当者と会話をするようにしてコミュニケーションをします。普段、他人の気持ちを分かろうとするときと同じように、自分の心の中の担当者の気持ちを知るために話を聞くわけです。

このプロセスは知的に分析をするのとは違います。詳しいやり方は後ほど説明しますが、いつもは意識していなかった自分の気持ちを意識に上げる作業です。知識や理論に照らし合わせて、被験者の心を分析する作業ではありません。担当者と真正面から向き合って、丁寧に交流をして、本音を聞かせてもらうようなプロセスです。普段は意識していなかった自分の中の気持ちに気づきますから、**何か忘れていたことを思い出したような納得感**があるものです。

プログラムというものを知的に理解するためではなく、自分の中の見過ごしていた気持ちに気づいて納得するために、プログラムを擬人化しているということです。あえて『パート』という呼び方に変えているのはそのためです。

ということで、ここから先は主に「パート」という単語を使って説明することにします。いってみれば本書は、心の動きをパートの気持ちとして理解するための本だということになります。

ここで念のため一つだけ補足をしておきます。

自分のパートの気持ちを分かるために、他人の気持ちを理解するための能力を使う。このことで、そもそも他人の気持ちを理解するのに苦手意識を持っている人は、心配なところがあったかもしれません。「人の気持ちを理解するのが苦手だけれど、それで自分のパートの気持ちは分かるんだろうか？」と。

大丈夫です。自分の気持ちですから、むしろ他人の気持ちよりもずっと分かりやすいものです。そして他人の気持ちを理解する能力を共通して使っているのですから、自分のパートの気持ちが分かるようになるほど、他人の気持ちも理解しやすくなってきます。慣れてくれば、相手自身が気づいていないような気持ちまで見えてくるようになるものです。

まずは自分のパートの気持ちを眺めてみることをお勧めします。

それでは次に、パートの気持ちが理解しやすくなるよう、パートの性質を見ていきましょう。

パートの性質

パートは心の中の担当者です。何かしらの役割を担当しているのです。ですから、パートは「私に〜させる」役割を担当していると考えます。

たとえば「部屋を片づけないといけないのに、やらない」のだとしたら、「私に部屋の片づけを先送りさせる」パートがいる、となります。

「子供に優しく接したいのに、怒鳴ってしまう」のであれば、「私に怒鳴らせる」パートがいる。

「勉強をしようとするとゲームがしたくなるのに、ゲームをしていると勉強が気になって楽しめない」という場合には、「ゲームをさせる」パートと「勉強させる」パートが同じぐらいの力関係になっていると捉えます。

心は集合体なのですから、登場するパートも一つではありません。

「部屋を片づけないといけないのに、やらない」の例で詳しく見てみましょう。

「部屋を片づけられない」という人の多くは、片づける能力を持っています。片づけようと思えば片づけられるし、片づけるときもある。片づけないというワンパターンではありません。ところが「片づけようかな」という気持ちが起きると、「まぁ、いいか」という気持ちが勝ってしまって、片づけをしないことが多いわけです。いわゆる『先送り』のパターンです。「片づける」能力もありますし、「片づけよう」という気持ちにもなるのですから、「片づけさせる」パートもいるのです。しかし、「片づけさせる」パートが働き始めると、すぐに「片づけを先送りさせる」パートが働いて、「まぁ、今日じゃなくてもいいや」という気持ちにさせる。そんな心の中の動きが起きているということです。

心の中を丁寧に見ていけば、それだけでもパートの動きは掴めるものですが、的確に捉え切れているかどうかのチェックポイントがあるとやりやすいはずです。そのチェックポイントとなるパートの性質を四つ紹介します。心の中でのパートの動きをイメージするとき、四つの性質がすべて含まれていれば、的確に心の動きを捉えられたと言ってよいでしょう。

ここで使った「部屋を片づけないといけないのに、やらない」の例には四つの性質が表れていますから、この例を使いながら一つひとつ性質を説明します。

パートの性質①
「パートには出番がある」

心の動きをパートの働きとして捉えるうえでのコツが、「パートの出番」に注意を向けることです。最終的な目的は、そのときの心の状態と関わっているすべてのパートについて、それぞれの気持ちを理解するところにあります。喩えるなら、関係部署の担当者全員から話を聞くようなものです。そのためには、まず「誰が関わっているのか」を知る必要があります。

心の中の動きを日頃から自覚している人は滅多にいませんから、パートが担当している作業の内容を具体的に知らないことが多いものです。ですから、現場調査に行って、誰がどんな作業を担当しているかを観察するところから始めるのがいいでしょう。誰が何の役割をしているかを把握するには、その人が動いている間に見なければなりません。待機しているときに見ても、何の役割かは分かりませんから。

担当者にはそれぞれ役割がありますが、その役割が求められていない間は、じっと出番を伺っています。オーケストラの演奏で、それぞれの楽器の担当者が自分の演奏のタイミングを待っているようなものです。出番にならないうちは、全体を配慮して待機……。そして役目を果たすべきタイミングが来たら、担当者が動き始めます。心の中のパートはタイミングを待っていて、出番になったら働き始めるのです。

これがパートの性質の一つ目、

「パートには出番がある」

ということです。

「部屋を片づけないといけないのに、やらない」の例で考えてみましょう。

まずは「片づけさせる」パートです。「片づけさせる」パートが働き続けているうちは、片づけの作業を進めている間だといえますが、重要なのはパートの出番です。動き始めるタイミングはいつでしょうか？　おそらくは「散らかっている部屋を見たとき」でしょう。散らかっている部屋が目に入ると、「じゃあ、片づけようよ」とパートが登場する。

そのまま片づけの作業に移れば、見事に部屋は片づきます。しかし、「片づけさせる」パートが働き始めると、すぐに「片づけを先送りさせる」パートの出番がやってきます。【図1・1】

「散らかっている部屋が目に入る」

片づけさせるパート：「じゃあ、片づけようよ」

片づけを先送りさせるパート：「いやー、今日じゃなくてもいいんじゃない？　また今度にしようよ」

図1・1）パートには出番がある

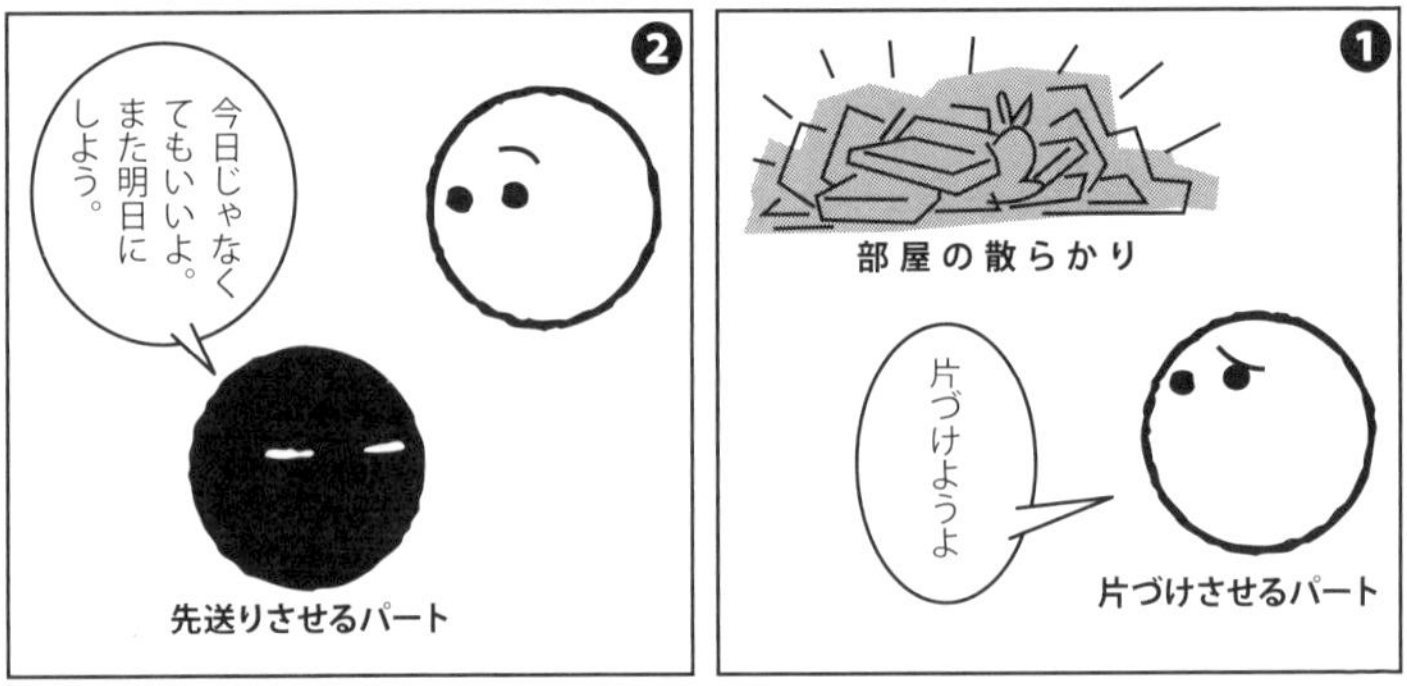

部屋の散らかりを見たときが「片づけさせる」パートの出番。

「片づけさせる」パートが働いたときが、「先送りさせる」パートの出番。

といった流れです。「片づけを先送りさせる」パートは、「片づけさせる」パートが動いたのを合図に出番を迎えるということです。

よくある具体的な一場面をビデオで見るように思い返して、心の中の動きとしてパートの出番に注目しましょう。「部屋を片づけないといけないのに、やらない」の例なら、散らかっている部屋の映像を思い出しながら、「片づけなくては」という気持ちになる瞬間をチェックすることになります。そうすることでパートの出番が分かり、今まで気づいていなかった担当者（パート）の存在を意識しやすくなります。

パートの気持ちを知るために話をしたいから、話し相手をハッキリさせておきたい。それには、パートが「おっ、私の出番ですね！」と働き出すタイミングが大事なのです。

心の中でパートがどのように動いているかを理解する作業は、これまであまり気にしていなかったものに気づくプロセスです。

そもそも「気づく」「注意が向く」という状態は、何かの違いに対して起こります。そして違いへの敏感さは、普段から違いをどれぐらい気にしているかによって決まります。

たとえば一般論ですが、髪型をいつも気にしている女性同士であれば、誰かが少し毛先を整えたぐらいでも「あー、髪型変えたね」なんて話になるかもしれません。一方、女性の髪型へ目を向けることさえ少ない男性は、一〇センチも短くした髪にまったく気づかないことがあります。

普段から違いへ関心を向けていれば気づきやすく、そうでなければ気づきにくい。私たちは心の中でのパートの動きを、それほど細かくは気にしてきませんでした。ですから、パートの動きに対して敏感になれるように工夫する必要があります。

そのために**違いが起きる瞬間**へ気を配ります。つまり、今までは待機していたパートが動き始める瞬間です。じっとしていたパートが働き始める。その瞬間に注目することで、これまでは気にしてこなかったパートに格段に気づきやすくなるのです。

パートの性質②

「パートは階層構造を作る」

心が集合体で、しかもそれぞれの部分（パート）が役割分担しているということは、心全体としては会社組織のような構造になります。それぞれのパートがバラバラに動くのではなく、うまく協調して働いてくれているのです。とりわけ、私たちが普段ほとんど意識せずにしている行動は、パートが自動的にうまく役割を果たしてくれているといえます。当たり前にしている行動とは、たとえば、歩く、自転車に乗る、車を運転する、スポーツをする、文字を書く、キーボードを打つ、歯を磨く、挨拶をするなど、運動や動作に関わるものが分かりやすいでしょう。

自転車に初めて乗ったときのことを思い出していただければ、その作業がいかに複雑だったかが実感できると思います。とても多くの作業を同時にこなしているのです。

倒れないようにバランスをとる、前に進むためにペダルをこぐ、行き先を調整するためにハンドルを操作する、スピードが出過ぎないようにブレーキをかける、周りに危険なものがないか見渡す……。まっすぐ進んでいるだけでも数多くのことをしているのです。最初は難しくて当然です。

それでも私たちは自然と自転車を乗りこなすようになります。それどころか、自転車に乗りながら歌を歌ったり、誰かと話をしたり、重たい荷物を運んだり、子供を乗せながら夕飯のメニューを考えたり、さらには手を離しながら乗るような遊びをすることだってできるようになるのです。こんなにも複雑なことを当たり前にできてしまうのは、パートが役割を分担しながら、うまく協調して働いてくれているからです。役割分担を階層構造にすることで、とても効率的な組織を作っているのです。

パートの階層構造をイメージするのに、何度か例にあげていますが、大きな乗り物の乗組員のように、それぞれの持ち場や指揮官のなどの立場がある関係性を思い浮かべても構いません。あるいは、オーケストラにさまざまな楽器があって、それぞれの楽器に第一奏者がいたり、コンサートマスターや指揮者がいたりする様子をイメージしても結構です。ここではとりあえず、多くの人がイメージしやすそうな会社組織に喩えてみますが、自分にとって親しみのある心の組織図を見つけてみてください。

会社のようなものと考えれば、会社全体が『自分』ということになるでしょう。「私ホールディングス」とでもいいましょうか。部屋の片づけをするときに働くパートだとしたら、私ホールディングス、生活環境調整カンパニー、整理整頓部門、部屋片づけ部といった具合です。部屋片づけ部には、散らかり判断課、綺麗な部屋イメージ課、重要度判別課、物品運搬課などがありそうです。さらに綺麗な部屋イメージ課は、使いやすい机イメージ係や、インテリアオシャレ係、快適スペース確保係などに分かれていて、それぞれの係はもっと細かなグループに分けられるでしょう。そして重要なのが、それぞれの部署に責任者（担当者）がいるということです。「私」はCEOか会長のようなもの。整理整頓部門長もいますし、散らかり判断課長も、快適スペース確保係長もいます。【図1・2】

これがパートの性質二つ目、

「パートは階層構造を作る」

です。

四五頁にあげた組織図のようなものを想定するのが分かりやすいと思います（会社組織のように喩えて説明していますが、人間社会のように地位の上下はありません。すべてのパートはただ均等に役割分担をしながら、自分という全体のために活動しています。立場は違っても平等な社会のようなものをイメージしてください）。

こうして組織のような役割分担をしながら、心の中では沢山のパートが働いています。部屋の片づけに関わるパートについて、その役割を見てみましょう。

まず、部屋の散らかり具合を判定するところから始まります（散らかり具合を判別させるパート："散らかり判断課長"）。散らかっているから片づけが必要だと判断される。それから、ど

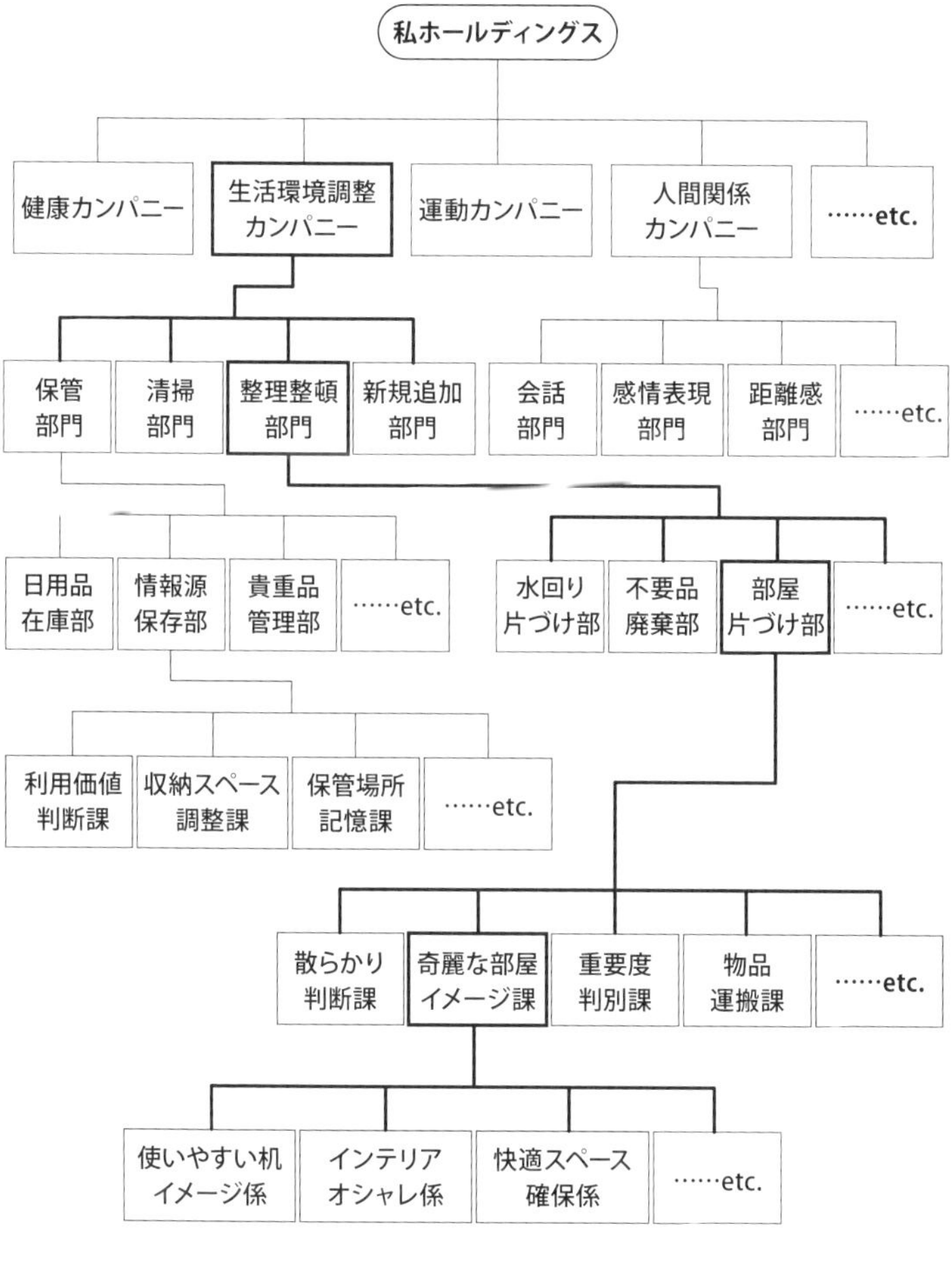

図1・2）パートは組織のような階層構造を作る

パートを部署名ではなく、部署の責任者に相当する（○○部長、△△課長など）。ここではイメージしやすくするために組織図にしてあるが、実際にパートを意識するときは「〜させるパート」のように呼ぶのが基本。

んな風な片づけ方にするかがイメージされます（片づいた部屋をイメージさせるパート：〝綺麗な部屋イメージ課長〟）。そしてイメージした通りに荷物を動かします（荷物を移動させるパート：〝物品運搬課長〟）。移動させる物については捨てるかどうかの判別もされるでしょう（必要なものかどうかを判断させるパート：〝重要度判別課長〟）。そして再び「散らかり具合を判別させる」パートによって「散らかっているか、片づいているか」が判定されて、「片づけは不要」となったところで片づけが終了します。

問題があるときには、このパートの役割分担が上手くいっていないのです。パートの組織の中に、全体と合わない働きをしてしまっているパートがいます。「私」という組織のCEOからすると、期待通りの働きをしてくれていない部署がある。たとえば「使いやすい机をイメージさせる」パート（〝使いやすい机イメージ係長〟）が、「使いやすい机というのは、すぐ使う資料が手の届く範囲に広げられている状態のことです」という意見を持っていたとしましょう。すると使いやすく資料が置かれた机が、「片づいているかどうか」という観点からすると望ましくないことになってしまいます。

この担当者（パート）と話をして、役割を調整できれば問題は解決します。ですがこれは、頭ごなしに担当者に言い聞かせて、無理やり机の上から資料を片づけようというものではありません。「資料を使いやすい状態にする」という趣旨を尊重しながら、片づけとのバランスを取ろうという発想です。だからこそ、パートの気持ちを尊重した解決策を見つけるためにも、まず問題を生み出していたパートの気持ちに納得できるまで丁寧に話を聞くのが大切なのです。

ということで、パートの性質二つ目、「パートは階層構造を作る」を意識しながら、問題のカギになるパートを組織図から見つけるのがポイントとなります。

パートの性質③「パートはコミュニケーションする」

パートが登場する瞬間に注意を向けて、会社組織のようにパートの役割を小分けにする。ここまでくれば、心の中の一場面を分かるうえで、どんなパートが関わっているのかが実感できるようになっているはずです。主な登場人物がハッキリしてきた段階といえます。

次のポイントは、その登場人物たちがどんなコミュニケーションをしているかです。パート同士のやりとりに注目します。

「パートはコミュニケーションする」

これがパートの性質の三つ目です。

心という集合体をうまく保つには、パート同士が協調して働くことが大切です。そのために組織のような役割分担をしながら、お互いにコミュニケーションしています。お互いに連携したり、別の部署の働きに合わせて自分の役割を果たそうとしたりします。部屋の片づけの例で説明したように、パートの役割分担と連携がバランス良く進んでいれば、きちんと部屋は片づきます。

しかし場合によっては、パート同士のコミュニケーションが裏目に出ることがあります。あるパートが、別のパートの役割を邪魔してしまうようなケースです。

たとえば、部屋の片づけの最中に、運ぶものの重要度を判別するステップがありました（〝部屋片づけ部・重要度判別課〟）。タンスに入り切らなくなっているバッグを見て、「最近、使っていないし、もう古くなったから要らないか」と考えます。その瞬間、別のパートが登場して意見を挟んできます。在庫の価値を判断させるパート（〝日用品在庫部〟）です。「いやいや、まだ使えるか。綺麗だし。上手く服装と合わせればいいじゃない。もったいないよね」といった考えが浮かんできます。こうして別のパートからの意見を聞いて、「もう古くなったから要らない」という考えが邪魔されてしまうのです。もちろん「もったいない」の意見のほうが強ければ、そのバッグを捨てることはないでしょう。結果として、片付けは進みません。

あるいは部屋を片付けようとして、散らかり度合いを気にしたとき（〝散らかり判断課〟）に、別のパートが話しかけてくることもあります。散らかった部屋を見て、「うーん、ゴチャゴチャしているなぁ。片付けようかな……」という考えが沸いた瞬間、快適な空間をイメージさせるパート（〝快適スペース確保係〟）が登場します。「でもさ、あまり几帳面過ぎると落ち着かないよね。少し物があるぐらいのほうが自由で気楽な感じがして、快適じゃないかな」と。こうしてまた当初の「ゴチャゴチャしているから片付けよう」という考えが揺らぎます。

そして、こうしたパート同士のコミュニケーションの典型例が、いわゆる「先送り」なのです。これについては会話形式で少し詳しく示してみます。【図1・3】

〔散らかっている部屋が目に入る〕

片づけさせるパート：「じゃあ、片づけようよ」

片づけを先送りさせるパート：「いや〜、今日じゃなくてもいいんじゃない？　また今度にしようよ」

片づけさせるパート：「え〜？　だって、散らかっているよ。片づけたほうがいいよ」

片づけを先送りさせるパート：「大丈夫だって、これぐらい。今日は疲れているんだからさ。また今度にしよう」

片づけさせるパート：「そうか〜。じゃあ、今日はやめておこうか」

このような流れで、部屋は片づかないままになります。

この「先送りさせる」パートの意見からすると、このパートは組織図でいえば〝健康カンパニー・疲労回復部門・休息時間確保部〟といった役割に相当しそうです。実際にパートの話を聞く段階では、問題を生み出すパートの本当の役割に気づいていないことも多いものです。そのため、本当の役割をもとに「疲労回復のために休息をとらせる」パートと呼ぶことができず、「片づけを先送りさせる」パートという仮の名前で扱うことも少なくありません。ですが前提としては、パートには肯定的な役割があって、それが空回りしているだけだということを知っておいてください。

パートから話を聞けば、その本当の役割が見えてくるはずです。

なお、このようなパート同士の会話として意識にあげなくても、日頃から自分の中で二つの声が聞こえるような体験をする人はいるかもしれません。おそらく一般的なのは、二つのパートの声を区別することなく、独り言のように考えが浮かんでくるパターンでしょう。

部屋が散らかっているのに気がついても、

「あー、片づけなきゃなぁ。でも今日じゃなくてもいいかなぁ。いやいや、散らかっているんだし、片づけたほうがいいな。うーん、でも疲れているからなぁ。また今度でいいかなぁ。やっぱり明日にしよう」

というように考えが進む体験です。

接続詞として「**でも**」が使われているのがポイントです。「でも」のタイミングでパートが

図1・3）パートはコミュニケーションする

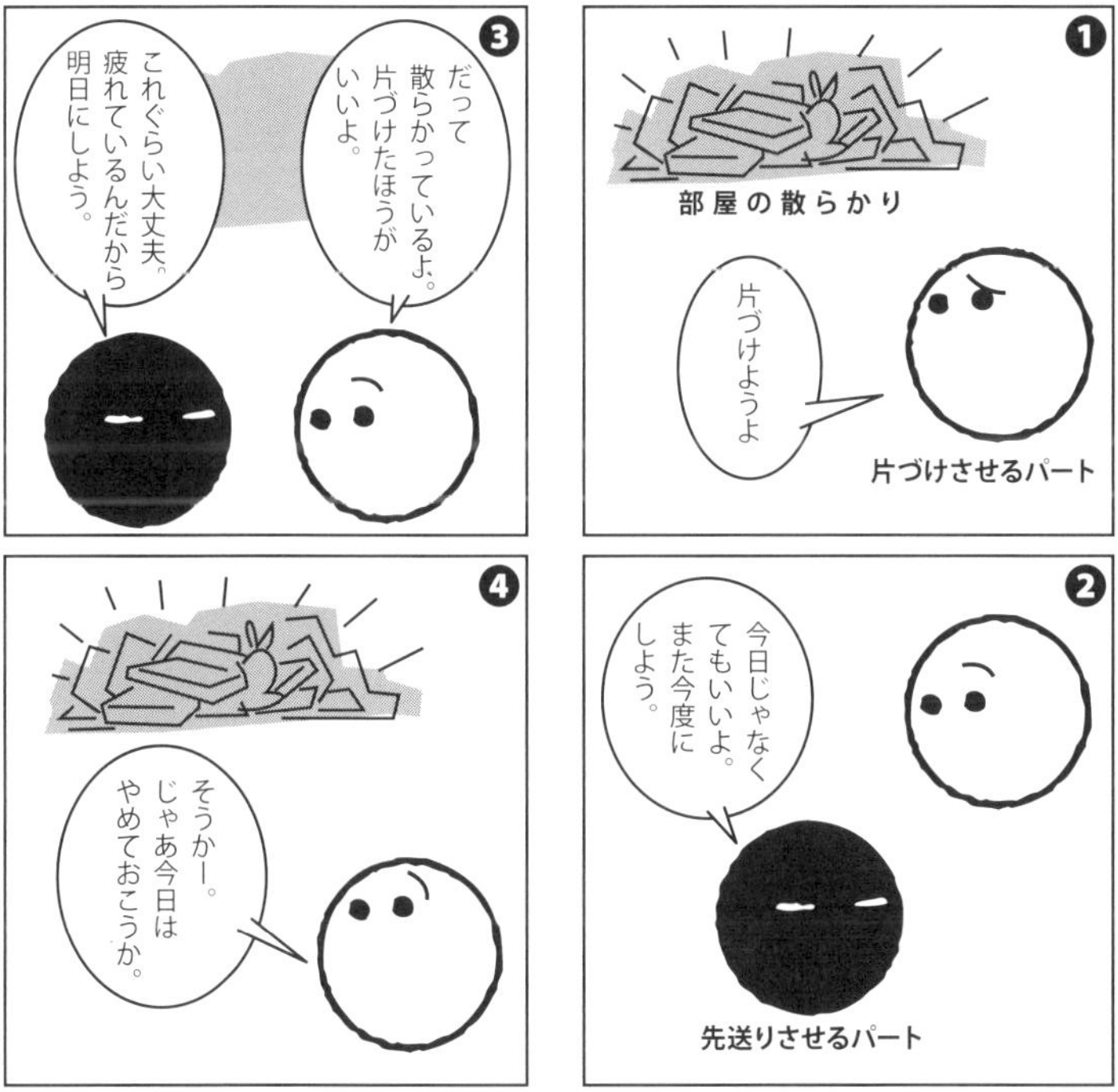

「片づけさせる」パートに対して、「先送りさせる」パートが話しかけることで、
「片づけよう」という意見が変わってしまう。

入れ替わっているのです。自分という一人の存在が考えをコロコロと変えているのではなく、二つのパートが交互に意見を発していると考えます。これが心を理解するのに大切です。

「でも……、でも……」と心の中で行ったり来たりする考えを聞いていると、自分が優柔不断に感じられたり、意志が弱いように思えたりするかもしれません。ですがそれは、別々の役割をもった二つのパートが、それぞれの気持ちを表現しているだけのことです。うまくいっていないのは、自分の心の動きがしっかりと理解できていないからだと考えてみましょう。

「でも……、でも……」と考えを行ったり来たりしていると、堂々巡りになりやすいのです。自分の深い気持ちにまで辿り着きにくい。パートに分けられれば、パート一人ずつと丁寧に会話をすることができるようになります。パートごとに話をしたほうが、自分の気持ちの奥深くまで届きやすいのです。

パートの性質④　「パートは同時に動いている」

心の動きを理解したい状況があったら、ここまでに説明した三つのパートの性質に気をつけるだけで、ほとんど大丈夫です。四つ目の性質に進む前に、少し注意事項を補足しておきます。

まず具体的な場面を思い浮かべ、パートが登場する瞬間を探ります（パートの性質①：パートには出番がある）。

そして、パート同士のやりとりを調べます（パートの性質③：パートはコミュニケーションする）。

このときに、どういう役割のパートが鍵を握っているかと考えます。パートの役割分担を扱いやすい程度に細分化するのです（パートの性質②：パートは階層構造を作る）。


役割分担を細かく分類しすぎると、気持ちを意識するパートの数が多すぎて、それぞれのパートの気持ちを追いかけるのが大変になるかもしれません。ですが、自分の心の中でどんなパートのやりとりが起きているかを自覚するトレーニングとしては、できるだけ細かくパートの役割を分けてみるのも効果的です。なぜなら、私が関わってきたクライアントの傾向からすると、パートを細かく分けずに、大まかな呼び名で扱ってしまうケースのほうが多いからです。大まか過ぎると、パートが役割として実際に何をしているのかがハッキリしないので、問題を生み出しているパートの気持ちを捉えにくくなります。一度できるだけ細かく分けてみて、その中から問題の原因になるパートを探す作業をしてみる。するとコツが掴めるはずです。「ここまで細かくなくても大丈夫」という程度が分かるまで、練習としてパートを細かく分けるのをお勧めします。

特に、「部屋を片づけさせない」のように、「～ない」という否定の表現で表されるものは、少なくともあと一段階は役割を具体的にしましょう。部屋を片づける気持ちが起きた後に「また今度にしようよ」と止めに入るのか、部屋を片づけている途中で「この雑誌、懐かしいなぁ……読んでみよう」と他のことを始めさせるのか、部屋を片づけている途中で「これも大事、これも大事、これも大事……、とっておこう」と捨てられなくなってしまうのか。「片づけさせない」ということは、具体的に何をさせているのか？　と探ってみてください。

以上の三つの性質と注意点に気をつければ、パート同士のやりとりが会話の場面のように見えてくるはずです。これだけでも十分に心の動きは掴めますが、もう一つだけポイントを説明しておきます。

それはパートの性質の四つ目、

「**パートは同時に動いている**」

です。

パートには登場するタイミングがあります。これはパートの性質の一つ目でした。出番がやってくると舞台の上に登場するようなイメージです。そして一つのパートの出番のあと、引き続いて別のパートも出番を迎えます。この後です。一度登場したパートは、しばらくの間、同時進行でやりとりを続けます。舞台の上に登場したら、舞台袖に帰っていくまでに時間があるのです。舞台の上に登場したパートは、自分たちの役割が終わるまで舞台の上にいます。オーケストラの喩えでいうなら、置いていた楽器を手に持って準備しているようなものです。一度パートが出番になって登場したら、いつでもすぐに自分の役割を果たせるように様子を伺っています。

部屋の片づけの例でいえば、順調に片づけが進んでいる間はずっと、「散らかりを判断させる」パートや「片づいた状態をイメージさせる」パート、「不要なものを判断させる」パート、「物を移動させる」パートなどが同時に働いている、ということです。これらのパートは「散らかりを判断する」パートが、「片づいた」と判断したときに出番を終えて、元の待機状態に戻ります。

片づけを先送りする場合だとしたら、「片づけさせる」パートと「片づけを先送りさせる」パートが同時に働いていることになります。しばらくやりとりが続いて、「じゃあ、今日はやめておこうか」という結論が出たら、両方のパートともに役割を終えます。

この両方のパートが意見を主張しあっている間は、「私」の立場からすると、片づけのことが気になっている状態です。パートの意見は交互に表れるように感じられますが、片方のパートが話している間でも、もう一方のパートも働いているというのが重要なポイントです。いくつかのパートが同時に動いているときは、そのことが気になります。常に意識の片隅にあって、頻繁に意識に上がりやすいのです。逆にいえば、「ずっと気になり続けている」とか、「すぐに頭に浮かんでくる」とか、「頭から離れない」といった印象のときは、いくつかのパートが同時に動き続けている合図だといえます。

片づけの場合、「今日はやめておこう」と先送りの結論が出たらパートが役割を終えますから、それと同時に片づけのことはもう気にならなくなります。次の日にまた「片づけさせる」パートが出番になって、「片づけなきゃなぁ」という気持ちが沸いてくるまで、パートは待機しているのです。

ところが、パートが出番を終えてくれないことがあります。ずっと動き続けている状態です。他の作業をしている間にも、そのパートは働き続けている。すると、「いつも気になって仕方がない」とか「ずっと考えてしまう」感じになります。歯を磨いていても、ご飯を食べていても、電車に乗っていても、仕事をしていても、ずっと頭から離れないのです。これが**悩んでいるときの特徴**です。大きな葛藤があって悩んでいるとき、重要な決断を迫られていて迷っているとき、ひどく辛い出来事があって複雑な感情が入り乱れているとき……、こうした場合には、パートが動き続けるからこその苦しさがあります。忘れられないのです。悩み続けてしまう。悩みが続いているときは、いくつものパートがずっと動いていて、メッセージを出し続けているのです。

だからこそ悩んでいるときには、その心の内側をパートの動きとして理解して、一つひとつ気持ちを丁寧に分かっていくプロセスが大切になります。パートのメッセージを受け取り、ひとまずパートに出番を終えてもらうのです。それだけで心の負担が軽くなります。パートの出番が終われば、別のパートに意識を集中しやすくもなります。問題を解決するための最善の行動に集中できます。前に進むには、パートの働きを引きずらないことも大切なのです。

パート同士のやりとりとして心の動きをイメージできたら、「問題に関わっているパートは、ずっと動き続けているだろうか？　それとも、毎回役割を終えて、帰っていっているだろうか？」とチェックをしてみましょう。

たくさんのパートが同時に動けますが、多すぎて苦しくなっては大変です。あまりにも多くのパートが舞台の上に出たままになっていると、大事な場面に集中しづらくなってしまいます。部屋が片づかないのではなく、心の中が片づかなくなってしまいます。一つひとつのパートに出番を終えてもらって、舞台袖へ戻ってもらいましょう。それだけでも心の中はスッキリとしてくるものです。

気持ちとは何か

ここまでは、心の中でくり広げられる**パートの動きを**捉えるポイントを解説してきました。パート同士のやりとりが会話のようにイメージできれば、心の中の動きとしてもかなり分かりやすくなったのではないかと思います。今まで続いていた堂々巡りの考えは、いくつかのパートが自分の主張をするばかりで、うまく役割分担できていなかったからだといえます。今ひとつ気持ちが乗らないとか、先送りにしてしまうとか、良くないと思いながらもついやってしまうなど、思い通りの行動ができなかったのも、そうさせているパートがいると考えればいいのです。

そしてパートの気持ちを尊重した解決策を見つけるために、今度はそれぞれのパートの気持ちを理解します。次のポイントは、**パートの気持ち**です。問題を生み出しているパートが見つかったら、まずはしっかりと話を聞きましょう。そしてパートの気持ちに納得できるまで深く理解します。

では、そもそも〈**気持ち**〉とは何でしょうか。

パートの気持ちについて解説する前に、一般的な用語として〈気持ち〉について説明しておきましょう。

本書では〈気持ち〉を「感情の乗った考え」という意味で使っています。

「気持ち＝感情＋考え」

という形です。

人それぞれ〈気持ち〉という単語の使い方にはルールがあるでしょうから、もしかすると普段のあなたの印象とは違うかもしれません。ですが、ここでは「気持ち＝感情＋考え」と置き換えながら読み進めてください。

もちろん、〈感情〉と〈考え〉についても言葉の意味をハッキリさせておく必要があります。

本書で〈**感情**〉とは、「**ある出来事によって引き出された生理状態**」のことです。怒り、悲しみ、おそれ、不安、後悔……などが感情の種類です。ここでいう感情は生理状態ですから、体の中の感じということです。「お腹がフツフツとする」とか、「頭がカーッとなる」とか、「肩の力が抜けて、胸の真ん中がキューーッとなる」とか。**体の中に起きている変化**のことです。こうした体の中の変化が、何かの出来事によって引き起こされたとき、「感情が沸いた（起きた）」と表現することにします。

たとえば「怒り」であれば、「期待していたことと違った出来事が起きたときに、お腹がフツフツとした感じになって、熱いものが上半身に上がってくる感じの状態」といえます。感情については第2章で詳しく説明しますが、ここではまず「感情は、体の中の感じ（生理状態）のこと」という部分を押さえておいてください。

そして〈**考え**〉ですが、こちらは「**言葉やイメージの一連の流れ**」のことです。頭の中で言葉を使って考え事をするとき、その考えている内容のことを〈考え〉と呼んでいます。ですから「文章で書き表される」ものと思っていただければいいでしょう。声に出さないで独り言をいうように考える人もいますし、考えている内容が頭の中の声として聞こえてくる人もいます。いずれにしても文章として捉えている内容だと理解してください。なお、人によっては言葉ではなく、映像を思い浮かべながら考える場合もあるようです。頭の中で動画を再生しているような感じで考える人です。そういう場合には、映像の内容を言葉で説明するようにして、文章に変えてください。文章にすることで、〈考え〉をセリフとして表現できるようになりますから。

つまり〈気持ち〉とは、「どんな体の感じ（＝感情）になりながら、どんなセリフ（＝考え）を伝えているか」ということになります。

わざわざ〈気持ち〉について詳しく説明したのは、〈感情〉と〈考え〉の両方を知るのが大切だからです。どちらかでは不十分です。

仮に、感情として「悲しさ」があることが分かったとします。「悲しいのは分かった。でも、なんで？」となるでしょう。感情が分かっただけでは、まだ理由が分からないのです。たとえば、道端で悲しそうに泣いている子供がいたとき、「悲しさ」という感情を見て取ることはできます。しかし「なんで泣いているのか？」は分かりません。事情が分かれば、相手の立場に立つことができます。事情を聞いたところ「お母さんと待ち合わせをしているのに来ない」という話でした。「忘れちゃったの？　もう会えないの？　帰れない。どうしたらいいか分からない」そんな考えを持っているようです。その考えが分かれば、「そうか、それは悲しいね」と思いやりを感じられるようになります。

逆に考えだけが分かっても、やはり納得はできないものです。たとえば、職場で不満を言っている同僚がいたとします。話を聞いた。事情も分かった。どうにもできない状況らしい。そこで、「そんなこと仕方ないじゃないか。できることに集中しろよ」と伝えました。すると「いや、でも……」と返事が返ってきます。相手の感情を理解していないから、相手の言っていることに納得できないわけです。この人の気持ちには、「頑張っているのに報われない」という不毛感があるのかもしれません。その「報われない虚しさ」を知ることができれば、「あぁ……、きっとこの人なりに一生懸命頑張ってきたんだろうなぁ。それが空回りしたのなら苦しいだろうなぁ。一時的に落ち込んで、目の前のことに集中できないのも無理はないか」と納得できるでしょう。

感情的になっているだけの相手を理解するのが難しいように、納得できるまで気持ちを理解するには〈考え〉を聞くのも大切なのです。考えだけを聞いて論理的に話を進めようとしても空回りするのと同じように、〈感情〉も理解してこそ相手の気持ちに納得できるのです。

感情と考えの両方が分かったとき、「そうか、そうだったのか……」と納得できるようになります。「それは仕方ない」、「そう思うのも当然だ」と感じられてくるはずです。

この納得感には「それは無理もない」という受容のスタンスが含まれます。相手のその気持ちに対してOKだといっているのです。思いやりの感情を抱きながら「そうだったのか……」と納得する。そのためには、感情と考えの両方を理解できているかをチェックするのが効果的なのです。

相手の意図に注目する

気持ちを知るためには感情と考えの両方が大切なわけですが、〈感情〉は表情や声の様子から読み解くことになります。シンプルな作業です。一方、〈考え〉は話を聞いて理解する必要があります。時間をかけて聞いていれば大事なポイントが出てくることもあるものです。しかし、前もって大事なポイントを知っていれば、焦点を絞って話を聞くこともできます。

では、〈考え〉を理解するうえでの大事なポイントとは何でしょうか？

話を伝える側からすると、大事なのは「**分かってもらえた**」という印象でしょう。分かってもらえた感じがするのは、伝えたいことを伝えきったときではないはずです。

「言いたいことはすべて伝えた。でも、分かってもらえなかった……」

そういう残念な思いを抱いたことは誰にでもあるものではないかと思います。逆に、「私としては言葉数も足りないし、うまく言い表せたつもりではなかったのに、あの人は私の大事な気持ちを代弁してくれた」

といった経験もあるものでしょう。「そうそう、それを言いたかった！」、「そう！　そうなんですよー、本当に」と思える瞬間です。

たとえば、ある男性が彼女と出かけたとします。ショッピングにつきあって、靴を選ぶのを手伝う。いくつかのから迷って、ようやく一つに決まったようです。でも、レジで品物を包んでもらっているのを待つ間も、買わなかった一足をずっと手にとって見ている。予算の関係があったのでしょうか。……それから数週間後、男性は女性にプレゼントを渡しました。あのとき彼女が気にしながらも買わなかったあの靴です。「わー、ありがとう！　これ、欲しかったんだ！」これだけでもプレゼントしたほうの男性は嬉しいでしょうが、「どういう想いでプレゼントをしたのか」という男性の気持ちを代弁した返答ではありません。

男性は、ただ彼女の欲しそうなものを選んだのではないでしょう。どれだけ彼女がその靴に惹かれていたのかに気づいていたのです。よほど欲しそうだった。それを覚えていたのです。それだけその女性に心を向けているのでしょう。その部分を理解したうえで、男性の気持ちを汲みとったメッセージにすると、このようになります。

「わー、ありがとう！　これ欲しかったんだ！　あのとき見ていたのを覚えていてくれたの？　そんなに私のことを気にかけてくれるなんて……、ありがとう」

この言葉には、男性がプレゼントに込めた「いつも気にかけているよ」という大事なポイントが表現されています。つまり、男性が大切にしたかったことです。「**何を大切にしたかったか**」が伝わるのは、気持ちを理解してもらえたかどうかの大切なポイントです。

また気持ちを伝える側としても、自分が大切にしたかったことを理解していると、話を聞いている側にも納得してもらいやすいはずです。なぜなら、**大切にしたいことが感情や行動の理由**となるからです。

大切にしたいことが大切にしてもらえなかったとき、人は怒りや悲しみなどの〝否定的な〟

感情を抱きます。大切にしたいことが大切にしてもらえたとき、嬉しさや満足感などの〝肯定的な〟感情を抱きます。

たとえば「皆との一体感」を大切にしている人は、飲み会の席で一人黙っている人がいたら、寂しい気分になるかもしれません。そして、しきりに話しかけて仲間に入れようとする。一体感が大切にできていないからです。一方、皆がワイワイと盛り上がっていると楽しくて満足します。ますます元気になって、はしゃぎだすこともあるでしょう。一体感が大切にできているからです。

感情や行動が生まれるとき、そこには大切にしたいものがあるのです。

話をする側の大切にしたいものが理解できると、「何を大切にしたかったから、そんな感情になったのか?」、「何を大切にしたかったから、そんな行動をしたのか?」という理由がつかめます。このときに聞く側に納得感が生まれます。相手の感情と考えが繋がります。「そうか、そういうことだったのか。だったら、そうなるのは当然だ」と気持ちに納得できるのです。

何よりも、話を聞く側に納得感が生まれると、表情や声のトーン、姿勢の雰囲気などが変わります。世間一般の常識にそって知的に理解するのではなく、目の前で話をしている人が個人としてどのような体験をしているのか、しみじみと共感できるようになります。理由となる考え(つまり、大切にしたかったこと)と感情が合わさった『気持ち』を、話を聞きながら自分の体の中でシミュレーションできます。「あぁ、相手はこういう気持ちなのか」と自分の体を使って体感できるわけです。するとその納得感が、言葉だけでなく、表情や声、姿勢などの非言語メッセージにも表れるのです。

話をしていた側は、聞いている側の全身の様子を見ることができます。言葉だけではなく全身のメッセージで「分かりました」と表現してくれた姿を見ることができるのです。これが「分かってもらえた」と実感できる瞬間です。

ということで、「何を大切にしたかったのか」が、相手の〈考え〉を聞くうえで大事なポイントなのです。

そして、この「何を大切にしたかったか」を〈**意図**〉と呼びます。

「大切にしたいこと」や「大切にしていること」、「大切にできていること」とは少し違います。「大切にしたかった」という言い回しには〈**期待**〉の意味が含まれます。「こうあって欲しかった」という期待です。事前に予測しているのです。「次の瞬間にはこうなって欲しい」、「これが大切にされていて欲しい」と期待して行動をします。「こうなるだろう」という客観的な予測ではなく、「**こうなって欲しい**」という願いが込められているのです。

そのように期待をしているからこそ、期待通りの結果になれば嬉しくて、期待外れになれば嫌な気分になる。そういう仕組みを踏まえています。期待通りの結果になることもあれば、期待通りにはならないこともありますが、それでも本当は「何を大切にしたかったのか」という考えは変わらずに存在しています。その考えを知りたいのです。ですから「何を期待していたのか」という意味を含めて、「何を大切にしたかったか」に注目して話を聞きます。

パートの肯定的意図を知る

心を集合体として捉え、心の中でパート同士がどんなやりとりをしているかに注目する。そして、それぞれのパートの気持ちを理解する。そういう話から、「では〈気持ち〉とは何か？」の説明へと移っていました。パートの気持ちに限らず、一般的な人間関係にも当てはまる用語として、〈気持ち〉の解説をしてきたところです。

「気持ち＝感情＋考え」です。感情と考えの両方を知ることが、気持ちを理解することだという話でした。そして考えの中でも特に大事なのが、「何を大切にしたかったか」という意図だ、と。

ここで再び、心の中のやりとりに話を戻しましょう。パートの気持ちです。

パートもそれぞれ感情を表現します。それぞれのパートに考えがあります。パートにも意図があるのです。すべてのパートは意図をもって、何かを大切にしようとして働きます。パートにも「こうあって欲しい」という期待があるわけです。

そしてパートの期待は、すべて「自分」という全体へと向けられています。パートはいつも「自分」という全体のために働いてくれているのです。いつも「自分」全体のためにポジティブな結果を意図して働いている。そういう意味で、パートが「何を大切にしたかったか」を、〈**肯定的意図**〉と呼びます。パートが意図していることは常に肯定的だという前提で、パートの意図（考え）に注目します。

「そうはいっても自分には短所もあるし、悪習慣だってある」と思うかもしれません。「〝部屋の片づけを先送りさせる〟パートに、どんな肯定的な意図があるんだ？」などと考えるのも無理のないことです。それだけ自覚できていない気持ちがあるということでもありますが、ひとまず「パートは良かれと思って働いている」と考えておいてください。あくまで「良かれと思って」です。

肯定的意図があっても結果として空回りしてしまうこともあります。良かれと思ってやったことが空回りしてしまう……、あなたにもそんな経験があると思います。辛いものです。「部屋の片づけを先送りさせる」パートも、良かれと思ってやっているのです。しかしそれが「私」という立場からすると気に入ってもらえない。良かれと思ってやっても、空回りしてしまっている。そういう状況だと想像してください。「空回りしていたのだとすると可哀想だな」と少し感じるところから始めていきましょう。肯定的意図の例はこのあともくり返しでてきますので、だんだんと「肯定的」という意味を実感してもらえるのではないかと思います。

次に、パートの気持ちに含まれるもう一つのポイント、パートの感情について説明します。パートがどんな感情を抱いているかについては、少しややこしく感じられるかもしれませんから気をつけてください。

たとえば、飲食店で自分の注文が忘れられていて、怒鳴っている人がいたとしましょう。この人の心の中では、「怒鳴らせる」パートが働いているといえます。怒鳴るのが、この人にとっての怒りの感情の表現方法でしょうから、感情としては怒りが沸いているはずです。つまり「怒りの状態を利用して怒鳴らせる」パートがいる、ということです。だからといって、この「怒鳴らせる」パートが怒りを感じているわけではありません。ここに注意してください。「怒って怒鳴らせる」のは、そのパートの役割なのです。忠実に役割を果たしているに過ぎません。「怒鳴らせる」パートの感情を見るために、心の中を少し詳しく見てみましょう。この状況には他にもパートがいます。忘れられていたのを知った瞬間に、おそれにも似た心細さが奥底で起きているといえます。「心細さを感じさせる」パートが、気づかれないところで静かに働いているのです。

そして、この「心細さを感じさせる」パートが働くと、そのメッセージを「怒鳴らせる」パートが受け取ります。

心細さを感じさせるパート：「忘れられている！　これはピンチだ。皆に教えなくては！　大変、大変」

怒りを感じさせるパート：「ん？　心細い状態になったぞ。これは危ない状態の合図だ。よし、任せろ！　なんとかしてやる。体のエネルギーを上げろ！」

怒鳴らせるパート：「怒りのエネルギーが高まったぞ。全エネルギーを声に集中させるんだ。……じゃあ、とりあえずあの店員でいいから、大声で要求だ！」

このような心の中のやりとりが起きた結果、その人の行動としては怒鳴ることになります。「心細さを感じさせる」パートのメッセージを受け取って、「怒りを感じさせる」パートが働きました。「怒りを感じさせる」パートそのものが怒りの感情に浸っているわけではありません。むしろそこには「心細さを感じさせる」パートへの『心配』がありそうです。

そして「怒鳴らせる」パートが「怒りを感じさせる」パートのメッセージに応じて、怒りの感情を「怒鳴る」という行動で表現させます。こちらのパートの感情は、正義感や情熱、一生懸命さといったところでしょうか。

少し複雑かもしれませんが、ここでのポイントは

「感情を生み出させるパートが、その感情を抱いているわけではない」
ということです。

あくまでパートは「感情を出させる」役割を担当していると考えましょう。「怒りを感じさせる」パート、「心細さを感じさせる」パート……といった呼びかたをするのは、パートの気持ちと役割とを切り分けるためです。

「感情を出させる」パートとして眺めると、そのパートの肯定的意図にも気づきやすくなります。**「何を大切にしたかったから、その感情を感じさせたのだろう?」**と探っていくのです。怒鳴らせることで大切にしたかったものに気づければ、肯定的な意図があってやっていたと納得できるはずです。「心細さを感じさせる」パートには、「ほかの人と繋がっている安心感を実感させてあげようとしていた」という肯定的意図がありそうです。「怒鳴らせる」パートには、「できるだけ早く放っておかれた状況を取り返して、心細さを解消し、安心させてくれようとしていた」という肯定的意図があるようです。

パートのことを〝「〜させる」パート〟と呼ぶことで、そのパートの気持ちと役割とを分けやすくなるのです。パートが「〜させる」のは、意図を表現するための手段でしかありません。肯定的意図を表現する手段もさまざまなのです。

たとえば、子供や部下に「成長してもらいたい」という意図があっても、表現方法としては「丁寧に指導する」こともありますし、「信頼して見守る」こともあります。信頼して見守ってもらいたい人からしたら、丁寧な指導は面倒くさく感じられるかもしれません。意図が空回りしている場面です。それでも「成長してもらいたい」という意図は肯定的です。

パートについても同じことが起きています。「自分」からすると短所や悪習慣と思えるパートも、その意図は肯定的なのです。「怒鳴らせる」パートは、「自分」全体のために、怒鳴らせることで少しでも早く安心させようとしてくれていました。ただし、「自分」からすると、怒鳴るという表現方法は好きではない。空回りだということです。

どうして一人の「自分」の中で、このような空回りが起きるのでしょうか？

それにはパートの生まれる過程が関係しています。

パートの成り立ち

多くのパートは幼少期に作られます。自転車に乗るときに働くパートが練習によって育っていくのと同じように、すべてのパートは経験したことを元にして育ちます。初めて体験した瞬間がパートの生まれる瞬間。そこから同じような体験をくり返すうちに学習を重ねていきます。

学習が進むにつれて、パートはその役割を効率的にできるようにしてくれます。そしてついには自動的にやってくれるまでになります。パートが誕生する瞬間が初めての体験なのですから、いろいろなことを初めて体験する子供のころに、ほとんどのパートが生まれていると考えていいでしょう。

幼少期にパートが生まれ、すぐに自動化される。
このことがパートの意図を空回りさせやすいようです。

パートの働きが自動化されると、そのパートは一つの役割だけをくり返すようになります。ワンパターンになるのです。ワンパターンだからこそ効率的で無駄がなく、とっさの場面で自動的に対処してくれるといえますから、一つの役割だけをくり返すのは大切なことです。とくに子供のころは、たくさんのことを一度に学ばなければいけないため、ワンパターンの効率的な作業をできるだけ早く身につけるのは役に立っているわけです。

また、大人の学習では場面ごとに違った対応を身につけやすいのに対して、幼い時期ほど場面の細かい区別をしないで学習してしまうことが多いものです。

これは例として、犬に噛まれて犬が怖くなるケースを考えてみると分かりやすいでしょう。犬を普通にかわいがっていた大人が、ある日、大きな犬に噛まれたとします。この場合、大きな犬を怖がるようになっても、小さい犬なら触れるということはあります。犬の大きさで状況分けをしながら学習するのです。

一方、小さい子供が犬に噛まれると、犬全般を怖がるようになりがちです。犬の大きさにかかわらず、すべての犬が怖くて触れない。状況を区別した学習をしないのです。つまり、幼いころほど場面の区別をしないで一つのパートで多くのことに対応しようとする、ということです。これもまた、作るパートの数が少なくて済むのですから効率的です。

しかし、さまざまな場面をワンパターンで自動的に対応するやり方は、大人になるにつれて裏目に出やすくもなります。たとえば、大事にしていたオモチャが壊れてしまったとしたら、小さい子供は悲しくなって泣くところでしょう。「大事なものが壊れたときに泣かせる」パートが働いています。小さいころであれば、そうして泣くことによって親から慰めてもらえるメリットがあります。

ところが小学校に入ったら、もうこのやり方は通用しません。図工の時間にやった工作が壊れてしまった。でも、そこで泣いてしまっては、一人だけ皆から浮いてしまいます。それでは困るので我慢しようとします。「大事なものが壊れたときに泣かせる」パートが働いたら、それを抑えようとするパートが育ち始めるのです。「涙をこらえさせる」パートです。

この「涙をこらえさせる」パートは、泣くのを我慢する努力によって育っていきますが、どんな場面で我慢するかという努力のしかたによって育ち方が違ってきます。たくさんの人がいる場面では涙をこらえさせるといった条件設定であれば、親しい友人だけと一緒のときや一人のときには泣くことになります。もし厳しく「男は涙を見せるな！」と育てられていたら、どんな場面でも、どれだけ大事なものを失ったときでも、いつも「涙をこらえさせる」パートが役割を果たすようになるでしょう。どんなときでも泣かない人として大人になっていきます。ワンパターンで自動的に対応するということです。すると今度は、大人になってから、どれだけ辛くても悲しくても泣けないという悩みができる可能性があります。

「大事なものが壊れたときに泣かせる」パートは、小さいころには役立っていました。それが空回りする状況になって、「涙をこらえさせる」パートを育てることで、うまく我慢できるようになります。ところがその「涙をこらえさせる」パートも、それだけがワンパターンになってしまっては、いつか空回りするときがでてくるかもしれないのです。

うまく対応するために必要だったパートが空回りしだすときに悩みが生まれる。こういうことがよくあります。

とりわけ感情を行動で表現させるパートは、幼いころに生まれることが多いものです。感情とは生理状態、つまり体の中に起きる反応のことでした。それをどのような行動で表現するかは、感情が沸くこととは別の話となります。言ってみれば「感情を行動で表現させる」パートは、「感情を出させる」パートと連携しているわけです。そのように行動を通した表現には、「感情を利用して主張を伝えようとする」意図が含まれることが多いようです。

赤ちゃんは自分では何もできませんから、とにかく泣くことで要求を表現します。それが成長するにしたがって、少しずつできることが増えていきます。歩けるようになったころには、メッセージの表し方にもバリエーションが出てくる。かまって欲しければ自分から親に近づくこともできますし、欲しいものは自分で手を伸ばして取ることもできます。それでも思い通りにならないときには、泣くしかできなかったころに身につけた技を応用します。「泣かせる」パートが切り札のように活躍するわけです。

自分自身の気持ちを伝える方法が未熟なときに、なんとか工夫してやってみたことが学習されて、パートとして定着していくのです。大人から見れば不器用なやり方ですが、当時はそれしかなかった。限られた表現方法のなかでやってみた方法が、いつまでも使われ続けることがあります。

思い通りにしてもらえないときに泣くパターンも、それがうまくいく限り使われます。大人になっても、嫌なことがあると泣いて物事を自分の思い通りにする人がいますが、これも子供のころに作られたパートが働いているといえます。泣いたときにしか注目してもらえないような環境だったとしたら、それも自然なことでしょう。

いずれの感情の表し方にしても、子供のころには頼みの綱だったのです。たまたまうまくいったのか、その方法しかなかったのか……、とにかく子供のころには役立っていた。そのパートが大人になっても働き続けているのです。もっと他の伝え方だってあるはずですが、パートはそのやり方で頑張り続けます。

子供のころ、最初にやったときには自覚できる意図があったのかもしれません。ですが、その期待をうまく言葉で伝えることができなかったのです。そして仕方なくやった方法が使われ続けて、その役割を担当するパートが育っていった。パートが自動的に働いてくれているうちに、やがて最初のころの意図は忘れ去られていく。そうやって、そのパートの意図に気づけなくなります。だからパートの気持ちを丁寧に聞きにいくプロセスが大切なのです。忘れていた気持ちを思い出すために。

大人になってから、泣いたり、怒鳴ったり、スネたりするのが問題だと思うようになれば、これらのパートは空回りして見えることでしょう。しかし実際には、パートが生まれた当時に意図していたことが、今も不器用な形で表されているだけなのです。もともとは最善を尽くそうとしていたのです。だから、すべてのパートには〈肯定的意図〉がある、といえるのです。

心の動きを整理する：事例「部屋を片づけられない」

それでは第1章の最後として、心の動きを具体例で整理してみましょう。心はパートの集合体です。「部屋を片づけないといけないのに、やらない」ケースについて、パート同士のやりとりとして一通りの説明をします。パートの性質をもとにパート同士の会話を描いて、パートの気持ちを追いかけてみます。そしてパートの気持ちを尊重した解決策を見つけてみましょう。

▼パートの性質①：「パートには出番がある」

まず「部屋を片づけないといけないのに、やらない」具体的な場面を思い浮かべます。いつもどういうパターンになるかに注意しながら、自分の中で心が動く瞬間を振り返ります。どのタイミングでパートが登場するのかをはっきりさせましょう。

「部屋を片づけないとなぁ」という気分になるのは、いつでしょうか。ここでは、部屋の散かり具合が気になったときとします。ですから「部屋の片づけをさせる」パートは、散らかっている部屋が目に入ったときに出番を迎えるということです。

▼パートの性質②：「パートは階層構造を作る」

「部屋の片づけをやらない」のほうは、パートと呼ぶには役割があいまいです。どんなパートが働いて片づけをやらなくさせているのかを探ります。パートの役割の階層構造をイメージして、細かい役割ごとにパートを分けると原因を絞り込みやすいでしょう。

「部屋を片づけない」のは、「気になった古い雑誌を読ませる」パートが原因か、「いらないものを判断させる」パートが原因か、「先送りさせる」パートが原因か、という具合に、問題を生み出しているパートを特定します。ここでは「先送りさせる」パートがいるとして話を進めます。

登場人物としてのパートを絞り込めたら、改めてそれぞれのパートが登場するタイミングに注目しましょう。「先送りさせる」パートは、「部屋を片づけさせる」パートがヤル気を高めたところで登場します。

▼パートの性質③：「パートはコミュニケーションする」

パートの出番がハッキリしたところで、パート同士のコミュニケーションを探っていきます。会話にするとやりやすいでしょう。

〔散らかっている部屋が目に入る〕

片づけさせるパート：「じゃあ、片づけようよ」

片づけを先送りさせるパート：「いやー、今日じゃなくてもいいんじゃない？　また今度にしようよ」

片づけさせるパート：「えー？　だって、散らかっているよ。片づけたほうがいいよ」

片づけを先送りさせるパート：「大丈夫だって、これぐらい。今日は疲れているんだからさ。また今度にしよう」

片づけさせるパート：「そうかー。じゃあ、今度にしようか」

……

片づけさせるパート：「あのさ、やっぱり片づけようよ。散らかっているのは嫌でしょう」

片づけを先送りさせるパート：「えー？　今日じゃなくてもいいよ。こんなにたくさんは無理だよ」

……

といった具合に、二つのパートの堂々巡りが続きます。

▼パートの性質④：「パートは同時に動いている」

このように、パート同士のやりとりが続いている間は、パートが動き続けていることになります。とくに「片づけさせる」パートのほうは、部屋の散らかり具合が目に入る限り、ずっと働いているといえます。テレビを見たり、歯を磨いたりしている間も、なんとなく気になっている感じを出し続けているのです。他の作業をしている間も同時にパートが動いていて、その間は心の状態もスッキリしません。

▼パートの気持ちを聞く：「気持ち＝感情＋考え」

二つのパートを人物のように思い浮かべながら話をしてみます。一人ずつ別々に会話するのがコツです。「そうか、そうだったのか」と納得できるまで、気持ちを聞いてみましょう。気持ちを知るには、感情と考えの両方が大切です。

自分：「どんな気持ちで片づけさせようとしてくれていたの？」
片づけさせるパート：「部屋が片づいたらスッキリするでしょう。爽快な感じになれるし、部屋のスペースが広がったら、心の中も広がったみたいな気分になれるから」
自分：「どんな感情だった？」
片づけさせるパート：「心配な感じかな。〝これじゃあ良くないよ〟って。放っておけないような感じ」
自分：「何を心配していたの？」

片づけさせるパート：「なんか最近、ため息が多かったから。部屋が片づいたら、ちょっとは気分もスッキリするんじゃないかなって」

自分：「そうか……、心配してくれていたんだ」

自分：「どんな気持ちで先送りさせてくれようとしていたの？」

片づけを先送りさせるパート：「無理なことをしようとしているから止めていたんだよ」

自分：「無理って？」

片づけを先送りさせるパート：「疲れているのに全部片づけようとするから。こんな量を夜にやるなんて無理だよ。寝る時間がなくなっちゃうでしょう。優先順位を考えてよ」

自分：「どんな感情だった？」

片づけを先送りさせるパート：「うーん、ちょっと悲しかったかな。せっかく頑張って提案しているのに迷惑そうだったから」

自分：「そうか……、悲しい思いをしながらも、体のために止めてくれていたんだ」

このようにパート一つずつの気持ちを探ります。

難しそうに思う人もいるかもしれませんが、自分の気持ちですから意外とすぐに気づけるものです。気持ちを汲み取ろうという意欲をもってやってみるとよいでしょう。

【パートの気持ちを探るコツ】【図1・4】

具体的なやり方として、そういうパートが体の中にいると想像して**質問を投げかける**のがコツです。自分で分析するのではありません。分析すると常識的に知っている当たり前の答えしか出ない場合があります。パートをイメージして質問を投げかけ、答えが頭に浮かぶのを待つ。聞き役に徹します。そして浮かんだ答えが納得できるものだと、なんとも言えない「シックリした感じ」が体験できます。忘れていたものを思い出した感じに近いでしょう。それを指標にパートの気持ちを探ってください。

なお最初の質問については、「パートは良かれと思ってやっている」という前提で問いかけると、パートの大事な気持ちに気づきやすくなります。そのため、「してくれようとしていたの？」という質問がお勧めです。

▼パートの肯定的意図を知る：「何を大切にしたかったのか」

両方のパートの気持ち（感情と考え）に納得できるだけでも充分ですが、肯定的意図まで意識に上げられると、より納得感が高まります。肯定的意図は「何を大切にしたかったのか？」という期待です。その期待こそがパートの考えの中心です。パートが一番分かってもらいたい考えですから、それが分かれば深く納得できるはずです。

「良かれと思って」の考えがあるという前提で問いかけます。質問としては、**「私のために何をしてくれようとしていたの？」**、**「そうしたら私には何が得られると思っていたの？」**という形が効果的です。

自分：「部屋を片づけたら、私には何が得られると思っていたの？」

片づけさせるパート：「部屋が片づいたらスッキリするから……。〝心のゆとり〟かな。〝部屋がきれい、大丈夫〟っていう」

自分：「心のゆとりがあったら、私には何が得られると思っていたの？」

片づけさせるパート：「自信だよ。安心感っていうのかな。自分は大丈夫っていう自信。最近、ため息ばかりだったでしょう？　少しでも自信が高まったらなぁって思っていたんだ」

自分：「そうか……。そうだったんだ。そうだよね。ありがとう」

自分：「片づけを先送りさせることで、私のために何をしてくれようとしていたの？」

片づけを先送りさせるパート：「疲れているときにまで無理をしないで、休ませようとしていたんだよ」

自分：「無理をしないで休んだら、私には何が得られると思っていたの？」

図1・4）パートと会話する

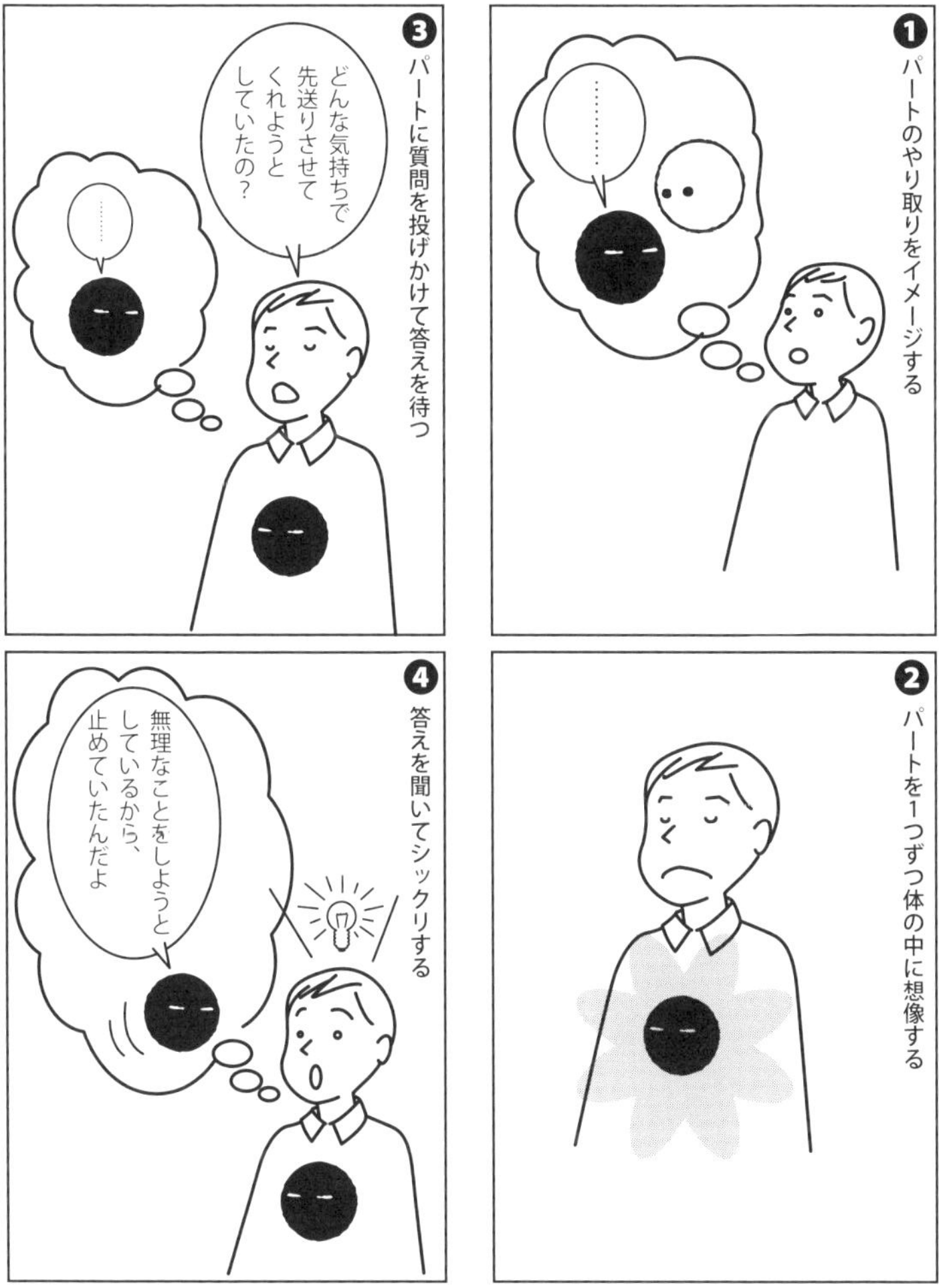

身体の中にパートを想像して、質問を投げかけるのがコツ。分析しようとしない。
無責任に質問を投げかけて待っているぐらいのほうが、シックリくる答えが浮かびやすい。

片づけを先送りさせるパート：「リラックスっていうのかな」
自分：「リラックスって、どういう意味のリラックスのこと？」
片づけを先送りさせるパート：「家に帰ってきたときぐらいは、ゆっくりしたらどうかってこと。いつも無理して頑張りすぎるでしょう。何でも完璧にしようとするから。張り詰めすぎたら切れちゃうかもしれないし、少しは余裕を持っておいたほうがいいって。いつも、よくやっているよ」
自分：「じゃあ、ゆっくりして余裕をもったら、私には何が得られると思っていたの？」
片づけを先送りさせるパート：「安らぎって感じかな。そんなに無理しなくても大丈夫、どんな私でも大丈夫っていう安心感だね」
自分：「そうか……、安心しても大丈夫か……。そうだね。ありがとう」

このように肯定的意図を聞くときには、「そうしたら私には何が得られると思っていたの？」とくり返して質問します。しみじみと納得感や満足感が出てくるまで質問をすると、ふっと気分が楽になるものです。

そしてパートの役割の空回りに気づけることでも、気分はもっと楽になります。

「部屋を片づけさせる」パートには、「〝自分は大丈夫〟という自信や安心感をもってもらいたい」という肯定的意図がありました。「片づけを先送りさせる」パートには、「〝無理しなくても大丈夫〟という安らぎや安心感をもってもらいたい」という肯定的意図がありました。この例はクライアントの体験を元にしていますが、このようにパート同士の肯定的意図が似通っていることは多いものなのです。二つのパートがお互いに良かれと思って、同じようなことを期待しながら、表面的な役割で空回りしてしまう。この皮肉な状況が、「なーんだ」と気分を緩ませてくれます。空回りの様子が可愛らしく感じられます。パートに対して大らかになれるのです。

▼心の動きを理解したら……

パートのやりとりを会話にして、パートごとに気持ちを聞き、それぞれの肯定的意図まで理解する。ここまでくれば、心の動きは充分に理解できたといっていいでしょう。自分自身としても大きな納得感を味わっているはずです。

意図に気づけたことで、今まで嫌っていたパートを受け入れられるようになります。「なんだ、いいヤツだったんだ」と感じられることもあります。少なくとも、パートへ思いやりを向けられるようにはなります。

それでもまだ「部屋の片づけを先送りにする」という問題が残っていると考えたくなるかもしれませんが、実際はそうでもありません。今、両方のパートの気持ちに納得ができています。部屋の片づけをする意図も、先送りする意図も分かっています。どちらも必要な行動だということです。ここが心を集合体として扱うポイントです。どちらか一方に決めて、毎日同じ行動をする必要はないのです。部屋を片づけることで心のゆとりや自信を高めたい気持ちが強まったら、片づければいい。無理をしないでリラックスするために先送りしていたのですから、負担が少ないときには少し無理をして片づけてもいいでしょう。それが役割のバランスを調整するという解決法です。

もし片づけの優先度がとても高いのだとしたら、「先送りさせる」パートの肯定的意図を、別の形で満たしてあげるのも一つの手です。このパートは先送りさせる役割を通じて「〝無理しなくても大丈夫〟という安らぎや安心感をもってもらいたい」という肯定的意図を満たそうとしていたわけです。ですからたとえば、ときどきは仕事から早めに帰るとか、休みをとって温泉に行くとか、たまにはお風呂に入らずに寝てしまうとか、そういう行動をしてみます。それで〝無理をしなくても大丈夫〟という安らぎや安心感が満たされれば、片づけを先送りする必要もなくなってきます。問題となるパートの肯定的意図を知って、それを満たす代替案をやるという方法です。

実際には、これぐらい心の動きをしっかりと理解できていれば、問題は自然と解消していくものです。「自分の手には負えない」という印象がなくなるので、悩まなくなるからです。こここにこそ心の動きをパートとして捉えるやり方の中核があります。具体的な手法とあわせて、第5章で詳しく解説しましょう。

悩みとどのように向き合うか。どうすれば悩みが解消するのか。その原則ともいえる本質的な方法です。分かってしまえばあまりにも単純な発想ですが、単純すぎるがゆえに見過ごされてしまうようです。見過ごしているだけですから、気づけばいいのです。思い出せばいいのです。きっとそのとき、心をパートの集合体として捉えることの意義を感じてもらえると思います。

第2章 感情を生み出すパート

感情の大切さ

コミュニケーションや人間関係がややこしくなるとき、そこには必ずといってよいほど〈**感情**〉が関わっています。

論理的、理性的に話し合いができれば建設的に意見を交換できそうな場面でも、感情がぶつかり合うと途端に話が進まなくなる。しかも話が終わったとき、後味の悪さを感じます。やがて相手に対して苦手意識や嫌悪感が出てくれば、顔を合わせた瞬間から嫌な気分が沸いてきます。体の中の嫌な感じがあるために、つい冷たい態度をとってしまったり、ついカーッとなってしまったり、普段とは違ったコミュニケーションをとってしまいがちです。親子の関係、上司部下の関係、夫婦・恋人・友人の関係など、お互いの関係が親密になるほど、コミュニケーションに感情が絡みやすいものです。

悩みが大きくて苦しいときも、感情が動いています。

信頼していた人に裏切られた、目標に向かって頑張っていたのに叶わなかった、大事な人を傷つけてしまった、職場で理不尽な処遇をうけた、転職するかどうかが決められない、勝負の日が迫っていて落ち着かない、大切な人を失ってしまった、一生懸命にやっているつもりなのにうまくいかない、誰も自分の苦しさを分かってくれない……。

こうした状態では、心の動きが大きすぎて手に負えないのです。大切なことほど感情が大きく動きます。感情が大きいほど圧倒されてしまいます。感情の中に浸ってしまっていると普段の安定感も失われますから、自分をコントロールできなくもなります。丁寧に感情を解消して、内面を安定させるのが重要です。


重要な人間関係ほど、コミュニケーションに感情が絡んで、ややこしくなる。重要な出来事ほど、自分の感情に圧倒されて、悩み・苦しみが大きくなる。

解消のヒントは「感情が動いているということは、そこに大事な何かがある」という点です。その大事な何かに気づき、そこで起きている心の動きを理解できれば、感情に圧倒されなくなります。感情を解消することも、うまくコントロールすることもできるようになります。結果として、ややこしい人間関係を改善できますし、悩みや苦しみから楽になれます。

実際のところ、ほぼすべての問題解決を妨げているのは感情です。

大雑把にいえば、問題を解決するには〈**考え方**〉か〈**行動**〉を変えればよいはずです。けれども、考え方や行動を変えようとしたとき、それを止めるのが感情なのです。


たとえば、上司から怒られたとしましょう。かなりひどい言い方をされた、と。ショックを受けて、ヤル気もなくなってしまいました。それでも仕事はこれからも続きますし、上司には顔を合わせないといけません。

この状況を解決するために考え方を変えようとします。

「きっと上司にも何か事情があったんだろう。失敗をすれば注意されるのは当然だ。どうでもいいと思っていたら怒りもしないだろうから、気にかけてくれているということだ。ありがたいことだ」

そうやって自分に言い聞かせます。ところがすぐに別の考えが沸いてきます。

「そうはいっても、あんな言い方することはないんじゃないか？　いくらなんでも酷すぎる。人間としてダメみたいじゃないか。悪気があったわけじゃないのに。失敗もカバーしてくれないし……、もう、あの人の下で働くのはイヤだよ」

考え方を変えようとしても、「傷ついた」、「失望した」という感情が出てきてしまってうまくいきません。

行動を変えようとしても同じようなことが起きます。

「落ち込んでいても仕方がない。気分を切り替えて、やるべきことをやろう」

そう自分に言い聞かせて、頑張って仕事に打ち込もうとします。なのに、なぜかヤル気が続かない。ため息をつくことが増えてきた。集中できなくなっているのか、小さなミスも多くなる。「なんか最近おかしいな。こんなはずでは……」

と気分を奮い立たせようとしても行動に繋がりません。「傷ついた」感情を抑えこむのにエネルギーを使ってしまって集中力も落ちますし、「失望」の感情のせいで未来に希望をもって行動することができません。

感情が大きく動いているときは、自分に言い聞かせようとしても難しいのです。

相談にのっているとき、アドバイスをしたのに納得してもらえないのも同じです。

「上司だって気にしているから注意してくれたんだよ。そんなに落ち込まないで、目の前の仕事に集中しよう」

とアドバイスする。すると、「うん……、それは分かっているんだよ。でも……」と返ってくる。

「こうやって考えたらいい（考え方を変える）」とか「こうしたらいい（行動を変える）」といったアドバイスは、感情が動いているため受け入れられません。

逆にいえば、先に感情を解消すればいいのです。感情が解消されれば、考え方を変えるのも、行動を変えるのも簡単です。

悩んでいるときの苦しい心の中は、感情として心の動きを解きほぐしていけば楽になります。困っている状況を変えたければ、まず感情を解消することで、一歩を踏み出しやすくなります。

親密な人間関係の問題も感情がカギになります。関係が近いほど感情がぶつかり合いやすく、コミュニケーションがややこしくなりがちです。しかし相手の感情を理解できれば、気持ちを察しながら対応することができます。自分の感情に気づければ、自分の気持ちを分かりやすく伝えることとできます。

自分の悩みと向き合ううえでも、他人とコミュニケーションするうえでも、感情がカギになるということです。

複雑な悩みの解消法は第5章で、他人とのコミュニケーションは第4章で解説しますから、その前にまず感情というものを丁寧に分かっておきましょう。

怒りや悲しみ、不安などと言われれば、身近な言葉のように思うかもしれません。しかし日常的な言葉ほど、なんとなく知っているつもりになって、深く考えることがないものです。どうやって感情に対処したらよいかも曖昧だったのではないでしょうか。

第2章と第3章では、さまざまな感情を一つひとつ、心の動きとして説明していきます。あなた自身の経験に照らし合わせながら感情の動きをイメージしてみてください。それぞれの感情への対処法も紹介します。

すべてを一度に覚えるのは大変でしょうから、〝感情辞典〟のようなつもりで必要なときに見返してもらってもよいと思います。どうやって調べたらよいかを知っているだけでも安心できるものでしょう。

感情はパートのやりとり

〈感情〉とは何かという説明には第1章でも少し触れました。本書で『感情』といった場合、生理状態のことを指します。体の中の感じです。そして感情には対象があります。ある出来事によって体の中の感じが変化する。「何があって、どういう風に体の感じが変わったか？」を種類ごとに呼びわけたものが感情だということです。

あくまで「体の中に起きる変化」ということに注意してください。たとえば「怒り」であれば、「お腹がフツフツとした感じになって、熱いものが上半身に上がってくる感じ」といった具合です。

体の中に起きた変化のあと、何をするかは次の段階とします。それらは感情が起きたあとの行動として、別物と考えます。ですから、怒りが沸いたとき、大声で怒鳴るのか、パッと手が出るのか、見境なく早口でまくしたてるのか、グッと我慢するのか、イライラを感じながらも放っておくのか……、同じように怒りの状態が起こっても、どのような行動につなげるかには個人差があるということです。

一方、心の中での感情の動きそのものは、多くの人に共通します。ここではシンプルに理解するために、感情が沸いたあとに何をするかは気にしないで、感情そのものの心の動きだけに注目することにします。

そして体の中の感じに注目するとしても、その体の感じ全体を一つのものとしては扱いません。本書のテーマは「心の動きをパートのやりとりとして理解する」ところにありますから、感情についてもパートの集合体として考えます。後悔とか悲しみとか不安とか絶望感などと呼ばれる体の状態を作り出すパートに注意を向けるわけです。

そして、ここが重要です。**一つの感情を作り出すのは、一つのパートに限りません**。

私たちは普段、心を一つのものとして捉えます。ですから感情についても、一つの心が状態を変えたものと考えがちです。後ほど一つずつ解説をしますが、たとえば自責感や失望などは、いくつかのパートが心の中でやりとりをしている状態です。いくつもの気持ちが同時に動いているのです。しかもパート同士の関係がうまくいっていない。ちょうど「部屋の片づけをしたいのに先送りしてしまう」などの葛藤と同じように、パート同士が対立しているのです。いくつものパートが意見を主張しあっていますから、心の中でパート同士の議論が白熱しているようなものです。話し合いが終わりません。パートの出番が終わらないということですから、ずっと感情が起こり続けていることになります。だから自責感などは、いつまでも解消されずに残りやすいのです。

もう一つ重要なのが、**心の中には、いくつもの感情が共存できる**ということです。

心の中ではいつも数え切れないほどのパートが動いていますから、感情を担当するパートがいくつ同時に動いたところで問題はありません。自転車に乗って歌を歌いながら夕飯について考えるのと同じぐらい簡単に、いくつもの感情が同時に心の中で作られています。「泣いているということは悲しい」などと限定してしまうのは単純化しすぎです。悲しみもあれば、怒りもあるし、失望も後悔もある。そのように感情はいくつも共存します。ただ「悲しそうな涙」が分かりやすく表に出ているに過ぎないかもしれません。

一人の心の中で、多くの感情が同時に動いている。しかも、それぞれの感情を生み出すパートがいくつかある。どれだけ多くのパートが関わっているかを実感してもらえると思います。

もちろんすべてを同時に意識するのは大変です。ですから感情に関わるパートを理解するためには、まず「**どんな感情が同時に起きているだろうか？**」と注目するのが最初のステップです。心の中にある感情をリストアップするつもりで観察して、それから一種類の感情ごとに、関わっているパートを理解していきます。

最終的にはパートの気持ちを知りたいのです。感情が動くのは、そこに何か大切なことがある合図です。どうでもいいことには感情は生まれません。感情の奥にある大切な気持ちのすべてに納得するために、それぞれのパートから順番に話を聞きます。そのために、どれだけの感情が起きているかをリストアップするのが効果的なのです。

ここで一つだけ注意事項です。

第2章と第3章では、悩みや問題にまつわる感情（いわゆる〝否定的な〟感情）を列挙して、それぞれをパートの働きとして説明していきます。そして感情を解消する方法も解説します。

どんなに複雑な感情のもつれも、パートごとに分けて気持ちを聞いていけば、少しずつ解きほぐしていくことができます。手に負えない感情ではなくなります。そしてパート同士に折り合いがつけば悩みも解消されます。その目標のために、パートとして感情を捉えたいのです。

このとき、本書で分類している感情の名前が、あなたの呼びかたと違っていることがあるかもしれません。人の感情の呼び名は、経験を通じていつの間にか身につけてきたものです。感情をハッキリと定義したものは世の中にありません。もともと曖昧なものですから、呼びかたに個人差があっても当然なのです。本書で使っている呼びかたは、私がカウンセリングの経験で多くの人に誤解なく伝わったものを選びました。

ですが目的はあくまで、パートの動きを理解して、感情のもつれを解消するほうにあります。感情の呼びかたよりも、パートの動きをメインにイメージしてください。「こういうパートの動きが起きているときは、こうやって解消する」という知識が役に立つはずです。

実際、私がカウンセリングをするときや、コミュニケーションのトレーナーをするときに中心としているのも、**感情をパートの動きとして理解する視点**です。どんな感情があるかを観察できれば、大まかな心の動きが想像できます。その感情を引き起こすキッカケに絞って話を聞けますから、話の中の大事な部分もつかみやすくなります。何をどう解消するかも予測しやすいので、対処法も見つけやすいようです。

自分自身の悩みを解消するためにも、他人の心の動きに合わせたコミュニケーションをするにも、感情の種類からパートの動きを理解できるようになっておくのは効果的です。感情は心の中でのパートの動きを知るのに、もっとも大事なメッセージなのです。

それではいよいよ、一つずつの感情の中身を見ていきましょう。

土台になる感情：〈怒り〉と〈悲しみ〉

最初に、多くの感情のベースにもなる重要な二つを説明します。**〈怒り〉**と**〈悲しみ〉**です。土台として、この二つは丁寧に解説します。

〈怒り〉は日常生活を送っていれば、かなりの頻度で起きている感情だといえます。体の中が熱くなったり、沸き立つような感じがあったり、熱やエネルギーや血流が体の中を上がっていくような感じがあったり、体が活動的になるような印象として自覚されます。目が大きく開かれ、呼吸が荒くなるのも特徴です。意識が体の外に向きやすくなって、出来事や他人に注意が集まります。筋肉に力が入りやすいため、文句を言う、怒鳴る、叩く、蹴るなど、行動に繋がりやすい状態です。

反対に〈悲しみ〉は、静かな状態として感じられます。体から力が抜けて、目の周りや口元が下がる感じになります。肩も下がって、背中は丸まり、体が小さくなったような感じがあるかもしれません。表情や姿勢を維持する力さえも抜け落ちてしまうようです。また、のどや胸には締めつけられる感じがあって、鼻のツーンとする感じや目が熱くなる感じが涙につながります。意識は体の内側に向きやすく、物思いにふけったり、過去を振り返って考えすぎてしまったりもするようです。長続きしやすい感情です。

このように怒りと悲しみは対極的な感情だといえますが、両方が同時に表れることも、怒りが悲しみを蓋することも、逆に悲しみが怒りを蓋することもあります。

よく知られている感情の中には、怒りや悲しみのバリエーションのようなものもありますし、両方が組み合わさったようなものもあります。ですから、怒りと悲しみを基本として理解しておくと、より複雑な感情についても分かりやすくなるはずです。

それでは、怒りや悲しみとは、そもそもどのような反応なのでしょうか？

その説明には、感情というものの基本的な性質が必要になります。ここで先に、感情の性質を整理しておきましょう。

感情は体の状態の呼び名ですが、その状態を作り出す役割はパートが担当しています。ですからパートの性質をふまえながら感情の動きに注目すると、感情の性質をつかみやすくなります。

1 感情には対象がある

パートには役割どおりに働き始めるタイミングがあります（パートの性質①：「パートには出番がある」）。感情を生み出すパートも、何かの合図で働き始めるのです。「～があったとき、……の感情を作り出す」という形です。

言い換えると、**感情には対象がある**ということでもあります。怒りであれば、怒りを生み出す対象がある、と。その感情をもつようになる原因があると言ってもいいでしょう。

そして対象はパートの**意図**と関係します。意図とは「何を大切にしたいか」という期待のことでした。期待は事前に準備されているものです。「こういう場面だったら、〝普通は〟こうなるものだろう」と予測されているのです。この期待している内容に対して、期待とは違ったことが起きると〝否定的な〟感情が生まれます。そして期待からどのように外れているかによって、引き起こされる感情の種類が決まります。たとえば、期待とまったく関係のない想定外のことが起きると「驚き」の感情が起こります。

まとめると、「**どのような期待外れがあったのか**」が感情の対象になるということです。

ここでもやはり知りたいのはパートの気持ちです。「何を大切にしたかったのか」という意図がポイントになります。怒りとか悲しみなどと同じ感情の名前で呼ばれていたとしても、そのときどきで「何を大切にしたかったか」は異なることに注意してください。「怒りにはいつも〜という意図がある」という話ではありません。その意味でも、感情を担当するパートは場面を限定して捉えるのがコツです。「怒りを担当するパート」のような大まかな担当者を想定するのではなく、「……があると怒りを生み出させるパート」という形で絞り込むということです。そのほうが感情の対象に気づきやすいですから、「どうしてそんな感情になっているのか」を納得しやすいはずです。

2 感情は長続きする

パートは出番になったら働き始め、役割を終えたら待機状態へ戻ります。感情を生み出すのもパートですから、性質は同じです。キッカケ、つまり「どのような期待外れがあったのか」によって作られた感情も、しばらくしたらなくなって、体の中は普段の状態に戻るということです。たとえば、電車の中で足を踏まれて怒りが沸いたとしましょう。それでもその怒りの状態は、時間がたてば収まります。パートの役割は、感情という体の状態を作り出すところまでですから、怒りの感情が作られたらパートは役割を終えて帰っていくのです。

体の状態は生理的な変化です。生理的な変化は時間がたてば収まって、普段どおりの状態へと戻るものです。パートが役割を終えれば、感情という生理変化もまた時間とともに消えていきます。

しかし、現実はもう少し厄介です。感情を作り出すパートが役割を終えないで、**ずっと働き続ける**ことがあるのです（パートの性質④：「パートは同時に動いている」）。「～したいのに、……してしまう」といった葛藤では、二つのパートがやりとりを続けている限り、パートは役割を終えることがありません。そのため葛藤の状態は長続きするわけです。感情についても同じように、いくつかのパート同士がやりとりを続けていると、パートが役割を終えるタイミングがやってきません。一つの感情として呼ばれているものでも、心の中ではパート同士がやりとりをしている場合、パートは感情を作り出すという役割をずっと続けることになるのです。

さらに、人間には思い出すという能力があります。感情の対象となる出来事を思い出すたび、感情を作り出すパートが働きます。出来事を思い出せば、何度でも同じ感情を体験してしまうのです。**感情の反芻**です。当然、大事なことほど頭に残りやすいものです。頭に残っていれば、そのことが思い出されやすく、頻繁に同じ感情を味わうことになります。いってみれば、感情の対象が気になっている間は、感情がくり返し生まれ続けているということです。

感情を作り出すというパートの役割そのものは瞬間的なものですが、実際に人が体験する**感**

情は長続きしているのです。

では、この二つの性質をふまえて、怒りと悲しみについて掘り下げていきましょう。

- **感情の対象は何か？**
- **どのようなパートの動きで感情が続くのか？**
- **どうしたらパートの役割を終わらせて、感情を解消できるのか？**

この着眼点でまとめます。

感情を生み出すパートの動き①〈怒り〉

▼怒りの対象

怒りは、

- **期待から外れたことが起きたとき、……しかも**
- **頑張れば期待したとおりに戻せるかもしれない**

場合に生まれます。

「こうあって欲しい」、「こうあってくれて当然だ」と期待していたことと違うことが起きる。

ピンチです。この状況を打ち破って、なんとか自分の期待していた通りの展開に戻せないだろうか？　そのような見込みが判断されて、「うまくいけば取り戻せそうだ」と判断されたときに怒りが沸きます。その場ですぐに挽回するために怒りが沸くケースもあれば、二度とくり返さないためというケースもあります。期待通りにならなかった状況を取り戻すために頑張る。そのためのエネルギーが怒りという体の状態だといえます。

たとえば、飲食店で自分の注文が忘れられていたとします。自分より後から頼んだ人には料理が届いているのに、自分のところへは一向に届く気配がない。

「これはおかしい」

怒りが体の中に沸きます。そして店員を呼びつけて、

「ちょっと！　私の注文はどうなっているんですか⁉　もう三〇分も待っているんですけど！　後から来たあっちの人のほうには届いているなんて、おかしくないですか？　忘れているんじゃないですか？　一体どうなっているんですか⁉」

とクレームをいう。

ここには「順番どおりに商品が提供されて当然だ」、「待つ時間は同じぐらいで当然だ」、「私は客として大切に扱われて当然だ」という期待があります。その期待から外れたことが起きてしまいました。しかし、この状況はうまくいけば挽回できる見込みがあります。主張すること

で、自分の料理を最優先に作り直してくれるかもしれません。丁寧に謝ってもらえるかもしれません。少しオマケしてもらえるかもしれません。そうした要求を主張するのに、怒りのエネルギーが使われるのです。怒りのエネルギーを表現することで、ことの重大さをアピールしやすいのです。

より本質的に見れば、一番の期待は「**大切に扱われたい**」というものでしょう。

順番どおりでなかったり、待たされたりするのは「大切に扱われていない」からだと判断していることがうかがえます。つまり、怒りの対象は「大切に扱われなかった」状況なのです。怒りのエネルギーを使って挽回したいのも「大切にされなかった」部分です。

ですから、商品をすぐに持ってきてくれるかどうかとか、店員が謝ってくれるかどうかは、解決とは直結しないのです。むしろ「大切に扱ってくれた」と感じられるかどうかが重要です。反省の色が見てとれるかとか、心を込めて謝罪しているかとか、特別感のある対応をしてくれるかとか、そういった印象が重視されます。もちろん、怒りを表現したあとも「このように挽回してもらいたい」、「これぐらいの対応が当然だ」という期待がありますから、さらに期待が外れれば怒りはますます高まっていくことになります。いわゆる二次クレームです。

多くの場合、「どのようなことを期待していたのか」は本人の意識に上がりません。「頑張れば期待したとおりに戻せるだろうか？」という判断も自動的にされています。だから出来事に対して、怒りが瞬間的に沸きます。

その一方、ジワジワと腹が立ってきたという経験もあるのではないでしょうか。最初は何が起きたのか意味が分からなかったけれど、よく考えてみたらずいぶんと酷い言われようだった。これは撤回してもらいたい。そう思ったら怒りが沸いてきた。そんな経験です。ところが、同じような酷い言われかたがくり返されると、そのうち怒りの反応は瞬間的になっていきます。たいていの怒りの反応が瞬間的なのは、似たような体験をくり返してきたことで、反応が自動的になったからなのです。「どのような期待があったか」とか「挽回できそうか」といった判断も省略されてしまいます。

だからこそ怒りの対象を意識することなく、ただ怒りという体の状態だけを感じてしまいやすいのです。そして、よく分からないけれど腹が立つとか、ついカーッとなってしまうなどと、手に負えない怒りに振り回されてしまいます。部下に厳しく当たってしまうとか、つい子供を怒鳴ってしまうとか、カップルや夫婦でケンカが絶えないとかいった場合も、怒りの対象に気づけていないことが大半です。「何が期待通りでなかったのか」と振り返りましょう。

期待外れの判断を省略して、自動的に怒りの反応が出てしまっているとしても、奥底には当初の期待が残っています。「どんな期待をしていたのか?」に気づいて、「今、怒りのエネルギーを使って、期待していた通りに挽回したがっているんだ」と意識できれば、怒りに振り回されることはなくなります。もっと効果的な対応を考える余裕も生まれます。

▼怒りを生み出すパートの働き

心の中のパートの動きとして説明すれば、怒りが起きているときは「期待から外れたことが起きたから、期待したとおりに取り戻そうとエネルギーを出させる」担当者が働いている、といえます。

このパートの役割はあくまで「期待外れを挽回しようとエネルギーを出す」ところまでです。そのエネルギーを言葉での主張につなげるのか、怒鳴るための大声に使うのか、叩くための筋力に利用するのか、グッと抑えこんだままにするのかは、人それぞれ場面によってさまざまです。エネルギーですから、大声を出すとか、叩くとか、筋肉を使って発散すると、怒りは早く解消されます。

ただし「期待したとおりに戻そう」という二次的な期待も含まれていますから、相手の対応によっては怒りがもう一度生まれることもあります。怒りを使ったはずなのに、また期待外れのことが起きたため、「怒りの反応を出させる」パートがもう一度登場するのです。怒鳴ったり、叩いたりしながら相手に不満をぶつけても、なかなか相手は期待外れを挽回するような対応はしてくれないものです。そのため相手に怒りを直接ぶつけるように不満を表現しても、怒りが収まらないことが多いのです。その間、実際には「怒りの反応を出させる」パートが何度もくり返し働いているわけです。

体の中のエネルギーは生理反応ですから、怒りの状態もしばらくすれば収まります。怒りを行動に繋げずに我慢しても、怒りのエネルギーは下がっていくのです。仮に相手へ不満をぶつけるとしても、期待どおりの展開にはならず、結局は我慢することになるのが現実的には多いのではないでしょうか。いずれにしても、ほとんどの場合、怒りは我慢されて自然に落ち着いているものです。

それならば我慢するのが最善の対処法なのでしょうか？　そうともいえません。

▼怒りの解消法

人は嫌だった出来事を思い出します。期待外れになってしまった出来事が思い出されるたびに、パートは怒りの状態を作り出します。また怒りが沸いてくるのです。このように怒りがくり返し体験されているうちは、その出来事に対しての怒りはまだ解消されていません。わだかまりが残っているのです。体の中に力が入りやすい時期ですから、興奮気味になったり、落ち着かなかったりします。こうした怒りの解消法としては、エネルギーを吐き出してスッキリさせるのが有効です。

怒ると怒鳴ったり叩いたりする人がいるように、大声を出したり体を動かしたりするのは怒りのエネルギーを発散させるのに自然で効果的な方法です。筋力を通してエネルギーを体の外へ出すということです。相手に怒りを直接ぶつけるのではなく、一人になって発散させます。それなら相手の対応に新たな期待外れを感じて怒りを再燃する心配はありません。誰もいない車の中で怒鳴るとか、安全な場所で物を投げるとか、丸めた新聞紙で椅子を叩くとか、ジムで体を動かすとかがお勧めです。カーッとしていた体の感じが「プシューッ……」と収まってくるのが目安です。呼吸が落ち着いて、体の余分な力が抜けた感じがすると思います。安全な場所で、他人に迷惑をかけないようにやってください。

カラオケやスポーツも似たような意味で効果的なストレス解消法ですが、嫌なことがあった後の怒りについては、怒りの対象を具体的にイメージしながらのほうが早く発散できます。期待外れだったことを振り返りましょう。そして嫌な出来事や相手を思い浮かべながら、「くそー！　ふざけるなー！　いい加減にしろー！」と怒鳴るか、あるいは心の中で叫びながら力を入れて投げたり叩いたりします。水泳や筋力トレーニングでも、「くそー！　うおー！」と心の中で叫びながらやるとスッキリしやすいはずです。

そして途中から、叫ぶ内容を期待していたことにシフトしていきます。

「くそー！　なんであんなことをしてくれたんだ！　もっと～して欲しかったんだー！」

という具合です。**体に力を入れて怒りのエネルギーを発散しながら期待していたことを言葉にする**と、不思議なほど怒りは解消されていきます。

そして怒りが解消されると、怒りの反応を出していたパートは出番を終えられます。その代わりに、それまでも心で働き続けていた別のパートに気づけるようになります。「相手を思いやる」パートが意識に上がれば、「まぁ、そうはいっても仕方ないか」、「あの人にも立場があるしなぁ」といった冷静な考えで納得できます。「改善策を工夫する」パートが意識に上がれば、「あーあ、こういうことにならないように、次は～に気をつけよう」と学びに変えられます。

注意してもらいたいのは、これらのパートが働いていたことに気づけた結果、自然と考えが変わったところです。怒りを抱えたままで、「仕方なかった」と思い込もうとしたり、「何を学べただろうか？」と考えたりするのはリスクを伴います。怒りを抑えこんでしまって、本当に大切にしたくて期待していたことから目を背けてしまいかねません。

また、怒りの反応を出していたパートが帰っていったあと、別の感情を生み出しているパートに気づくこともあります。怒りを発散したら急に悲しくなってきた場合などは、残念な結果に悲しみを表現しているパートが奥底で働いていたということです。怒りを発散したあとに別の感情が沸いて来たら、今度はその感情を解消します。それだけ多くの大切な気持ちがあったということですから、一つひとつ丁寧に対応していきましょう。

なお、愚痴をいうのも怒りを発散させる一つの方法ですが、「不満を分かってもらいたい」という期待をもって愚痴をいうのですから、聞き手が不満を分かってくれなかったら怒りは解消されません。「結局、誰も分かってくれない」という別の不満を抱いてしまうかもしれませんから、愚痴をいう相手は気をつけて選んでください。

▼怒りと近い感情

期待が外れたとき、それを取り戻そうとするエネルギーが怒りですから、怒りの大きさは期待の大きさと関係します。大切にしたいことが大切にされていないという期待外れを体験すれば、大きな怒りが沸いてくるものです。「憤《いきどお》り」と呼ばれる状態です。逆に、それほど自分にとって重要でないことであれば、期待通りにならなくても大きな怒りにはなりません。「苛立《いらだ》ち」ぐらいでしょうか。「怒り」の程度によって、感情を呼び分けることがあります。期待の種類ごとに「怒りの反応を出させる」パートがたくさんいるともいえます。

①苛立ち

期待の内容がどれだけ大切かの判断基準は、経験をとおして身につけたものです。社会には思い通りにならないことがあって、我慢しなければならないときがあると学んできました。その過程で「期待しないようにさせる」パートが育ちます。

たとえば電車が遅れたとしたら、予定通りに進まなかったことで「怒りの反応を出させる」パートが働きます。するとすぐに「期待しないようにさせる」パートも働きます。「いやいや、電車が遅れるなんてよくあることだ」と。怒りを生み出している期待外れを小さくしようとするのです。そして怒りの反応を小さくします。それほど自分にとって重要なことではないのに小さな怒りが沸く（イライラする）ときには、「期待しないようにさせる」パートが働いています。

これが〈**苛立ち**〉の動きです。

「こんな些細なことでイライラするなんて……」と考えるかもしれませんが、むしろ逆です。本当は嫌な気持ちもあったのです。「怒りの反応を出させる」パートが期待外れを挽回しようと頑張っているときに、「期待しないようにさせる」パートが止めに入っています。「大事なことなのに！」……「いやいや、大したことじゃないよ」……と、やりとりが続きます。パートの出番が終わりませんから、怒りの反応も出続けてしまいます。「些細なことだ」という判断が、逆にイライラを長引かせているのです。

ですから、両方のパートの意図に注意を向けましょう。

「期待しないようにさせる」パートは、早く普段どおりの状態に戻して、もっと大切なことに目を向けさせようと頑張ってくれています。

「こんなの些細なことだよ。あなたはもっと大きな存在なんだから、これぐらい大丈夫でしょう」

と励ましてくれています。

「怒りの反応を出させる」パートには、そのときどきで大切にしたかったことがあります。「何を期待していたんだろう？　何を大切にしたかったんだろう？」と振り返ってみてください。電車の遅れの例であれば、予定どおり順調に進むことで、小さな達成感を求めていたかもしれません。「だったら仕方ないな」と思えることがあります。

対立していたパートの両方の意図に気づけると、二つのパートはお互いの主張を弱めて譲り合うようになります。パートの主張が終わって、怒りの反応も早く収まるようになります。イライラを引きずりにくいはずです。

あるいは、「怒りの反応を出させる」パートの意図に気づけたあとで、「じゃあ、それを大切にするには、今どうしたらいいだろうか？」と探ってみるのも有効です。「小さな達成感を味わうには、ここで柔軟にベストな予定変更をするのも良さそうだ」となれば、気分を早く切り替えられます。

②憤り

激しい怒りが沸いているのですから、よほど大切なことがあったはずです。〈**憤り**〉の真っ最中には、「期待しないようにさせる」パートも働きません。体に表れる怒りの状態の強さに圧倒されて、多くのパートが普段どおりには働けない状態になっています。「許せない！」、「我慢ならない！」という考えになって、我を忘れたような激しさから、普段ではしないような行動をしてしまうこともあります。

この激しい体の状態に注意が集まっているときが「憤り」と呼ばれるのに対して、大切なことが台無しになった原因（人や出来事）に注意が集まると〈憎しみ〉となります。体の中に沸いてくる激しい憤りのエネルギーが相手に向けられると、その相手に対する〈憎しみ〉として感じられるということです。どのぐらい相手に激しさを向けているかの違いであって、本質的に同じものと考えてください。

「大切なことを台無しにされた」という印象が強すぎて、「実際に何が台無しになったのか？」に気づくことは少ないようです。何を大切にしたかったのかも分からないまま、「取り戻したい」エネルギーの強さに乗っかって激しい怒りだけがあふれます。このまま行動に移しても、あまりうまくいきません。なぜ憤っているのかが相手には伝わりませんし、相手は怒りをぶつけられたことで嫌な気分が生まれます。当然、相手から返ってくる対応は、もともとの期待とはまったく違ったものになります。完全な空回りです。

まずは憤りが「挽回したい」、「大切なものを大切にしたい」という強いエネルギーだと知っておいてください。そして「憤りを生み出す」パートに意識を向けて、「何を期待していたのか？」、「何を大切にしたかったのか？」と探ります。憤りの最中にパートを意識するのは大変かもしれませんが、激しく憤るのは、よほど大切なものが損なわれたときです。過去の憤りを振り返って、どうしても譲れないほど大切なものを自覚しておきましょう。

憤りは怒りの激しいものですから、解消法の原則は怒りと同じです。筋肉を動かしてエネルギーは発散させます。ですが、本当に譲れない部分が台無しになった怒りは、なかなか収まりません。大切なものを深く実感するために時間をかけてください。

「大切なものを大切にしたい」エネルギーを利用して、行動に繋げるのも健全なやり方です。大切にしたいものが自覚できていれば、憤りのエネルギーを利用して気持ちを伝えることもできます。たとえば、人間関係で想いの強さが空回りしているとしたら、自分の本気さを届けるにはエネルギーの強さが役立つかもしれません。

「私はあなたのことが心配でどうしようもないの！　だから、どうしてあげたらいいのかも分からないのが悔しくて……。でも、何もできなくても、あなたのことを大切に思っていることだけは分かってほしいの！」

という感じです。あるいは、そのエネルギーを使って、大切なものを世の中へ発信する人もいます。憤りを活動の原動力に転換して、社会を変えてきた人たちです。

怒りは「**大切にしたいものを大切にしようとする**」エネルギーだともいえます。自分にとって絶対に譲れないほど大切なものを分かっていれば、日々の生活の中でそれを大切にする機会が増えます。本当に大事なもののためにエネルギーを使っているので、うまくエネルギーが発散されて、怒りが残りにくくなります。些細なことにエネルギーを使ってイライラすることも減ります。憤りを感じるような事態は避けたいものですが、残念ながら起きてしまうようです。健全に発散して、本当に大切なものを大切にするキッカケにしてはいかがでしょうか。

③不満

期待どおりにならなかったことを取り戻そうとする怒りのエネルギーは、状況や人物に向けられます。憤りの場合には体の激しい状態に注意が集まってしまって、「何を大切にしたかったか」へ気づきにくいことが多いのに対して、体の状態よりも「期待したとおりに挽回したい」という考えに注意が集まることもあります。それが〈**不満**〉です。

期待どおりになっていない状況や、期待どおりに行動してくれない人物に関心が向いて、「どうしてこんなことをするんだ？」、「もっとこうしたらいいのに」という考えが頭に浮かびます。一般的な「怒り」よりは穏やかなことが多いものですが、期待に沿わないことがくり返し起きているときに不満を感じるため、同じ種類の不満を何度も体験するうちに少しずつ「望ましくない」という判断が高まっていきます。

言い換えるなら、不満とは、くり返される期待外れを何とかしたいという欲求です。「不満を生み出す」パートは、問題点や課題に気づかせてくれているのです。まずは、問題に気づく力が高いからこそ不満が生まれると知ってください。

このパートの能力は、似たような問題点をいろいろと指摘してくれるところにあります。ですから、「不満を生み出す」パートが出番になると（つまり、一度不満の感情が沸きあがると）、「あれもダメだ」、「あのときもこうだった」という具合に、たくさんの期待外れが頭に浮かびます。その「解決したい」意欲の高さを活用しましょう。不満の対象を意識しながら「本当はどうあって欲しいのか？」と期待していることを挙げていきます。優先順位をつけて、とくに大切にしたいことから解決の工夫をしてみます。すると、周りではなく自分自身の課題に注意が集まりますから、不満の感情が減って、意欲が高まります。

ただし、解決したいことが誰かの行動になっている場合は注意が必要です。たとえば、会議での発言が少ないことに不満があるとします。そこでそのまま「会議の発言が少ない。この状況を解決するために、一人ずつ順番に意見を言ってもらう」などと、不満に感じる行動を変えてもらおうとしても空回りしがらです。「一応、当てれば意見を言ってくれるが、どうも上っ面な感じがする」と、不満の対象が入れ替わるだけになってしまいます。

こうならないようにするには、「不満を生み出す」パートの気持ちを丁寧に聞いて、肯定的意図に気づく必要があります。不満を感じさせるパートが心の中にいるとイメージして、「会議で発言してもらえないのが不満。じゃあ、もっと発言してもらえたら**私にはどんないいことがあるの？**」と問いかけます。それで「一人ひとりの本音が聞けて、皆の気持ちを尊重した進め方ができる」と気づけたとします。それなら会議以外の場面で、一人ずつと気軽に意見を聞いたほうがいいかもしれません。不満を感じている行動そのものではなく、本当に期待していること（肯定的意図）を自覚してから工夫をするということです。

ほとんどの不満は何かしらの形で他人と関わっていますから、コミュニケーションの方法を変えることで解消できる不満もあります。コミュニケーションについては第4章を見てください。

また、解決しようと考えてみても、どうしたらよいか、なかなか分からないときもあるはずです。悩みが複雑で手に負えないときです。不満のほかにもさまざまな感情が入り乱れていますから、心の内側を整理するほうが先です。このやり方は第5章で紹介します。

不満は、解決したい意欲がありながらも、感情の矛先が他人や状況に向いているのが特徴です。解決のために自分でコントロールできるのは、自分の行動です。不満に振り回されないためには、意図を満たせるような自分の行動に関心を向けなおしてみてください。

感情を生み出すパートの動き②〈悲しみ〉

▼悲しみの対象

悲しみは、

- 期待から外れたことが起きたとき、……しかも
- どうやっても取り戻しようもない

場合に生まれます。

「こうあって欲しい」、「こうあってくれて当然だ」と期待していたことと違うことが起きる。それも、「もうどうやっても期待していた状態に戻すことはできない……」と分かってしまった。取り戻せる見込みがないと判断されたとき、つまり**失われてしまったとき**に悲しみが沸きます。どうすることもできないのですから、体のエネルギーは必要ありません。むしろ失われてしまったことで、その期待していたことがどれだけ大切だったのかを再認識します。大切な人との別れがあったとき、頑張っても思うようにいかないとき、夢が途絶えてしまったときなどが典型的です。

「失った」という体験は衝撃的なものです。

それまで自分にとって「いつもどおり」だったことの一部が無くなってしまいます。自分にとっての「いつもどおり」とは「自分ってこういうもの」というイメージですから、その一部が無くなるということは、自分の存在が欠けてしまうようなものです。存在が脅かされるのです。事故や災害に巻き込まれて、混乱しながらも必死になる状態は、まさに自分という存在が脅かされる危機です。もっとも衝撃的な体験といえるでしょう。程度の差こそあれ、「失った」という体験には自分の存在が脅かされるときの〈**ショック**〉があります。大切な何かを失ってすぐに経験されるのは、このショックなのです。

ショックの度合いは、「それがいかに大切だったか」と「どれだけ想定外だったか」によって決まります。大切さの度合いは、大切なものを自覚できていたかとは関係がありません。あまりにも日常的で当たり前になっていると、大切さに気づいていないことがあります。失われて初めて大切だったことに気づく。身近な人との別れや、病気・怪我などは、当たり前だった大切さを痛いほどに気づかされるタイミングでしょう。また、大切さを自覚していたとしても、想定外の形で失われてしまえばショックが大きくなるのは言うまでもありません。

しかし、悲しみは「失った」というショックだけのことではありません。もう一つ大事な要素があります。

それは〈**寂しさ**〉です。

判断のレベルでは「失われてしまった」と捉えますが、心の自然な動きとしては、それでもまだ安定した状態に戻ろうとします。自分の存在の一部が欠けてしまったような不安定な状態から、いつも期待していたとおりの望ましい状態に戻ろうとする動きが起こります。それが、繋がりを強めようとするときの状態、〈寂しさ〉です。「寂しい」という体の状態は、**自分以外の何かと繋がっていることを実感したい欲求の表れ**だということです。それで**安らぎ**を取り戻したいのです。ですから寂しいときには「また一緒の時間を過ごしたい」といった考えが浮かびやすくなります。

悲しみの中には寂しさが含まれています。こうあって欲しいと思っていた期待が、二度と取り戻せないと分かってしまいました。

「また一緒に過ごしたい」、「またあの喜びを感じたい」、「またあの気持ちを味わいたい」……「でも、もう無理なんだ」。

このように、「大切なことを取り戻したい」気持ちと、「でも、それはもう失われて取り戻せない」という気持ちの両方があるのです。

「悲しみ」とはつまり、「こうあって欲しい」と期待していたことが取り戻せなくなったときに、「大切なものを失ってしまった**ショック**」と「それでも大切なものとの繋がりを実感したいという**寂しさ**」とが、同時に体験されている状態だということです。

以上のことをパートの働きとして整理してみます。

▼悲しみを生み出す三つのパートのやりとり

「悲しみ」という感情は、大きく三つのパートから作られています。

一つ目は「ショックの反応を作り出す」パートです。

失われたものが大きいほど、「自分とは、こういうもの」というイメージも大きく崩れます。存在を脅かされたことになりますから、パートは身を守るための反応を体に作り出します。

ショックの反応とは、ストレスに対する防衛反応といってもいいでしょう。事故や災害から必死で逃れられるようにするのと同様に、心の危機でも一時的に生きのびる強さをもたらしてくれます。「ショックの反応を作り出す」パートは、全力で「大変だ！　大変だ！」と緊急事態に対応しようとしてくれているわけです。

二つ目のパートは、「あきらめさせようとする」パートです。

もう取り戻せないことを言い聞かせます。

ショックの反応を作り出すパート：「大変だ！　緊急事態だから何とかしなくては！」

あきらめさせるパート：「そんなことといったって、何もできないよ！」

ショックの反応を作り出すパート：「でも何とかしないと！　何とかして！」

あきらめさせるパート：「無理だよ！　そんなに騒がれたら余計にどうしていいか分からなくなる！」

このように混乱して打ちひしがれた状態が作られます。

その一方で、三つ目の「寂しさを作り出す」パートも働きます。

寂しさを作り出すパート：「大切なんだよ。またあの気持ちを味わいたいよ」
あきらめさせるパート：「無理だよ。もう取り戻せないんだ」
寂しさを作り出すパート：「そんなのイヤだよ。またあんな時間を過ごしたい」
あきらめさせるパート：「無理だって。もう取り戻せないんだよ」

こうしたやりとりが続きます。【図2・1】
失恋の悲しみでは、「あきらめようとしても、あきらめきれない」感じとして、このやりとりが実感しやすいでしょう。

三つのパートはお互いに主張しあっています。とにかく危機を乗り切ろうとする「ショックの反応を作り出すパート」と、大切なものを取り戻したい「寂しさを作り出す」パートを、「あきらめさせる」パートがなだめている。この状態が悲しみということです。主張を続けている間は、パートが役割を終えることがありません。ですから悲しみの状態は長続きするのです。

▼悲しみの解消法

それではどうしたら悲しみを解消できるのでしょうか？

大切な人を失ったなどの「喪失感」については後ほど改めて説明しますが、まずは一般論として悲しみへの対処法を紹介します。

悲しみには三つのパートが関わっていますから、それぞれと対話をしていくのが基本です。日常的な言葉にするなら、しっかりと悲しみを感じて自分の気持ちを大切にするといったところでしょうか。

まずは一つ目の「ショックの反応を作り出す」パートです。

このパートの肯定的意図は、緊急事態でも生きのびられる強さを体に作り出すところにあります。このパートは「失意のドン底でも、頑張って生きてくれ！」と願っている、と受けとめてください。そしてショックが大きい場合には、体に表れたストレス反応への対応として、体を労わってください。「大切なものが失われたのだからショックを受けるのは当然だ」と理解しておくのも肝心です。

ショックの反応は一時的なものです。時間がたつとパートは役割を終えて、体は落ち着いてきます。それでも、大切な存在を失ったため、「自分ってこういうもの」というイメージは崩れたままです。失われたあとの自分を「自分ってこういうもの」とイメージできるようになる

図2・1）〈悲しみ〉を生み出すパートのやりとり

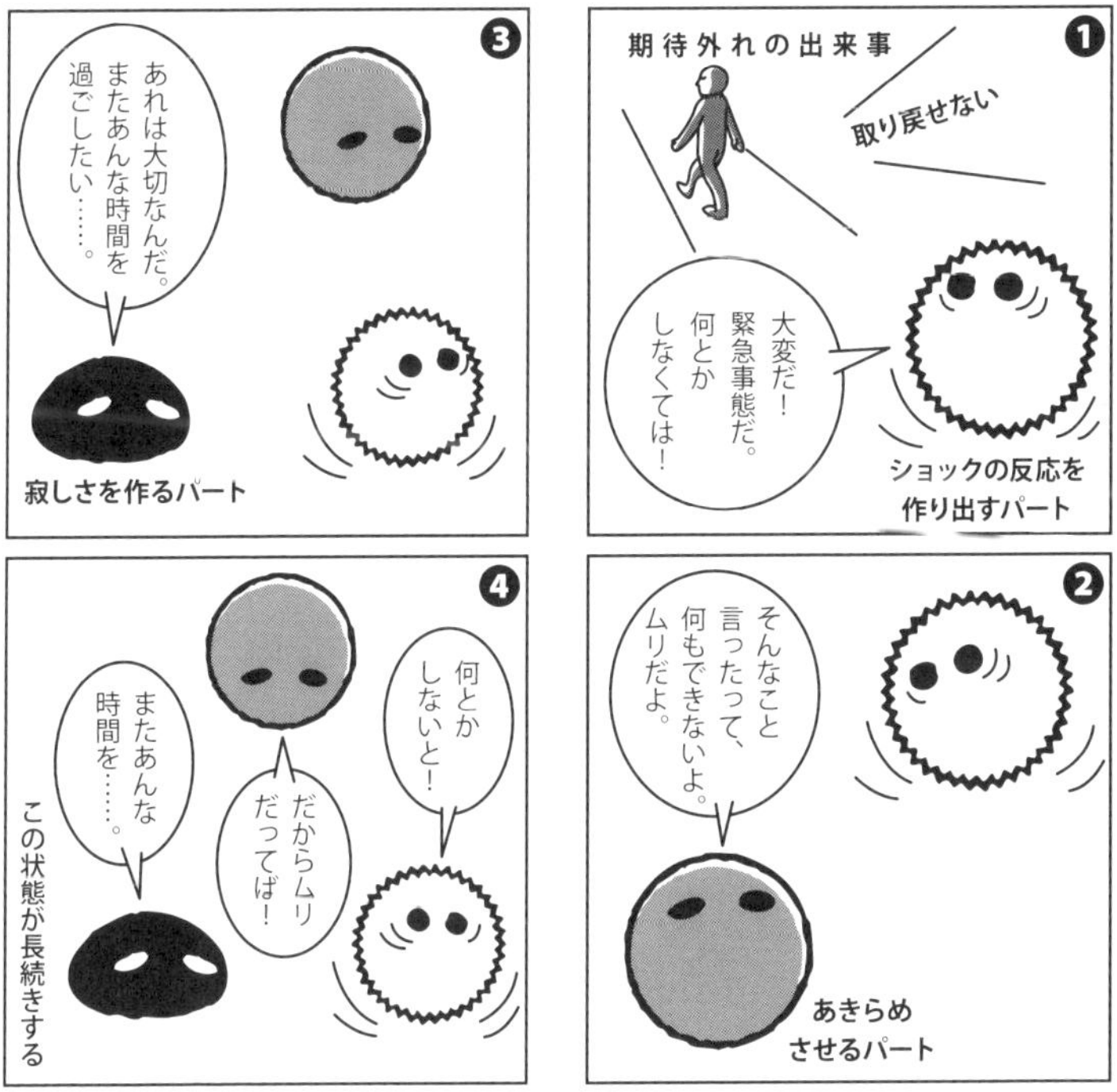

〈ショック〉と〈寂しさ〉が含まれている。〈ショック〉は緊急事態を生き抜くため、〈寂しさ〉は失われたものへ愛情から生まれる。〈あきらめ〉は早く立ち直ろうとして。

までには時間がかかります。新しい自分に慣れるのに時間がかかるのです。慣れるまでは、失う前の自分がしていたことが頭に思い浮かびます。そのたびに三つのパートが登場して、悲しみをくり返し味わいます。ですが、これは慣れです。時間が悲しみを癒してくれるとは、まさにこの慣れの話だといえます。人間の本質的な強さを痛感する部分です。

　悲しみのうちショックの部分は時間が解消してくれますが、寂しさのほうは事情が少し異なります。

「寂しさを作り出す」パートには、**失われてしまった大切な存在との繋がりを感じさせてくれようとする**意図があります。パートの気持ちは、「また一緒に過ごしたい」、「またあの気持ちを味わいたい」などです。しかしながら、悲しみを感じている間は、このパートの気持ちを受け入れにくいのです。「あきらめさせる」パートが強く働くからです。「もう無理だ、取り戻せないんだ」と、「寂しさを作り出す」パートの気持ちを抑えこもうとします。

　もちろん、「あきらめさせる」パートにも肯定的意図があります。「また一緒に過ごしたい」、「またあの気持ちを味わいたい」という思いを受け入れたら、失われてしまったという現状が強く意識されてしまいます。そうするとショックの反応のほうが強まります。悲しみの状態が強まってしまいます。「あきらめさせる」パートは、ショックに打ちひしがれて苦しまなくて済むように、少しでも早く安心した状態に戻れるようにと期待して、「また一緒に過ごしたい」気持ちを抑えようとしてくれているのです。

まずは、この二つのパートの動きに注意を向けましょう。自分の中に二つの気持ちがあることを丁寧に感じます。そして両方の肯定的意図も意識します。

「寂しいのは、失われてしまった大切な存在との繋がりを感じたいからだ。あきらめようとするのは、少しでもショックをやわらげて落ち着きを取り戻したいからだ」

両方の気持ちを感じながら、そのように心の中でつぶやいてみてください。少し気分が楽になるはずです。


ショックが小さくなってきたら、「あきらめさせる」パートの働きも弱まります。そうなったら「寂しさ」という捉え方を変えても大丈夫でしょう。大切な存在との繋がりを感じたいという意図へ素直になれるタイミングです。悲しみの奥底にあった大事な気持ちが前面に出ようとしていますから、思い出に浸って、期待していたことを言葉にしてみます。大切にしたかったことが実感できます。すると、その相手（こと）への好意の大きさに気づけます。愛おしさ、尊敬、感謝などです。その気持ちを言葉にしてみましょう。一人で小さくつぶやくだけでも大丈夫です。気持ちを声に乗せると、相手への好意がたくさん引き出されてくるものです。

これで「寂しさ」の感じは「愛おしさ」や「感謝」と思えるようになります。それでも涙は出るかもしれません。ですが、涙は嬉しくても流れます。感謝の気持ちを伝えながら涙を流したことがありますか？　愛おしさや感謝の大きさに気づいても涙はあふれてきます。それはもう、失った悲しみの涙ではないのかもしれません。

「取り戻せないのは分かっているし、やっぱりまた、あの気持ちを味わいたいとも思っている」そういう気持ちも残るかもしれません。それを消えない悲しみと考えてもかまわないでしょうが、一方では、心の中にしっかりと築かれていた繫がりを思い出せたからこその新たな気持ちと思ってみてもよいのではないでしょうか。

なお、日々の生活で体験する悲しみでは、「取り戻せない」という判断を見直してみるのも効果的です。たとえば、仕事で頑張ったのにうまくいかなかったとか、親しい相手から冷たくされたとか、複雑な家族のしがらみで我慢をしいられているとか、子育てが思うようにいかず苦しんでいるなどの場合です。

ここでのポイントは「取り戻しようがない」という判断です。冷静に考えれば挽回できるかもしれない、あるいは他の人からすれば挽回できそうに見える。にもかかわらず気づかないうちに「取り戻しようがない」と判断していることがあります。これは怒りのときと同じように、長年の積み重ねで「取り戻せる見込みがあるか」の判断を自動化してしまったために起きます。自動的になってしまっているので、「本当は何を期待していたのか」も見過ごしがちです。それを振り返ってみましょう。

「本当は〜であって欲しかった。だから悲しいんだ」

と気づけたら、

「じゃあ、今後はどうしたらいいだろうか？」

と考えてみてください。感謝や尊敬、愛おしさなどの好意を実感したあとであれば、自然と今までとは態度も変わってくるものです。小さな変化がキッカケで、関係性が大きく変わることもあります。まだ挽回のチャンスはあるかもしれません。

▼悲しみと近い感情

〈悲しみ〉はとても一般的な言葉ですが、より細かく呼び分けられることもあります。その区別は悲しみに含まれる〈ショック〉と〈寂しさ〉の度合いで考えると分かりやすいようです。今説明したようにショックと寂しさでは対応の仕方が違いますから、「この悲しい感じには、ショックが大きいのか？　寂しさが大きいのか？」と注目するのは役立ちます。

①残念さ

まずは、ショックも寂しさも小さい場合です。期待から外れたことが起きて、取り戻しようがないと感じていますが、その期待がそれほど大きくなかったといえます。さほど「大事なものを失ってしまった」というショックも強くはありません。期待したとおりにならなかったということで、「**ガッカリ**」や「**残念**」と表現されます。

「あきらめせさる」パートが強く働いているため、寂しさを我慢することができてしまいます。しかし、そこには大切にしたかった何かがあったのです。期待していたことを振り返ってみましょう。たとえば、大きな声で挨拶をしたけれども返ってきた挨拶が気のないものだったので、ガッカリしたとします。期待していたことを振り返ったら、相手との一体感を求めていたことに気づきます。それが分かれば、一体感を求めた挨拶のやり方を工夫してもいいわけです。大声ではなく、近くにいって目を見て挨拶をする。それで気持ちのいい挨拶が返ってきたら満足できそうです。もし何も手段がなかったとしても、自分の期待が分かっているほうが、あきらめもつきやすいはずです。

②寂しさ

ショックは小さいけれど寂しさが大きいときは、そのまま〈寂しさ〉が意識されます。

いろいろなことの積み重ねで自信を失っているとき、親密な人間関係が空回りしているとき、好意を寄せている相手からなかなか関心を向けてもらえないときなど、期待外れのことがくり返し起きる場合にはショックは大きくなりません。むしろ自分の存在を認められないような印象のために、寂しさが沸いてきます。多くのストレスがかかっているときにペットから癒されたくなるのも、慣れない場所でホームシックになるのも、この典型的な例です。

「大事なものを失ってしまった」というハッキリした対象がありませんから、なぜ寂しいのかが分かりにくいようです。そのため「なんとなく寂しい」、「妙に人恋しい」という気分だけから、人との繋がりを求めた行動を取りやすくなります。友達と会ったり、飲みに行ったり、家族に電話したり。自然なやり方ですが効果的です。

ただし、「寂しさを作り出す」パートの肯定的意図に気づくのは大切です。「いろいろとうまくいかず、自分の存在が揺らいで心細いから、人から受け入れてもらうことで安心したい」という意図が一般的でしょう。ここで「受け入れてもらいたい」という二次的な期待が生まれていることに注意してください。せっかく会いに行ったのに受け入れてもらえている感じがしなかったとしたら、期待外れになってしまいます。怒りや悲しみで、その人との関係性にまで悪影響が出るかもしれません。受け入れてくれそうな相手を選びましょう。

もちろん身近な人間関係を改善することでも、漠然とした寂しさは解消できます。そちらについてはコミュニケーションの方法ということで、第4章を参考にしてください。

③悲嘆

一方、寂しさよりもショックのほうが大きい場合があります。ショックは存在を脅かされたときに感じられます。災害や事故に巻き込まれると、寂しさよりもショックばかりが意識されることでしょう。悲しみの解消法のところでも説明しましたが、ショックの状態はストレス反応です。体のレベルで危機感が生まれています。まずは体を労わり、少しでもリラックスできる工夫が肝心です。心を許せる人と一緒にいて、安らぎを大切にします。赤ちゃんをあやすように、ゆっくり「ポン……ポン……」と背中や胸を軽く叩くようにすると、体を落ち着かせるのに効果的です（自分でやるのも有効です）。

災害や事故のあと、元の日常に戻れない場合は、ショックが長続きします。災害で今までの生活が崩れてしまったとか、病気や怪我のために今までと同じことができなくなったなど、失ったショックが大きいことがあります。大切な誰かを失ったときのような強い寂しさはないですが、打ちのめされたような悲しみに襲われます。〈**悲嘆**〉と呼ばれる状態です。

こちらも体のレベルでショックを和らげてください。ストレスへの反応として、体が必死に生きのびようと頑張ることもあります。いてもたってもいられない感じです。そのときは、何かできることをやって、体を動かすのも助けになります。ショックの反応が収まり、新しい自分に慣れるまでには時間がかかります。それだけのショックがあったのです。苦しい状況にあっても耐え続けていることを「よく耐えている、頑張って生きている」とねぎらってください。支えてくれる人との触れ合いを大事にしてください。思い出への愛おしさが湧きあがってくるまで、前に動き出したくなるときがやってくるまで、どうぞ丁寧に時間をかけてください。

④喪失感

家族など、大切な人や身近な存在を失ったときは、ショックと寂しさの両方から大きな悲しみを感じます。喪失感です。ショックに打ちひしがれて混乱しながら、同時に大きな寂しさが沸きあがりますから、激しい感情として表現されがちです。

ショックは失われるのが想定外だったときに大きくなりますから、「まさか、こんなはずでは……」という別れほど悲しみに圧倒されてしまうものです。

逆に、ずっと病気を患っていた人との別れなどのように、心の準備ができていればショックは小さくなります。寂しさが強く、うつろな感じが前面に出やすい状態です。ショックが小さい分、体で感じられる悲しみの量が減って、涙が出にくいこともあります。

これを「あまり悲しくならない」と捉えて自分を責める人もいるようですが、その必要はありません。ショックが小さければ、そうなるのも自然なことです。むしろ、ショックが大きい段階は、病気が分かった時点で体験していたはずです。時間をかけて少しずつ準備をしていたのです。慣れてきていたという意味では、急な喪失から時間がたったころと似ています。

ショックへの対応は③〈悲嘆〉のところに挙げました。大切な存在を失うのは、それまでの「自分ってこういうもの」というイメージが崩れて、自分の存在が脅かされている状態です。そのショックは体のレベルでやわらげてください。

ショックに対する防衛反応は、一時的に人を強くしてくれることもあります。身近な人を失ったのに気丈に対処できる人は、その体の反応に支えられていると考えられます。残されたものとしての責任感から目の前のしなければならないことに注意が向くと、その強さで行動に集中できるようです。しかし、ストレスへの体の反応は一時的なものです。時間がたつと落ち着いてきます。

ショックの反応が落ち着いても、それまでの「大切な存在とともにいる自分」というイメージは崩れたままです。その自分の中の失われてしまった部分を意識すると、ポッカリとした感じ、うつろな感じになります。自分というイメージが崩れていて、さまざまなパートの働きが調和してくれません。何をしてもうまくいかないし、やるべきことに集中もできないためヤル気さえ起きない。そうして落ち込みながら、いろいろなキッカケで失った人を思い出して、寂しさを強く感じます。しかしこれも時間がたてば少しずつ慣れていきます。人間はそのようにできているようです。

この時間を短縮するには、悲しみの解消法のところで説明したように、寂しさの奥にあった大事な気持ちに目を向けます。思い出に浸りながら、相手への気持ちを言葉にすると、やがて愛情や感謝があふれてきます。そして、その相手との繋がりが自分の内側にあることを実感できれば、だいぶ気持ちの整理がついたと言ってよいでしょう。「大切な存在と、この世で会える自分」というイメージを卒業して、「大切な存在といつでも心の中で会える自分」へと変わるのです。このように心の中での捉え方を変えるには、信仰も助けになります。特定の宗教でなくても、自分自身の心の世界観を大事にしてください。

ただし、無理はしないようにしましょう。新たな自分へと移り変わるには、時間と勇気が必要です。「もう大丈夫かな」という安心感が実ってきて、それから勇気が湧いてきます。

失ったことを認めたくない気持ちも大切にしてください。寂しさに浸ることで、その存在を忘れないでいられます。いかに自分が想いを注いできたのかをしみじみと味わいます。そして、「でも、あきらめなきゃ」、「それでも受け入れないと」という気持ちが沸いてきたら、パートが励ましてくれているんだと捉えましょう。「大丈夫、頑張って生きていこう」と力づけのメッセージを心の中で聞いてください。

どちらか一方に決める必要はありません。認めたくない気持ちが強いときは、いかに大切だったかを思い出しながら落ち込むのも一つです。受け入れようという気持ちが強いときは、前を見て行動してみるのも一つです。苦しいということに悩まないようにしてください。その相手が大切だったからこそ苦しみも大きいのです。その人が大切に思っていたあなたを、あなた自身が大切にしてあげてください。

怒りと悲しみの関係

さまざまな感情の土台となる〈怒り〉と〈悲しみ〉ですが、どちらも「**期待から外れたこと**

が起きたとき」に生み出される感情です。

「**取り戻せる可能性がある**」と判断されれば、期待を取り戻そうとして怒りが作られます。「**もう取り戻せない**」と判断されれば、失ったショックと、心の繋がりを保とうとする**寂しさ**とが組み合わさって、**悲しみ**が生まれます。

どちら側に傾くかは、期待を取り戻せるかどうかの判断によるということです。

この判断は学習されたものです。個人差があります。同じような期待外れの状況でも、怒りを感じる人もいれば、悲しみを感じる人もいます。小さい頃から積み重ねてきた経験によって、この判断の傾向が分かれるといえます。

人間の赤ちゃんは自分だけでは生きられません。必要なことがあったら泣いて、保護者に助けてもらいます。「不快な状態になったときは、何とかしてもらえる」という期待が作られる段階です。ある程度の時期までは、思い通りに物事が進んでいるといえます。しかし、他の子供と会ったり、街中に出たりするようになる頃から、少しずつ社会のルールを学びます。我慢する必要が出てきて、思い通りにいかないこと〈期待外れ〉を経験するようになるわけです。

ここで、何とか期待したとおりに戻せるように全力で主張してうまくいったとしたら、怒りのエネルギーを利用するパターンが身につきます。頑張れば挽回できるという力強い判断の傾向です。

一方、期待したとおりに戻せなかったら、あきらめるパターンが身につきます。多くの場合、あきらめるキッカケは保護者から叱られるときです。有無をいわさない雰囲気や、見捨てられるような雰囲気から、距離が遠ざかってしまったような印象を持ちます。このとき、繋がりを取り戻したいときの寂しさが生まれます。期待を取り戻すチャンスが失われたときに、寂しさを感じながらも我慢するようになるのです。こちらは思い通りにならないことを受け入れる我慢強さの傾向です。

期待を挽回しようとする怒りのパターンが多ければ、怒りを感じやすくなるでしょう。期待外れを我慢する悲しみのパターンが多ければ、悲しみを感じやすくなるでしょう。力強さと我慢強さの違いであって、どちらが良いということではありません。

馴染みのある感情のパターンのほうが意識されやすいものですが、誰もが両方を持っていることに注意してください。「挽回できそうだ」と判断して怒りを生み出しているパートがいる一方で、その奥では「もう取り戻せない」と判断して悲しみを生み出しているパートがいることもありえます。逆に、悲しみが前面に出ているけれど、奥には怒りがあるという場合もあります。

一つの望ましくない出来事に遭遇したとき、その中で期待どおりにならなかった部分は一つではありません。たとえば、どれだけ注意しても子供がいうことを聞いてくれないときには、「言ったとおりにしてもらいたい」、「予定通りに進めたい」、「まわりに迷惑をかけたくない」、「うまく子育てをしたい」、「これ以上、大変な状況にはなりたくない」、「少しぐらいは休まる時間が欲しい」、「誰か助けて欲しい」、「子供と良い時間を過ごしたい」、「良い親でいたい」……など、いろいろな期待が一気に崩れてしまうでしょう。

それぞれの期待外れに対して、一つずつパートが感情を作り出します。「予定通りに進めたい」という期待は、怒りのエネルギーを使って強く叱ったら取り戻せるかもしれません。一方、「少しぐらい休まる時間が欲しい」という期待は、「もう自分にはそんな時間はありえないんじゃないか？」と、取り戻せないものとして判断されるかもしれません。すると悲しみがあふれてきます。さまざまな期待外れが同時に起きて、怒りと悲しみの両方が同時に体へ表れることもあるのです。

同じように、憤りや喪失感のような強い感情でも、その奥に別の感情が動いているものです。かけがえのないものが台無しにされてしまえば憤りが生まれます。その奥では、「こんな酷い仕打ちは受けないまま順調に過ごしたかった」という期待が崩れてしまっています。「大事にしていたものについた傷は元通りにはならない」という印象もあります。どちらも取り戻せない期待外れですから、悲しみが生まれます。前面に憤りという強い感情があるため気づきにくいですが、奥には悲しみもあるのです。

反対に、喪失感の奥にも「どうして自分なんだ？」という強い怒りがあります。世の中や自分の運命に対する怒りです。「こんなのは嫌だ！」と拒絶する心の動きです。失われてしまったということ、取り戻せないということを一〇〇パーセントは受け入れないようにする意味で、取り戻そうと必死でもがいている状態だといえます。喪失の深い悲しみの奥には、怒りもあるのです。

このように現実的には、怒りと悲しみが同時に表れることは多いものですから、感情が昂ぶっている人と接するときには注意が必要です。たとえば、いかにも怒っている様子の人と関わるとき、何に腹を立てているのかだけを聞いても話が収まらないことがあります。実は「すごく悲しい思いをした」と分かってもらいたいのかもしれません。大きく前面に表れている感情が、一番大事な気持ちを伝えているとは限らないのです。他にどんな感情が出ているのかに気を配ってみてください。慣れてくると、表情や声のトーンからいくつもの感情が同時に表れているのを観察できるようになります。

怒りと悲しみの関係は、感情を解消する段階でとくに重要です。前面に出ている感情が解消されると、奥にあった感情が表に出てくることがよくあります。
怒りが収まったら、悲しくなってくる。
悲しみが落ち着いたころに、怒りが沸いてくる。

そうなることが多いと覚えておいてください。「他にも感情が隠れているかもしれない」と思っておいたほうが、大切な気持ちを見過ごさなくて済みますから。表に出やすい感情には馴染みがありますが、奥にあるほうの感情は普段あまり感じないようにしている場合もあります。怒りに慣れている人は悲しみに浸るのが好きではなく、悲しみに慣れている人は怒るのが好きではないことがあるようです。そのため、前面に表れている感情だけを解消して、奥にあるほうは放っておいてしまいがちです。そして抑圧された感情によって、少しずつ苦しみが溜まっていく……。そうならないためにも、奥にある感情も丁寧に扱いましょう。もし溜まっている苦しさがあれば、奥にある感情に目を向けましょう。

怒りと悲しみの解消法は前に説明したとおりです。自覚している感情を解消したあとには、他に感情が残っていないかをチェックしましょう。そして残っていた感情も解消します。怒りと悲しみの両方が解消されると、だいたいの場合は、奥底にあった〝ポジティブ〟な気持ちに気づきます。愛おしさや感謝から現状を受け入れられるようになることもありますし、大切なもののために前に進もうという意欲が高まることもあります。

ハリウッド映画などでは、母親が怒って子供を叩いたあと、急に悲しみに襲われて泣きながら子供を抱き寄せ、「ごめんなさい。愛しているわ」と言うようなシーンがよく登場します。怒りの奥に悲しみがあって、悲しみの奥に愛情がある。それらが順を追って出てきたわけです。

コミュニケーションとして最善かは分かりませんが、感情を解消していく流れとしてはイメージしやすいと思います。

第3章

複雑な感情について

〈怒り〉と〈悲しみ〉が組み合わさった複雑な感情

怒りと悲しみは、ともに「期待から外れたことが起きたとき」に生み出される感情です。どちらになるかは「取り戻せるかどうか」の判断で決まりますが、日々の生活で体験する期待外れでは、その判断があいまいなことが多いものです。結果として、怒りと悲しみが複雑に入り混じった状態が作られます。これらの複雑な状態は心の中の動きによって区別され、それぞれ違った名前の感情として呼ばれています。怒りと悲しみの基本的な性質をふまえながら、さまざまな感情の中身を見ていきましょう。

傷つき

夫婦や恋人などの親しい関係性を一方的に打ち切られたり、信頼していた相手から裏切られたり、触れられたくない自分の弱みを指摘されたり、すべてを否定するような言い方で怒られたり、理不尽に仕事を打ち切られたり、無視されたり陰口を叩かれたり……、こういうことがあると人は〈**傷つき**〉ます。怒りと悲しみが入り混じった状態で、とくに悲しみのうちのショックの度合いが大きく、取り乱したようになりがちです。

生き物として体のレベルでダメージを受ければ痛みを感じますが、それと同じように心のレベルでダメージを受けたのです。例に挙げたのはいずれも、心の中にある**「自分」という存在が脅かされた**体験だといえます。小さいころは保護者と繋がっている安らぎが生きるための拠りどころでした。文字通り右も左も分からない子供にとって、世界はあまりにも刺激的です。見ず知らずの外国やジャングルの奥地にいることを想像してみてください。頼りになる人と一緒にいることでどれだけ安心できるかが分かると思います。他人から拒絶される状況は、そうした一緒にいられる安心感を一気に奪われるような危機だといえます。

他人からの承認があると、繋がりを確認できて、自分という存在への安心感が高まります。ところが、繋がりを一方的に切られたり、存在を否定されたりすることがあります。「して欲しいことをしてもらえない」期待外れではなく、まったく予想もしていないタイミングで「して欲しくないことをされた」期待外れなのです。そこに〈傷つき〉のショックの大きさがあります。

まとめると、「この人間関係では少なくともこのようにはならないだろう」という期待が外れてしまったときに生まれる怒りと悲しみの混ざった感情が〈傷つき〉だということです。他人から存在を否定されたことが感情の対象です。

存在が脅かされたショックも大きく、繋がりが失われた寂しさもありますが、その相手がいるために取り戻そうとする怒りも沸きやすいのです。怒りが強ければ相手へ反発しますし（憎しみ）、悲しみが強ければ落ち込みます。〈傷つき〉が続いている間は、そのときどきで怒りと悲しみが入れ替わることも少なくありません。心の中でパートがやりとりを続けているからです。

〔ショックの反応のために普段の冷静さを失った状態で〕

寂しさを作り出すパート：「また安心できる状態に戻りたい。一緒にいたら安心できるのに……」

あきらめさせるパート：「無理だよ。あきらめよう。壊れてしまったんだから戻らないよ」

怒りを作り出すパート：「いや、あきらめるな！　あんな酷いことをされたんだ。許せない。

なんとしても撤回させよう！」

寂しさを作り出すパート：「そんな言い方しないでよ。また前みたいに安心させてくれるかもしれない」

あきらめさせるパート：「無理だって。あきらめたほうがいい。もう気にするのはやめよう」

といったパートのやりとりが続きます。**【図3・1】**

「ショックの反応を生み出す」パートは緊急事態を生きのびられるように体を応援します（悲しみの初期反応）。存在を脅かされたことで「寂しさを作り出す」パートは大切な繋がりを求めます。するとその「また一緒に過ごしたい」気持ちを、「あきらめさせる」パートが止めに入ります。その一方で今度は「怒りを作り出す」パートが、期待外れを挽回しようする。関係を戻したい気持ち、相手の言葉を撤回してもらいたい気持ちにもなるのです。

寂しくて涙が出るときもあれば、あきらめようとして自分をコントロールできるときも、相手のやり方が腹立たしいときも、なんとかして関係を修復しようとするときもあるでしょう。どのパートが前面に出ているかによって、意識に上がる気持ちが変わるわけです。

とくに「寂しさを作り出す」パートと、「怒りを作り出す」パートの目指すものが少しずれているのがポイントです。怒りは、酷い仕打ちを受けたことを挽回しようというエネルギーです。どれだけ嫌だったかを全力でぶつけて、相手に反省してもらいたい。一方、寂しさは人との繋がりを求めています。自分の存在が脅かされて心細くなったので、繋がりを感じて安心したい。「怒りを作り出す」パートが相手を責めるのに対して、「寂しさを作り出す」パートは相手に近寄ってきてもらいたいのです。傷つけられた相手を攻撃したいのと同時に、その相手と良い関係に戻りたくもあります。怒りに集中して相手を責めたくなっても、良い関係を望んでいる寂しさがあるために、どうも相手を責めきれない。反面、良い関係を思い出しながら寂しさに浸っているときには、相手を責める怒りが混ざってしまって、これまでの良い思い出まで台無しになった気がしてしまう。二つのパートの働きが対立してしまうので、気持ちも整理しにくいのです。

だからこそ〈傷つき〉を解消するには、パートごとに感情を発散させるようにします。ショックが大きくて呆然としてしまっているときは少し時間をおきましょう。信頼できる人と一緒に過ごして安心感を取り戻します。ショックが収まって落ち着いてきたら、感情と向き合う時間を取りましょう。いろいろな気持ちが沸きあがってきているはずです。「怒りを作り出す」パートと、「寂しさを作り出す」パートの両方がいることを感じてください。そして二つをハッキリと分けるようにします。椅子を二つ用意して、片方の椅子に座っている間は怒り、もう一方では悲しみ（寂しさ）と決めておくのもお勧めです。【図3・2】

図3・1）〈傷つき〉におけるパートのやりとり

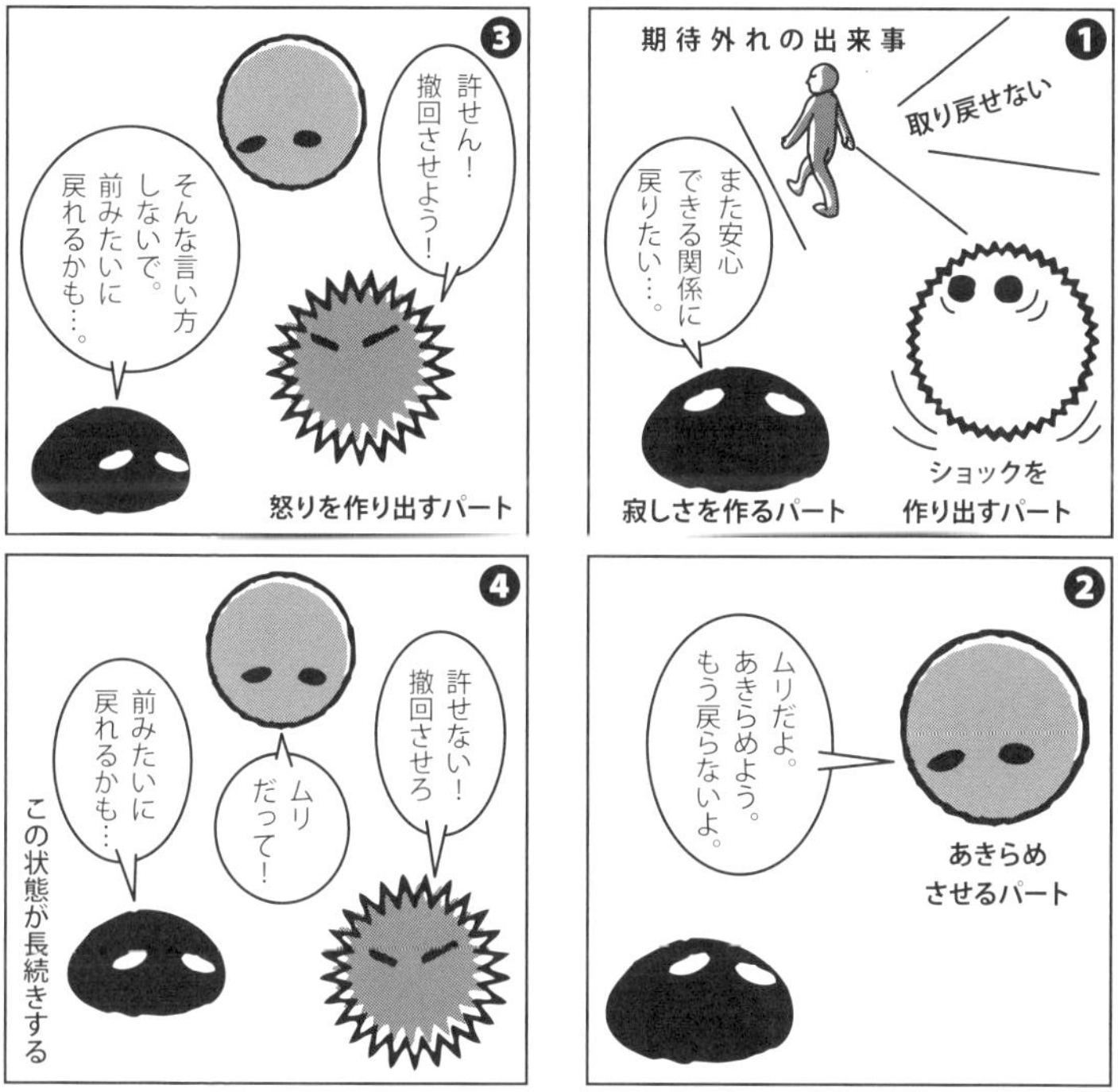

〈悲しみ（寂しさ+ショック）〉と〈怒り〉が共存する。
傷つけられた相手と良い関係を保ちたい（悲しみ）のと同時に、
傷ついた内容を撤回してもらいたい（怒り）状態。

怒りと悲しみのどちらから始めても構いませんが、〈傷つき〉のときには悲しみが強く意識されやすいかもしれません。悲しみ（寂しさ）の気持ちに集中して、浮かんでくる考えを言葉にします。悲しみの対処法を参考にしてください。そしてパートに対して語りかけましょう。

「大事に想っていたからこそ、こんなに悲しいんだ。大事な人からあんなことを言われたのだから、傷つくもの当然だ。つらいね。大丈夫。誰から何をされても、私は私のそばにいる。私はいつも、そばにいる。何より、そんなに大事に想えていることが素晴らしいじゃないか」

と、悲しみのほうのパートをいたわり、慰めます。

すると「それにしても、なんであんなことをしたんだ」など、相手を責める気持ちが沸くときがあります。怒りのほうのパートが表れてきた合図です。椅子を二つ使っていたら、もう一方の椅子に移動して怒りを発散します（怒りの対処法の項目を参照）。パートに注意を向け、何に対して怒りを感じているのかを言葉にします。

「傷つけられた。あんまりだ。酷いじゃないか。最低だ！　ふざけるな！」

といった具合に、一人で怒りのエネルギーを体から出します。途中でまた悲しくなってくるはずです。

「酷いじゃないか！　なんで！　なんで！　なんで……。あなたには、そんなことをして欲しくなかった。あなたにだけは、もっと大切にしてもらいたかった。だって……」

このように、悲しみの奥にあった相手への感謝や愛おしさが感じられてきたら、それも言葉

図3・2）〈傷つき〉の解消法

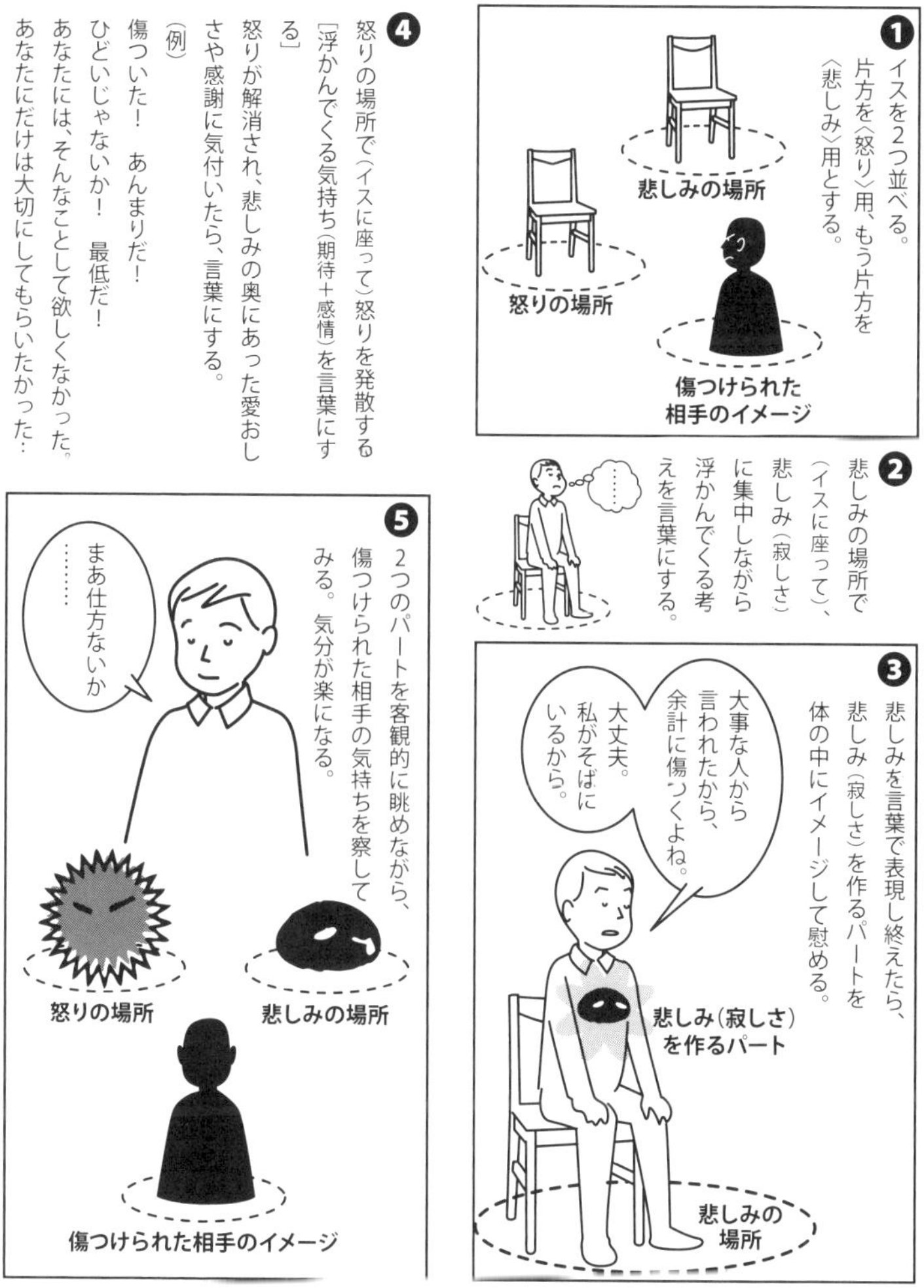
❶ イスを2つ並べる。
片方を〈怒り〉用、もう片方を〈悲しみ〉用とする。
悲しみの場所
怒りの場所
傷つけられた相手のイメージ
❷ 悲しみの場所で（イスに座って）、悲しみ（寂しさ）に集中しながら浮かんでくる考えを言葉にする。
……
❸ 悲しみを言葉で表現し終えたら、悲しみ（寂しさ）を作るパートを体の中にイメージして慰める。
大事な人から言われたから、余計に傷つくよね。
大丈夫。私がそばにいるから。
悲しみ（寂しさ）を作るパート
悲しみの場所
❹ 怒りの場所で（イスに座って）怒りを発散する［浮かんでくる気持ち（期待＋感情）を言葉にする］
怒りが解消され、悲しみの奥にあった愛おしさや感謝に気付いたら、言葉にする。
（例）
傷ついた！　あんまりだ！
ひどいじゃないか！　最低だ！
あなたには、そんなことして欲しくなかった。
あなたにだけは大切にしてもらいたかった…
❺ 2つのパートを客観的に眺めながら、傷つけられた相手の気持ちを察してみる。気分が楽になる。
まあ仕方ないか
……
怒りの場所
悲しみの場所
傷つけられた相手のイメージ

ショックが落ち着くまで安心できる時間をとってから取り組む。〈悲しみ〉、〈怒り〉の各パートごとに感情を解消すると、傷つけられた相手を新たな視点で見られるようになる。

にします。

気分が楽になってきたら、二つのパートから意識を離します。二つのパートを客観的に眺めるような視点になって、傷つけられた相手のことを思い浮かべます。そして相手の立場になったつもりで、その人の気持ちを察してみます。「まぁ、いろいろあったんだろう」、「自分も悪かったのかな」、「もっと~したかったな」など、仕方ない気持ちが自然と湧いてきたら大丈夫でしょう。

傷つきが深い場合には、これだけではスッキリしないかもしれません。そのときは〈**ゆるし**〉が必要です。第5章をご覧ください。傷の深さは相手への想いの大きさを反映します。自分が相手に向けてきた想いの大きさを振り返りながら、丁寧に向き合ってください。

失望感

〈傷つき〉と似たような状況で起きる感情に〈**失望感**〉があります。親しい関係を一方的に打ち切られる、信頼していた相手から裏切られる、尊敬していた人から酷い仕打ちをうけるなどがあったとき、「こんな人だとは思わなかった」とガッカリする状態です。相手との心の距離が一気に離れます。

「して欲しくないことをされた」期待外れから大きなショックを受けて、怒りと悲しみの両方が沸くのは〈傷つき〉と同じですが、注意の方向に違いがあります。〈傷つき〉では、自分という存在が脅かされた不安定な状態に注意が集まります。自分の存在を確認して安心するために、誰かとの繋がりを実感したくなります。それに対して〈失望感〉では、自分に酷いことをした相手に注意が向きます。酷いことをされたために感じる傷つきに加えて、相手との関係性に大きな期待外れがあるのが特徴です。

「この人は（きっと）こういう人に違いない」と自分の中で期待していた相手のイメージがありました。しかし、そんなイメージとは違っていたことを見せつけられてしまった。尊敬や信頼、親しみがあったからこそ期待していたイメージとのギャップが大きいのです。自分の中にあった相手のイメージが崩れます。崩れてしまって取り戻せないため、大きな悲しみも生まれます。「こんなはずでは……」というショックと、相手へのポジティブなイメージを失いたくない寂しさが合わさった状態です。

つまり、「して欲しくないことをされた」傷つきと、相手に期待していたポジティブなイメージが失われた悲しみとが混ざって、失望感を生み出しているということです。

失望感に含まれるショックの大きさは、相手のイメージへの期待がどのように失われるかによっても変わります。尊敬や信頼、親しみの大きかった相手から酷いことを急にされたら、ショックは大きいでしょう。

逆に、期待外れを我慢しながらも、積み重なるうちに限界に達したような場合には、失望しながらもショックは小さいといえます。たとえば、「いつかうまくいくはずだと信じて部下の失敗に目をつぶってきたけれど、さすがにもう限界だ」とか、「きっと私の気持ちを分かってくれるときがくると思って話をしてきたけど、まったく聞こうという態度さえ見えない。結局、無駄だったんだ」とかです。このような失望感にはショックが小さいため、打ちひしがれるような気分はありませんが、長く期待を持ち続けてきただけに寂しさは大きいものです。

また失望感の中には、相手に対しての〈**嫌悪感**〉が沸くこともあります（〈嫌悪感〉の項目を参照、二〇三頁）。嫌悪感は酷いことをされた相手と距離をとろうとする心の動きです。再び同じような酷い目にあいたくありませんから、相手が近くにいることを不快に感じるようになります。

失望感を体験する状況では、「して欲しくないことをされた」期待外れと、「こんな人だとは思わなかった」という期待外れの両方が同時に起きています。もう二度とこんな期待外れを味わいたくはありません。そのため失望のあとには、実際に関係を終了させて、相手から離れることもあるようです。ところが職場や家庭、趣味の集まりなど、失望したあとも顔を合わせる場合もあります。そのときには、同じ場所にいながらも相手から離れるために、相手のイメージを一気にネガティブなものに変えて、心の中で距離をとります。これが失望感と同時に相手への嫌悪感も起きている状態です。

一般的には、「こんな人だとは思わなかった」という期待外れを味わった直後は、相手のポジティブなイメージが失われた悲しみが大きく、時間とともに悲しみが収まってきたころから嫌悪感が強くなるようです。とくに失望感に含まれる〈傷つき〉として、「酷いことをされたから挽回してやろう」という怒りのエネルギーが強いほど、嫌悪感に変わりやすいでしょう。

パートのやりとりは、こんな感じが典型的でしょうか。

ショックの反応を作り出すパート：「あんな人だったなんて……！　まさか……。どうしよう、なんとかしないと」

怒りを作り出すパート（傷つき）：「あんな酷いことをされたんだ。許せない。なんとしても撤回させよう！」

寂しさを作り出すパート（傷つき）：「そんな言い方しないでよ。また安心できる状態に戻りたい。一緒にいたら安心できるのに……」

嫌悪感を作り出すパート：「何を言っているんだ！　あんなヤツだったんだ」

寂しさを作り出すパート（悲しみ）：「いや、そんなはずは……。何か事情があったのかもしれないし。あの人は素晴らしかったよ。また元のあの人と一緒に過ごしたい……」

嫌悪感を作り出すパート：「無駄だって！　元があんなヤツだったんだって。もう期待して傷つくのはやめたほうがいい。勘違いだったんだよ」

怒りを作り出すパート（傷つき）：「そうだ！　酷いんだ！　どれだけ傷ついたことか。反省させないと！」

寂しさを作り出すパート（傷つき）：「とにかく一人じゃ心細いから、また一緒にいられないかな」

寂しさを作り出すパート（悲しみ）：「そうだよ。あの人が好きだったんだよ。嫌いにはなりたくない。ずっと好きなままでいられたら……」

嫌悪感を作り出すパート：「嫌いになったほうが楽だって。期待しすぎだったんだ。あんなヤツだったんだよ。思い返したら酷いことをいろいろとされているじゃないか」

……と、大まかには、怒りと嫌悪感のパートが酷いことをされた相手を責めて、寂しさのパートが好意を保ったまま相手をかばう流れです。「悪いのはアイツだ」という側と、「あの人は良い人だ」という側で意見が衝突しますから、失望の感情も長続きします。

なお、嫌悪感にまで発展せずに距離を取れる場合には、「嫌悪感を生み出す」パートの代わりに、理性的な役割をもった「あきらめさせる」パートが働いています。似たような働きとして、置き換えてイメージしてください。

〈失望感〉の解消もパートごとに分けて進めます。感情が変わってくるときが、パートの入れ替わりのタイミングです。目的は感情のわだかまりを解消することですから、パートが細かすぎると感情に集中しにくいかもしれません。怒り、悲しみ、あきらめ（嫌悪）の三つぐらいに分けるのがちょうどよいと思います。パートごとに気持ちを感じられるように、椅子をいくつか用意するのがお勧めです。

まずは〈失望感〉の中にある怒りを発散しましょう。

場合によっては「こんな人だとは思わなかった」という期待外れから、「だまされた！」、「今までの好意を返してくれ！」などの怒りをもつこともあるようです。いずれにしても、相手を責めたくなる怒りのエネルギーがありますから、発散してしまいましょう。「傷ついた！　酷い！　そんなヤツだとは思わなかった！　最低だ！」と、言葉にするときの動作や声に力を込めることで、体からエネルギーを吐き出す感じです。

怒りが抜けてくるころに「あーあ」とガッカリするような気持ちが沸いてくるはずです。「素晴らしい人でいて欲しかった」という相手への期待が裏切られてしまったことへの気持ちです。「悲しみを生み出す」パートに集中しながら、どれだけ残念な気持ちだったのかを言葉にしましょう。どんな風に期待を抱いてきたのか、どんな気持ちを向け続けていたのかが、悲しみの理由として浮かんできます。

「信頼していたからこそ、あなたからは傷つけられたくなかった。あなたは私の中で、ずっと素晴らしい人でいて欲しかった。でも、それは無理だった。知りたくなかったけれど、現実を知ってしまった。悲しい」

このような流れで気持ちが移り変わり、悲しみの原因に過剰な期待があったことに気づきます。仕方ありません。それだけ大事な立場の人だったのです。そして充分に悲しみに浸ると、

「素晴らしい人でいて欲しかった。それだけのものを見せてくれたから」

というように、相手がしてくれたことへの好意や感謝が意識されてきます。過去を振り返って、「ここまでしてくれたことも事実だ」と落ち着いて感謝を感じましょう。

そうしたら、「あきらめさせる（嫌いにさせる）」パートに移って、あきらめようとする気持ちを言葉にします。

「あんな人だったんだ。仕方ない。たしかに振り返れば、ときどき気になる場面もあった。もうこんな思いはしたくない」

というように、「二度と同じように傷つきたくない」という肯定的意図を意識します。期待を持ちすぎてしまっていたことを振り返って、見逃していたところを反省します。そして、たくさんの感謝があることも思い出しましょう。

怒りが発散されて、悲しみの奥にあった好意を確認して、過剰に期待してしまっていたことを受け止められれば、今後の新しい関わり方を考えられるようになります。もう関わらないのも一つの選択ですし、淡々と関われる距離感にするのも一つです。過剰な期待だけをやめて、今までとは違った親しい関係に調節するのもいいでしょう。新たな関係性にシフトするタイミングです。

失望のキッカケになる出来事から時間がたっている場合には、怒りを通り越してガッカリした気分になっているかもしれません。それでも、どれだけ自分が嫌だったのかに気づくために、怒りを発散するのが大切です。「こんなに腹が立っていたんだ」と自覚できると、「ずいぶん信頼していたんだなぁ」とか「そんなに期待していたんだ」といった視点に移って、あきらめがつきやすくなります。

残念な話ですが、失望は取り戻せないのです。良い関係が続くことはあっても、それは元の関係ではありません。「この人は、こういう人」という自分の中のイメージを新たに作り直して、新しい関わり方にシフトするときがやってきたのです。

嫌いになるのも一つの新しい関係ですが、今まで好意を寄せていた相手を嫌うのは心地よいものではないと思います。ここで紹介したように心の中を眺めてみれば、相手への感謝が消えたわけではないことにも気づけるはずです。長所と短所をあわせ持った人として、落ち着いて見直すこともできます。それで嫌いなら嫌いでいいでしょうし、それでも好きなら好きでもいいでしょう。

今までの関係を〈**卒業する**〉ということです。

最後に心の中で卒業式をしてください。相手を目の前にイメージして、傷ついたこと、ガッカリしたこと、好意を抱いていたこと、感謝していることを言葉にします。そして、「今までありがとうございました。これまでしてもらったことは忘れません。私には、あなたとの今までの関係を卒業するときがやってきたようです。もう今までのような期待をもつことはないでしょう。これからのあなたとの関係は新しい段階に移ります」

というように宣言をしましょう。スッキリと新たな気持ちになれるはずです。

不毛感（報われない）

近い人間関係で味わいやすいのが、「自分は頑張っているのに報われない」感じです。自分が注いでいるエネルギーの量に対して、返ってくる精神的な報酬が足りないとき、〈報われない感じ（**不毛感**）〉が表れます。

一生懸命に仕事をしているし、求められている結果も出しているし、自分が大切だと思うところには心を込めて働いている……けれども、誰からも評価してもらえていないような、誰も自分の頑張りを分かってくれていないような気がする。家族のために精一杯やっていて、家族のことを思うからこそ大変なことも文句ひとついわずに当然だと思って頑張ってきた……けれども、感謝の言葉をかけてもらったこともないばかりか、どれだけ頑張っているかに気づいてもらえてもいない気がする。このような状況で「報われない」と感じます。

頑張るのには行動を起こすだけのヤル気が必要です。ヤル気は報酬で生まれます。「これをやれば、〜がもらえる」という報酬への期待が行動の原動力になっているということです。仕事でも家事でも趣味でも、作業を始めようという瞬間には、その作業を担当するパートが報酬を期待しているのです。

ところがヤル気を出して作業をやったのに、報酬が得られないことがあります。この期待外れが「報われない」という感情の対象です。

報酬は物質的なものと精神的なものに分けられます。お金などの物質的報酬もヤル気を上げてくれますが、「お金のためにやっている」という義務感につながってしまうと、自発的なヤル気は上がりにくいこともあります。その一方、感謝される、喜んでもらえる、高く評価してもらえる、役に立てている、進歩している、夢中になれる、難しいことを達成するなど、本人の内面で感じられる精神的報酬があるときには、自らすすんでやろうという気分になれます。

仕事や家庭などでは、さまざまな作業をしますから、たくさんのパートが働いていることになります。それぞれのパートが報酬を期待しているのです。なかには、進歩する喜び、達成する喜び、工夫する喜びなどのように、作業の内容そのものに報酬が含まれている場合がありま す。こうしたパートが多いと、「仕事が楽しい」と感じながらヤル気を出せます。

一方では、「感謝されたい」と期待して作業をさせてくれるパートもいますし、「人に喜んでもらいたい」と期待しているパートもいるのです。こちらのパートは、作業そのものではなく、人間関係を通じて精神的報酬を求めているといえます。

人間関係ですから、相手によっては感謝の言葉をかけてくれなかったり、喜んでくれなかったりもします。期待が外れてしまいましたから、挽回しようとして怒りが沸きます。ただし、この怒りはそれほど大きくは感じられません。なぜなら、満足しているパートも他にいるからです。仕事であれば、業務をやり遂げたときの満足感や、お金をもらうための義務感などもあります。家庭であれば、家族と一緒に過ごす嬉しさや、役割への責任感などもあります。「感謝してもらえない」「認めてもらえない」という期待外れを感じているパートと同じときに、他のパートは期待どおりに進む満足感を味わっているのです。結果として、

「**それなりには満足しているんだけど……、もうちょっと感謝してくれてもいいじゃないか**」

というように、怒りは全体のなかの一部分として小さく感じられます。

さらに、この期待外れが時間とともにくり返されます。外れた期待を挽回することができないのを何度も体験するうちに、「この期待外れは取り戻せないだろう」という判断も生まれてきます。そこで悲しみも沸くのです。何度もくり返された期待外れですから、ショックはありません。「それでもやっぱり、感謝される喜びを感じたい」、「認めてもらって自分の存在を確認したい」といった寂しさが意識されます。

仕事や家庭の作業を担当する数多くのパートのうち、いくつかは相変わらず期待し続けて怒りを作り出し、いくつかは途中で諦めてしまって悲しみ（寂しさ）を作り出す。この状態が〈不毛感（報われない感じ）〉として意識されるのです。一般的な怒りや悲しみが瞬間的に体験されるのと違って、報われない感じは、時間とともに小さな期待外れが積み重なって作られていることに注意してください。心の中には他に喜んでいるパートもたくさんいます。カギは積み重ねの部分です。あまりにも積み重なれば、いろいろな喜びよりも、くり返された期待外れの怒りと悲しみが大きくなってしまいます。喜びの量と期待外れの量のバランスが、報われない感じの大きさを決めるのです。

パートの動きに注目すると、満足しているほうのパートが報われなさを長続きさせるといえます。「感謝してもらえない」、「認めてもらえない」という期待外れに対して、パートが怒りや悲しみを生み出します。すると満足しているほうのパートたちが、怒りや悲しみをなだめようとします。「まぁまぁ、好きでやっているんだから、いいじゃない」、「それでも家族と一緒にいられるんだから充分だよ」といった感じです。なだめられただけであって、怒りや悲しみが消えたわけではありません。ですから、感謝や承認が得られない時間が長くなるほど、少しずつ怒りと悲しみが積み重なって、報われない感じが大きくなります。

不毛感は激しい感情ではありませんが、その分、ジワジワと自分を苦しめるともいえます。心の中で抑えこまれていた感情を解消しましょう。【図3・3】

「感謝してもらえない」、「認めてもらえない」という期待外れに対しての怒りと悲しみがありますから、まずは現在の報われない状況を思い出して、「あーあ。なんでこんなに……」というう気持ちに集中します。沈み込むような感じの中に、イライラした気分や不満が混ざっているかをチェックしてください。苛立ちや不満がある場合には、怒りとして吐き出します。一人になれる場所で、関わっている相手をイメージしながら「なんで私の頑張りを分かってくれないんだ！」、「こんなに頑張ったんだから、もっと認めてくれてもいいじゃないか！」、「当たり前にやっているわけじゃないんだぞ！」、「どれだけ大変だと思ってるんだ！」などと、体の中のエネルギーを発散しましょう。体の中が落ち着いてきて、逆に虚しいような悲しいような気分になります。「あーあ、結局は無理なのかな」、「あの人に分かるわけもないか……」といった感じになったら次のステップです。

図3・3）〈不毛感（報われない感じ）〉の解消法

❶
報われない状況を思い出して、苛立ちや不満があるかをチェックする。あれば❷へ、なければ❸へ。
……
❷
関わっている相手をイメージしながら怒りを発散する。
なんで分かってくれないんだ！大変なんだぞ！
関わる相手のイメージ
❸
怒りのエネルギーが下がると悲しみや寂しさが沸いてくる。
あーぁ。分かるわけがないか。
関わる相手のイメージ
❹
もう一人の自分の場所に移動して、報われなかった自分をパートの集合としてイメージする。報われない中で頑張ってきたパートの全てをねぎらう。
よく頑張ってきたね。精一杯やっているのは私がいちばん知っているから。
❺
「充分だ」と感じるまでつづける。

自分で自分をねぎらうのが重要。ねぎらいは結果ではなく、
「どれだけ頑張ろうとしたか」というプロセスに対して行う。

怒りのエネルギーが下がったら（もしくは、すでに下がってしまっていた場合）、寂しさ（悲しみ）を癒します。自分で自分をねぎらいましょう。目の前にもう一人の自分をイメージします。これまで報われないなかで頑張ってきたパートすべてを、一つにまとめた存在としての自分の姿です。そして「よく頑張ってきたね」、「精一杯やってきたよ」、「誰も分かってくれないけど、大変な中でよくやっているよ」、「本当によく耐えてきた」、「一生懸命にやってきたことは私が一番知っている」などと声をかけます。すると体の中がジーンと熱くなって、心が満たされていくような感じがするはずです。涙が流れることもありますが、「もう充分だ」と思えるまでメッセージをかけ続けてください。報われない感じが解消されます。

達成できた結果ではなく、「どれだけ頑張ったか」というプロセスのほうに注意を向けてねぎらうのがポイントです。続けてこられたということは、それだけで大変なことなのです。喩えるなら、川の流れに逆らって立っているようなものです。流れに逆らって立ち続けていることに、どれだけの努力が必要かと考えてください。乗り切ってきたというだけで素晴らしいことだと認めて、自分の頑張ってきた過程をねぎらいましょう。反省するところもあったかもしれません。過去を振り返れば気づくものもありますが、きっと当時の状況ではそれが最善の選択だったはずです。

「うまくいかないこともあったけれど、苦しみながら最善を尽くそうとしてきた」

そういう気持ちで自分をねぎらいましょう。

孤立感、疎外感、孤独感

近い人間関係では、相手の具体的な行動だけではなく、相手との関係性そのものに対しても感情が生まれやすいものです。

その人間関係に受け入れてもらっている感じがしない。皆からのけ者にされている感じがする。その集団に所属している感じがしない。その関係性の中で心が安らぐことがない。つまり、**「ひとりぼっち」**の感じです。

ハッキリとした出来事が原因ではなく、全体的な印象から「認めてもらえない、繋がりを感じられない」体験をします。この点では〈不毛感（報われない感じ）〉と似ています。

違いは「何を認めてもらえないか」にあります。〈不毛感〉は、「頑張っているのに認めてもらえない、感謝されない」という状態です。行動を承認してもらえないのが「報われない感じ」の原因だということです。それに対して「ひとりぼっちの感じ」は、日々のさまざまなコミュニケーションで受け入れられていないような状態です。存在を承認してもらえないのが「ひとりぼっち」の原因だといえます。

そして「ひとりぼっち」にも性質の違いがあります。感情が起きる状況が違っていて、それによって怒りと悲しみのバランスが違うことに注目してください。

▼①孤立感

職場や家族、友人関係で、なんとなく距離感があるような場合、安心して過ごすことができません。よそよそしい印象や、ギクシャクした関係、親しみが薄い感じがあります。すでに仲間意識のできあがっている集団に一人で参加するような状態です。自分はなかなか打ち解けられず、心を開くことができないのに、周りの人たちには一体感がある。その対比から「ひとりぼっち」を感じます。**〈孤立〉**した感じです。

ここでの期待は、「心を開けるような打ち解けた関係になりたい」、「一体感のあるコミュニケーションをしたい」といったものでしょう。それが期待どおりにいかないので、怒りや悲しみが生まれます。

関係性に距離を感じていると、「～してくれるはずだ」という相手への期待は低くなるものです。ですから、期待は自分のコミュニケーションに向きやすくなります。打ち解けられない原因は自分にありますから、挽回しようという怒りのエネルギーも自分に向かいます。その結果、「どうしてこんなにコミュニケーションが苦手なんだろう」と自分に怒りを向けながら、同時に「打ち解けられたらなぁ……」と繋がりを求める寂しさ（悲しみ）も感じることになります。

怒りは自分に向いていますが、これは挽回したいエネルギーです。「怒りを作り出す」パートは、「もっと打ち解けられるようなコミュニケーションをしろよ」といっているわけです。コミュニケーションの練習をして、関係性を改善するのが効果的でしょう。望んでいた関係になれば、繋がりを求めていた「悲しみを作り出す」パートも満足して、〈孤立感〉は解消されます。ギクシャクしてしまった近い関係については、第4章でコミュニケーションの方法を詳しく紹介していますから、そちらを参考にしてください。

また、なかなか打ち解けられない傾向の人は、拒絶されることを恐れている場合があります。そのため、おそるおそるコミュニケーションをしがちで、自分からは心を開きにくい。そうした恐れがある人は、その「拒絶を恐れさせる」パートを意識して、「何がそんなに怖かったの？」と丁寧に話を聞きましょう。そして、

「それは怖かったね。拒絶されるのは嫌だよね。大丈夫。たくさんの私のパートが、いつもそばにいるから。それに、誰もが拒絶するわけじゃないし。安心できる人かどうかを見極めてから、少しずつ心を開いてみよう」

と伝えます。自分から打ち解けることができた経験を重ねるほど、恐れも小さくなっていきます。

▼②疎外感

近い関係でありながら、自分ひとりだけ仲間に入れてもらえないような、拒絶されているような体験をしたときには、また違った「ひとりぼっち」の感じになります。〈**疎外感**〉です。〈孤立感〉が「仲間意識のできあがった集団に入りたいのに、うまく入れない」ようなときの感情であるのに対して、〈疎外感〉は「仲間意識のできあがった集団に入れてもらおうとすると、拒絶される」ようなときの感情だといえます。

ここでの期待も、「心を開けるような打ち解けた関係になりたい」、「安心して過ごせる関係になりたい」といったものでしょう。しかし、打ち解けるどころか拒絶されてしまうために、怒りと悲しみが沸きあがります。孤立感の対象は「して欲しいことをしてもらえない」期待外れですが、疎外感では「して欲しくないことをされた」期待外れが加わりますから、期待と実際とのギャップが大きく、より激しい感情として感じられます。

自分の存在を否定されたという意味では〈傷つき〉にも近い感情です。存在が脅かされたショックがありますが、〈傷つき〉が一回の衝撃的な体験で起きるのに対して、〈疎外感〉はくり返される拒絶によって少しずつ大きくなります。同時に、拒絶されたからこそ、安心して過ごせる関係を強く求めるようになって、寂しさが大きくなります。ですから、ショックと寂しさが合わさった悲しみも大きいわけです。

さらに、拒絶という酷い行為に注意が集まれば、それを撤回させようという怒りのエネルギーも大きくなります。

疎外感は拒絶がくり返されることで少しずつ高まってきていますから、パートがずっと働き続けて感情を長引かせています。〈傷つき〉の場合と同じように、パートごとに感情を解消しましょう。

まずは怒りの発散を優先します。最終的に期待しているのは、その集団に入れてもらって、安心して過ごせる場とすることです。怒りを抱えたままコミュニケーションすると、持ち味を発揮しにくいものです。素直にオープンな状態で関わるための準備として、先に自分で怒りを発散しておきます。

寂しさについては、まず自分でパートの声を聞きます。いかに寂しかったのか、どれだけ心細かったのかに気づいて、「かわいそうに……。酷い目にあったね。大丈夫?」と声をかけましょう。そして、自分が安心できる誰か別の人と一緒の時間を過ごして、自分の存在が承認されている感じを取り戻します。日々の生活の中で、繋がりを感じられる時間を増やしてください。「一つの場所で拒絶されても、自分を支えてくれる繋がりは、こんなにたくさんあるんだ」と思えれば、心に余裕が生まれます。繋がりは人間関係だけではありません。自然や動物との繋がりを感じてもいいですし、芸術にも心の繋がりが感じられます。運動することで体との繋がりを感じるのも効果的です。

こうして落ち着きながら安心して関われる土台を作ったら、コミュニケーションの方法を工夫しましょう。こちらも第4章を参考にしてください。すべての関係が望ましい形になるとは限りません。その関係のなかで耐えるのも一つですし、その関係から離れるのも一つです。孤立感がある場合には、怒りと悲しみを解消したあとで、人間関係を見直すことになるかもしれません。

▼③孤独感

〈孤立感〉と言葉が似ていますが、〈**孤独感**〉は別の状況で体験されます。〈孤立感〉と〈疎外感〉が起きるのが「仲間意識のできあがった集団に入ろうとしている」場面に喩えられるのに対して、〈孤独感〉が生まれるのは「周りに誰もいない」ような状況です。まるで無人島にいるかのように「ひとりぼっち」の感じです。もちろん実際には周囲に人がいます。その人たちは皆、それぞれの集団に所属している。でも自分だけが、どこにも属していない。そういう漠然とした孤独を感じることがあります。

とくに誰かから何かをされたということではありません。通っている職場もあるし、休日に会う人もいるし、家族もいるかもしれません。にもかかわらず、その誰と関わっても満たされないものがある状態です。

ここでの期待は「**〜について分かりあいたい**」といったものです。本人にとって大事な世界観、価値観があって、それにまつわる気持ちを共有したいのです。しかし、職場にも友人関係にも家族にも、自分の大切なものを分かりあえる人がいない。この期待外れから〈孤独感〉が生まれます。

たとえば仕事において、皆がお互いを応援し合えるような関係を大切にしたい人が、ノルマや競争意識の高い職場にいたら、居心地が悪いことでしょう。親族一同が医者をやっていて兄弟も医者をめざしているのに、自分だけが本当は小学校の先生になりたいのだとしたら、気持ちを伝えることさえ抵抗があるでしょう。頑張って自力でたくさんの問題を乗り越えてきた人は、不満を口にしながら変わろうとしない人たちの話が苦手かもしれません。

「自分の価値観を分かりあいたい」という期待が外れてしまったことで生まれる怒りと悲しみは、それほど激しいものではありません。しかし、その価値観が大切であるほど心を大きく占めるものです。完全に解消するのは簡単ではありませんが、少しでも楽になりたいところでしょう。

挽回できるかもしれないという見込みがある場合には、怒りのエネルギーを使って周りを説得しようとしがちです。「なんで分かってくれないんだ！」と怒りながら、分かってもらうことに必死になります。ですが、怒りをぶつけられた相手は話を理解しようともしないでしょうから、これでは空回りです。

この「怒りを作り出す」パートの肯定的意図は「自分の価値観を分かりあって絆を感じたい」といったものだといえますから、そのエネルギーの大きさを活かして、「私にはこれが大切です！」と心の底から堂々と伝えるように努力します。ただし、伝わるのと賛同してもらうのは別です。伝わったのに相手がそれに賛同してくれなかったとしても、もう自分の責任ではありません。気持ちを強く表現して、賛同してくれる人を探すほうが建設的な方向です。

周りの人たちの誰とも分かりあえなかったとき、この期待は挽回しようがなくなってしまいますから、悲しみが強く感じられます。「悲しみ（寂しさ）を作り出す」パートに注意を集めましょう。「自分の価値観を分かりあいたい」期待の奥には、「自分の大切なものが、いかに大切かを実感したい」という意図があります。それが本当に好きなのです。そのことを意識します。そして、どうしてそんなに大切だと思うようになったのか、どれだけ大切にしてきたかを振り返ります。しみじみと大切さを実感できると、「やっぱりこれを大切にしよう」と意欲が湧いてくるのが感じられるはずです。

価値観を分かりあえる関係を探すのも一つでしょうし、とにかく大切なものを追求するのも一つでしょう。現状を保ちながら、無理なくできる範囲で大切なことをしてみるのも重要な選択肢です。置かれた状況によっては、ひっそりと大切にすることになるかもしれません。いずれにしても、「誰も認めてくれなかったとしても、私にはこれが大切なんだ」と認められれば、他人に振り回されなくなります。ゴールは見えなかったとしても、前に進めるようにはなります。孤独感に打ちひしがれていた気分は楽になります。

悔しさ、絶望感

怒りや悲しみは他人への期待が外れたときだけでなく、自分の人生が思い通りにならなかったときにも生まれます。目標に向けて頑張っていたのに達成できなかったとき、努力が思うような結果に結びつかなかったとき、信じた道を進んでいたのに夢が途切れてしまったとき。こうした期待外れに対しても、怒りと悲しみが混ざった状態として〈**悔しさ**〉が生まれます。

仕事で成果が上がらない、受験が不合格だった、スポーツの試合で負けてしまった、などが典型的です。自分が設定した目標を達成できるかどうかも期待の一つですが、勝ち負けが見えるものでは勝つことを自然と期待しがちです。そのため他人と比較して「負けている」と思った場合にも、〈悔しさ〉が生まれることがあります。とくに他の人が手に入れているものが自分を上回っている（負けている）ときの悔しさは、「嫉妬」と呼ばれることがあります。嫉妬には結果が負けているということだけでなく、「同じように努力をしているのに結果に差がある（＝不公平）」という判断も含まれます。

期待が大きかったほど、悔しさも大きくなります。ショックの大きな悲しみが沸きます。悔し泣きをしたり、呆然としてしまったりするのは、期待がどれだけ大きかったかを表しているということです。

また、期待は「どれだけ頑張ったか」によっても大きくなります。「これだけ頑張ったのだから、頑張りに見合うだけの結果があって当然だ」という期待を持ちやすいわけです。さらに、目指していた結果が大切なほど心の中を占める割合も大きく、期待が大きかったことになります。期待した結果にならなければ、心の中にあったものがポッカリと失われて、大きなショックを味わいます。

つまり、悔しさが大きいのは「それだけ大切なことに向かって、それだけ一生懸命に努力をしてきた」という証でもあるのです。

なかでも目標が途絶えてしまったときには、〈悔しさ〉に加えて、〈喪失感〉にも近い悲しみを体験します。目指すものを達成するためのチャンスがもう一度あれば、〈悔しさ〉は次回への原動力に変えられますが、一度きりのチャンスや最後のチャンスが終わってしまった場合、そうはいきません。

その目標の先にある未来だけを見て全力で頑張ってきた。しかし結果が出なかった。一本道だと思って進んできたのに、急に道がブチッと途切れてしまった状態です。その先にあったはずの自分の未来がすべて失われるのです。目の前が真っ暗になったような強烈なショックに打ちひしがれます。文字通りの〈**絶望感**〉です。

たとえば、弁護士になることだけを考えて勉強を続けてきた人が、家庭の事情で最後になる司法試験を受けて不合格になってしまった。どこか一つぐらいは採用されるはずだと信じて就職活動を続けてきたのに、どこにも就職が決まらないまま活動期間が終わってしまった。小さい頃からの夢を追いかけてプロのスポーツ選手になったけれど、なかなか芽が出ないまま引退しなければいけなくなってしまった。このように、①別の進路を想定していなかったこと、②その目標のために膨大な努力をしてきたのに報われなかったこと、③チャンスが終わってしまったこと、そのすべてが重なって、〈絶望感〉が生まれます。「自分の人生はこういうもの」と想定してきたすべてが、取り戻せない形で崩れてしまう状態です。

いずれにしても〈悔しさ〉のタイプの感情は、「頑張ったのに、望むような結果が得られなかった」という期待外れから生み出されています。ショックの大きさから悲しみが前面に表れる傾向がありますが、その奥には怒りのエネルギーが含まれていることに気をつけてください。

悲しみを強く味わっているときは、体の力が抜けて沈み込んだようになりますから、体を動かすよりも、つい考えをいろいろと巡らせがちです。そして頭であれこれと分析して、残念な結果にもっともらしい意味づけをしたくなります。「この失敗があったから、もっと素晴らしい未来に進める」とか、「本当はそれほどやりたかったわけではないんだ」とか、「この経験から素晴らしいことを学んだ」とか、現状を正当化する心の動きです。「**合理化**」ともいいます。

このように現状を正当化するのもパートの働きです。ショックの大きさから早く立ち直れるように、「望むような結果が得られなかった」という捉え方を修正しようとします。「本当は望んでいなかった」、「これも望ましい結果だ」などと見方を変えることで、気持ちをコントロールするわけです。安心できる日常を少しでも早く取り戻そうというのが、その肯定的意図だといえます。

頑張っても思うようにいかない経験をくり返した人は、悔しさを小さくするために、「どうせ無理だろう」と期待を下げようとすることもあります。このパートも期待外れのショックを和らげて、毎日を安定して過ごせるようにしてくれているわけです。

ですが、ほとんどの場合〈悔しさ〉の中には怒りがあるものです。「こんなに頑張ったのに、なぜダメなんだ!」、「私じゃなくてアイツを選ぶなんて、おかしいだろう!」、「どうして私の人生はこんなものなんだ!」などの怒りがある。それでも悲しみが前面に表れている間は気づきにくいのです。この怒りに気づかないまま現状を正当化すると、怒りのエネルギーが抑えこまれてしまいます。「現状を正当化する」パートが、「怒りを作り出す」パートを黙らせる。すると怒りのエネルギーそのものまで抑えこまれてしまいます。結果的に、体から活動のエネルギーが減ってしまって、無気力でウツっぽい状態になりかねません。ですから悲しみの奥にある怒りのエネルギーに気づいて、それを新たな一歩の原動力にするのが大切です。

〈悔しさ〉の大きさに合わせて、解消にも時間をかけましょう。最初は〈ショック〉の大きさに苦しむものです。信頼できる人と一緒に過ごしたり、話を聞いてもらったりして、まずは安心感を取り戻します。

ショックが収まってきたら、悲しみの中の〈寂しさ〉に注意を向けます。「寂しさを作り出す」パートを意識しながら、浮かんでくる考えを言葉にします（悲しみの対処法を参照）。そしてパートを慰め、ねぎらいの言葉をかけます。

「目標に向かって一生懸命にやってきた。たくさん頑張ったし、達成したかったからこそ、こんなに苦しいんだ。よくやったよ。本当によくやった。結果は残念だし、この経験が将来どうなるのかなんかは分からないけれど、それだけ一生懸命になれるものがあったのは誇りに思おう。今は辛くて当然だ。あせらずに受け止めていこう」

という感じです。

怒りの気持ちが自然と沸いてくるまでは、寂しさのパートをねぎらってください。

寂しさに集中している間に、現状を正当化したい気持ちが沸いてきたら、そのパートの肯定的意図を意識します。「安心できる日常を早く取り戻させようとしてくれている」と捉えて、応援してくれていることに感謝をしておきましょう。そして、

「落ち込むほど重大だったともいえるし、長い目で見たらこれでよかったのかもしれない。どちらも今の自分の気持ちなんだ」

というように、寂しさと正当化の気持ちの両方を受け入れます。そのうえで、日常を取り戻すためにできそうなことを少しずつやってみましょう。仕事でも運動でも外出でも趣味でも、体を動かすような習慣がお勧めです。

そして怒りの気持ちが意識されるようになってきたら、その気持ちを言葉にします。「クッソー……！」といった静かに沸きあがる怒りのエネルギーを感じてください。引き続き、その目標がどれだけ大事なのかを言葉にします。「やっぱり達成したいんだ！」という気持ちの強さに気づければ、新たなヤル気が湧いてくるはずです。〈悔しさ〉をバネに再び頑張ることができるでしょう。

〈絶望感〉についても取り組む流れは同じです。さらに時間がかかるほうが自然です。絶望的に思えるほど、その道がすべてだったのです。とても一生懸命にやってきました。打ちひしがれて落ち込む時期は、ガムシャラに走り続けてきたあとの休憩時間だと考えてください。状況が許す範囲でゆっくりしてください。「悲しみを作り出す」パートをいたわりながら日々を過ごします。

進んできた道がなくなったという喪失体験のあとですから、新しい自分に慣れるまでには時間がかかるものです。やり場のない怒りが悲しみの奥に潜んでいます。体を動かす時間を大事にしながら、目先のことを無理なくやりましょう。怒りが自覚できるようになってきたころに〈悔しさ〉に注意を向けると、「クソー、だったら次はこれをやってやる！」といった具合に新たな目標が見つかることがあります。こういう動機が業界に新たな風を吹き込むこともあるようです。

もちろん、急いで次の道を決める必要もありません。なんとなくやってみようと思えることを気軽にやってみるのがお勧めです。フットワークを軽くして気になったことをやっていると、行動を通して怒りのエネルギーも発散できます。なにより、そうして気軽にやったことの中から新しい道が開けることもあります。意外な未来が待っているかもしれませんから、少しずつ動いてみましょう。

後悔、罪悪感、恥、自責感

物事が思い通りに進まなかったときには、自分自身に向いた感情が起こる場合があります。**〈後悔〉**や**〈罪悪感〉**、**〈恥〉**、**〈自責感〉**です。

〈悔しさ〉や〈絶望感〉は注意が出来事（結果）に向いています。自分は頑張った。でも努力が思うような結果に結びつかなかった。「これぐらいやったのだから目指すものが得られるだろう」という期待が外れてしまったための感情です。「自分が何をしてきたか」というプロセスではなく、「望んでいたとおりにならなかった」という結果に気持ちが向いています。その意味では、自分のしてきたことに不満はないといえます。

一方、〈後悔〉、〈罪悪感〉、〈恥〉、〈自責感〉の対象は、「自分が何をしたか」です。自分の過去の行動を振り返って、「あぁ、やってしまった……」、「あのときにこうしていれば……」という気持ちになる。自分がベストを尽くしたとは思えていませんから、いわば「自分がやったこと」が期待外れなのです。取り戻しようがない過去のことなのに、自分のしたことへの期待外れを思い出すたびに、何度でも嫌な感情を味わい続けます。怒りや悲しみが自分へ向けられていますから、心の中でパートのやりとりが続きやすいのが特徴です。だからこそパートの動きをしっかりと捉えて、パート同士に折り合いをつけるようにして感情を解消するのが大切です。

とくに〈罪悪感〉、〈恥〉、〈自責感〉については〈**ゆるし**〉が必要になる場合があります。こちらは第5章で解説します。

それでは心の動きに注目しながら、それぞれの感情を整理しましょう。

▼①後悔

過去に自分がしたことを「あんなことしなければよかった」、「もっとこうしていればよかった」と振り返るのが〈**後悔**〉です。振り返るタイミングは、望んでいたとおりではない出来事が起きたときが多いようです。たとえば、テストや試合、プレゼンテーションなどの本番で思うような結果が出せなかったとき、過去の練習不足・準備不足を振り返って、「あぁ、もっとやっておけばよかった」と後悔する。悪気なくやったことで相手を怒らせてしまって関係が台無しになってしまったとき、「あんなことしなければよかった」と後悔する。自分の中に大切な気持ちがあったのに、それを相手に伝えることができないまま二度と会うことがなくなってしまったとき、「こんなことなら、あのときに伝えておけばよかった」と後悔する。期待したとおりではない出来事を経験して、「**こうなってしまった原因は過去の自分の行動にある**」と考えるわけです。

うまくいかなかった原因が分かったとき、それを修正して改善しようとすることは日常的によくあるものです。そうやって私たちは勉強やスポーツ、音楽などの技術を向上してきました。失敗して落ち込むのではなく、改善するという意味での〈**反省**〉です。「反省させる」パートの役割は、行動を改善するためのアイデアを出してくれるところにあります。反省は感情を伴わない冷静なものと考えてください。

期待したとおりの結果にはならなかったとしても、まだ次に挽回できることもあります。この場合は、怒りのエネルギーを原動力にして、改善のための工夫を一生懸命にするでしょう。

挽回できそうな状況では、一生懸命さ（怒りのエネルギー）と反省とが組み合わさるということです。

ところが、期待外れを取り戻せない状況でも、「反省させる」パートが働くことがあります。取り戻せないことでの悲しみと同時に、改善のアイデアが浮かびます。「**反省＋悲しみ**」、これが〈後悔〉です。

悲しみを作り出すパート：「こんなことになってしまった……。あぁ、あの気分を味わいたかったなぁ……」

反省させるパート：「あれが原因だったんじゃないかな？　もっとこうしたらよかったんだよ。そこを修正すれば、次はきっと大丈夫！」

悲しみを作り出すパート：「そんなことといったって、悪気はなかったんだ。もう取り戻せないんだよ。こうなるって分かっていたら、ちゃんとやっていたさ。あーあ、大切だったのに……」

反省させるパート：「だからさ、その大切なものを感じるには、ここを修正したらよかったんだよね」

このようなやりとりが続きます。【図3・4A】

悲しみを作り出すパートは、期待していた結果への思い入れの強さを表現しています。失われてみて、大切さがより大きく感じられました。「こうあって欲しかった」というイメージが湧くことで、現状とのギャップが分かります。そのギャップを修正するために反省させるパートが、「してしまったこと」を意識させるのです。

ですから悲しみが残っている限り、反省も続きます。

〈後悔〉のポイントは、意識が過去に向いていることです。解消するためには、過去への未練を未来への学びに活かし、現在の財産へと昇華しましょう。それには悲しみと反省を別々に扱うのが効果的です。【図3・4B】

「悲しみを作り出す」パートの気持ちは、「失われたものがとても大切だから、大切にしたい」といったものです。悲しみに注意を向けながら、どれだけ大切だったかを思い返しましょう。思い出を心のアルバムに整理するようなイメージです。困ったことや不満だったことも、懐かしい思い出として愛おしく感じられたら一緒に整理します。

「反省させる」パートは、「二度とこんな結果にならないように」と願っています。そして「悲しみを作り出す」パートの気持ちに応えて、「もっと大切にするにはどうしたらいいか」を教えてくれています。「ダメだった」と言っているのではなく、より良くする方法を教えてくれているのです。

まずは「悲しみを作り出す」パートをねぎらいましょう。たしかに「反省させる」パートは改善点を教えてくれています。しかし当時の状況では、それが精一杯だったのです。

「あのころは、技術も知識もなくて未熟だった。仕方なかった。でも一生懸命だった。結果はともかく、よくやっていたよ。不器用にしか表せなかったけど、大切な想いがあったのは間違いない」

などと悲しみのほうのパートに語りかけます。

「反省させる」パートについては、教えてくれることへ感謝を伝えましょう。

「今ならもっと良いやり方がわかる。教えてくれてありがとう。次に同じようなことがあったら、うまくできる。もっとうまくやりたかったのは、それだけ大切だったからだ。もっと大切にしたかったぐらいに大切だということが、今はよく分かっている」

という具合です。

二つのパートをそれぞれ大事にしてください。不器用だった当時の自分を愛おしく振り返りながら、「もっとこうしたかったなぁ」、「もっとしてあげたかったなぁ」という素直な気持ちを感じましょう。行動に対しての反省は未来へと続きますが、その行動を通して味わいたかった気持ちは、今この瞬間に思い出から感じることもできます。

「もっとこうしたかった」、「もっとしてあげたかった」という考えは消えないかもしれません。その考えを抑える必要もないでしょう。それだけ大切な想いがあったと実感できれば、その考

図3・4)〈後悔〉の解消法

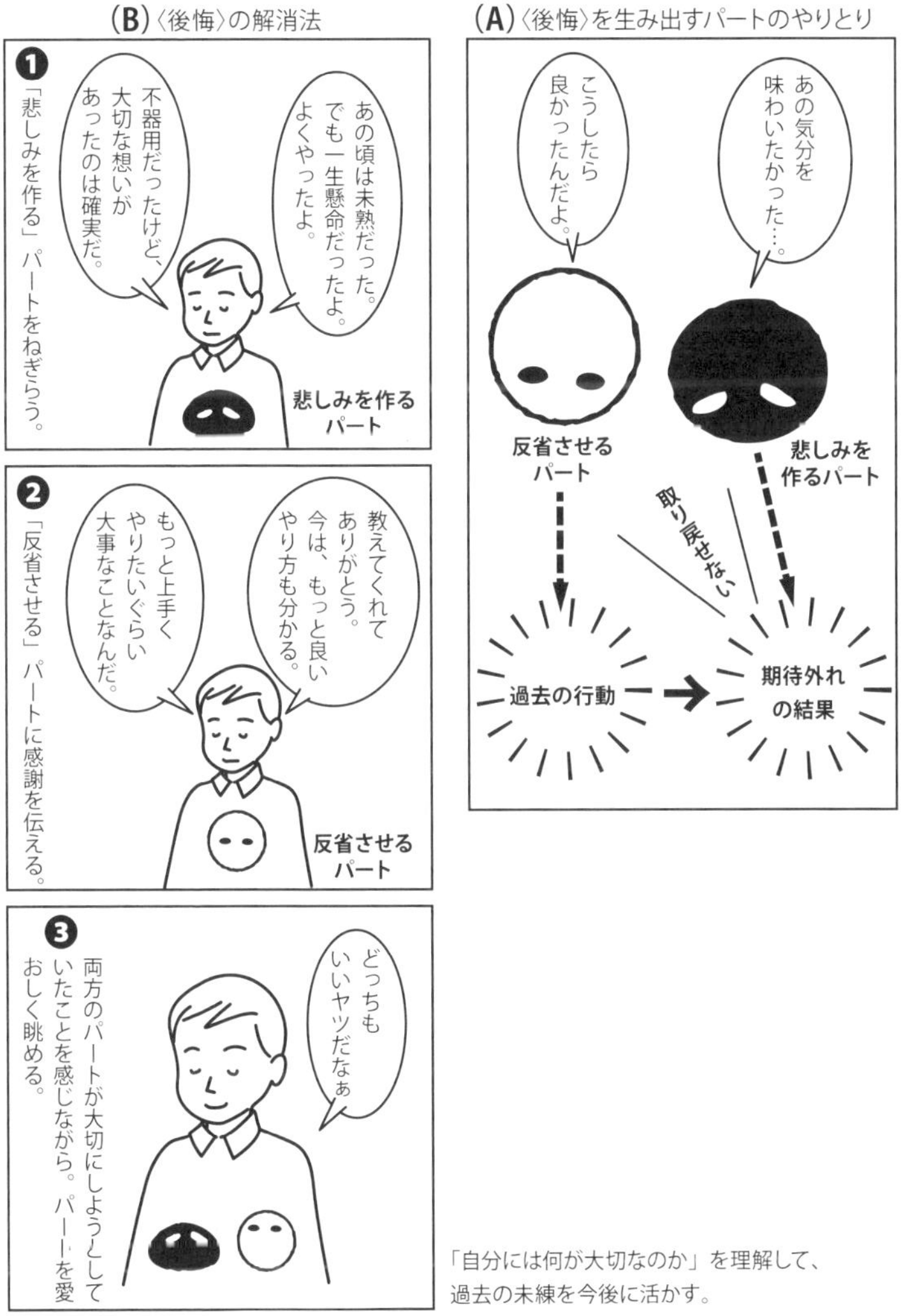

「自分には何が大切なのか」を理解して、
過去の未練を今後に活かす。

えには悲しみよりも感謝や愛おしさが伴っているはずです。

▼②罪悪感・恥

規範に合わないことをしてしまったときに生まれる感情が〈**罪悪感**〉や〈**恥**〉です。規範は育ってきた環境や時代によって人それぞれ異なりますが、常に頭の中に存在し続けているのが特徴です。ですから、基準に合わないことをしてしまった瞬間に「ダメだ」という判断が下されます。〈後悔〉では過去を振り返って「あれがいけなかった」と判断するのに対して、〈罪悪感〉や〈恥〉では事前に「こうなってはダメだ」という基準が分かっているわけです。

つまり、「してはいけないことをしたくない」、「避けるべき結果を避けたい」という期待が外れてしまったことが〈罪悪感〉や〈恥〉の対象だといえます。そしてこの期待外れから「自分はダメだ」という判断が起きて、自分という存在が揺らぎ、寂しさ・心細さが作られます。**自分への期待外れから生まれる悲しみ**だということです。

〈**罪悪感**〉は、「自分は正しくない」、「自分は過ちを犯した」という判断から生まれます。社会として決められている「正しさ」や「善悪」の判断基準です。

誰もが教育やしつけを通して「正しさ」を学びます。正しくないことをしたときに罰をうけ、正しいことをしたときに褒められる。罰をうければ、自分の思い通りにならないことがあるのを思い知らされて、取り戻せない期待外れから悲しみが生まれます。褒められると、その正しさに自分の拠りどころを見つけるようになりますが、その一方、正しくないときに存在が揺らいで寂しさを感じるようになります。このときの不快な感情が学習を強めて、「何をしていれば大丈夫か」という「正しさ」の基準を身につけていくわけです。こうして学習が進むと、「正しさ」や「善悪」の基準に沿わないことをしてしまったときに、昔の悲しみや寂しさが戻ってきます。これが〈罪悪感〉として意識されます。実際に罰を受けるかどうか、「正しさ」の基準が本当に正しいかどうかは関係ありません。

一度こうして基準が自分の中に作られてしまえば、誰からも罰を受けないときでも罪悪感は生まれます。嘘をついてしまった罪悪感は、嘘がバレていなくても沸いてきます。人を傷つけてしまった罪悪感は、相手が「気にしないで」と言ってくれても、自分が「悪いことをしてしまった」と思っている間は残ります。自分が「正しくないことをしてしまった」と判断するかどうかが罪悪感の決め手なのです。

〈**恥**〉を生み出す判断基準は、社会の「常識」や周囲からの「期待」です。常識や期待は、暗黙のプレッシャーだといえます。基準に合っている限り、その集団のメンバーとして認めてもらえますが、常識や期待に添わなかった場合には集団から疎外されるような対応を受けます。自分ひとりだけが周りから酷い扱いを受けるときに、集団から切り離される寂しさを味わう。

そのときに「常識や周囲の期待に沿えないと、疎外されて寂しさが生まれる」というパターンが学習されます。笑われる、陰口をたたかれる、無視されるなど、疎外の種類はさまざまです。

この基準も自分の中に作られてしまうと、実際に周囲から疎外されるかどうかは関係なくなります。常識や周囲の期待に沿えなかったと自分で判断したとき、頭の中で「皆の仲間ではいられなくなってしまった」という**心の距離**が作られます。この寂しさが〈恥〉の感情の動きです。

簡単なことを失敗してしまったり、知られたくないことを知られてしまったりした場合にも恥を感じますし、家族や組織の期待に応えられなかったり、大勢に応援してもらったのに結果が出せなかったりした場合も恥を感じます。たとえ周りが気にしていなかったとしても、自分で「こんなことをしてしまったからには元のようにはいられない」、「もう皆に顔向けできない」と感じてしまうのです。

〈罪悪感〉も〈恥〉も、基準が自分の中にあることに注目してください。自分で自分を「ダメだ」と判断しているのですから、最終的には自分自身で判断をやめる必要があります。自分で自分を「**ゆるす**」ということです。

〈ゆるし〉については第5章で解説しますから、ここでは日常的な解消法を紹介しておきます。

〈罪悪感〉の中には寂しさ・心細さがあります。正しいはずの自分という存在が揺らいでしまいました。まずはこの〈寂しさ〉を丁寧に感じましょう。

子供のころは正しくいることが身を守る手段でした。安心できる状態が脅かされないように正しさの基準を身につけてきました。当時の判断力では精一杯だったのです。でも今はもう違います。たくさんのことを経験してきました。自分という存在の根拠は、正しさのほかにもたくさんあります。乗り越えてきたこと、頑張ったこと、耐えてきたこと、支えてくれた人、好きだったことなどを思い出しましょう。正しさが揺らいでも、自分には他の土台があることを感じてください。もし土台が足りない気がしたら、自信が高まるように少しずつ頑張ってみてください。正しさが基準ではない小さな自信を積み重ねるうちに、罪悪感の重さは減っていくはずです。

さらに、正しさの意味を見つめなおしてみましょう。正しくやることで満たしていたのは、ただの安心感だけではないものです。「やってしまった」という気持ちの奥にある肯定的意図を探ります。人を傷つけてしまった罪悪感であれば、「その人を大事にしたかった」という意図があったはずです。相手の痛みと同じように自分が苦しむことで、相手へ共感して、思いやりをもって接したいのでしょう。皆に迷惑をかけたという罪悪感であれば、「皆と一緒に喜びたかった」、「皆の笑顔が見たかった」という期待があったかもしれません。再び皆の負担にならないよう気をつけるのは、自分をコントロールしてでも皆を優先して大事にしたいという気持ちの表れともいえます。つまり償いをする人たちは、**罪悪感の奥にあった肯定的意図**を新たな行動に繋げているわけです。

このように思いやりや感謝など、罪悪感の奥にある意図を自覚できれば、自分の考えや行動を「正しいかどうか」の基準ではなく、「**何を大切にしたいか**」という価値観で捉えられるようになります。〝与えられた正しさ〟から〝自分なりの大切さ〟へと、自分の拠りどころを広げていくということです。罪悪感の重荷を整理して、大切な荷物だけを持っていくようにしてください。

〈恥〉には、皆と心の距離が離れてしまう寂しさが含まれています。その距離は周りの人たちが離れていったからでしょうか、それとも自分が離れていったからでしょうか？　実際に周りの人たちから疎外されて、恥をかいたのかどうかに気をつけてください。

もし疎外されたのだとしたら〈傷つき〉の感情があるはずです。酷いことをされた相手に対して怒りがあるでしょう。〈恥〉の解消法よりも、〈傷つき〉の解消法を優先してください。他者へ向けられた感情がスッキリしたあとで、それでも自分に向けられた恥の感情が残っていたら、次のステップに進みます。

皆の前で失敗してしまったような恥は、他の人たちが忘れたあとでも自分の中には残りがちです。期待に応えられなかった恥も、自分だけが気にしていることがあります。恥を感じて皆から離れているのは自分のほうだということです。再び近づいてみましょう。そして、

「恥だと気にしていたのは自分だけだった。意外と皆は受け入れてくれるものなんだ」

と実感できれば楽になれます。

手順としては、まず常識や期待に沿えなかった自分をねぎらいます。

「あれは仕方がなかった。誰でもそういうことはある。私だけではない。大丈夫。それぐらいで否定されるほど私の存在は小さくない。いつもよくやっているじゃないか」

という感じです。

それから勇気をもって、失敗談にしてしまうのが効果的です。自分から笑い話にしてしまえれば、皆との距離は一気に近づきます。真剣な苦労話として話せるようになれば、皆に勇気を与える形で距離を縮められます。急ぐ必要はありません。

大きな恥を感じている場合には、他で挽回するのもいいでしょう。新しい何かに努力するだけで、堂々としていられるだけの安定感を取り戻せます。恥を過去の話にするのは、それからでも充分です。

▼③自責感

〈後悔〉、〈罪悪感〉、〈恥〉につけ加える形で、自分を責める〈怒り〉が沸く場合があります。これが〈**自責感**〉です。望ましくない出来事の原因となったパートに対して「なんてことをしてくれたんだ！」と怒りをぶつけるパートがいる（後悔に対する自責感）。基準に合わないことをしてしまったパートに対して「なんてダメなヤツだ！」と非難するパートがいる（罪悪感・恥に対する自責感）。別のパートを責めるパートがいる状態で、心の中でのやりとりとして激しい対立が起きているといえます。

後悔や罪悪感、恥の感情にくわえて、誰かから責められているような居心地の悪さも感じられます。余計に落ち込んでいくような体験です。あるいは、責めるほうのパートが意識の前面に表れると、「あー、なんてことをしてしまったんだー！」、「私のバカ、バカ！　もう！」といった気持ちが自覚されます。ヤケになる感じです。責められる側のパートは落ち込みを強くしますし、責める側はやり場のない怒りを作り出します。意識される状態は違いますが、どちらも自責という心の動きです。

本書ではパートの動きに注目していますから、どちらの状態も〈自責感〉として説明を進めます。別のパートに対して怒りをぶつける状態だけを〈自責感〉と呼び、〈後悔〉、〈罪悪感〉、〈恥〉との組み合わせとして扱います。たとえば「後悔と自責感が両方ある」とか「罪悪感と自責感が両方ある」などの言い方です。

〔後悔と自責感が両方ある場合のパートの動き〕【図3・5A】

悲しみを作り出すパート：「こんなことになってしまった……。あぁ、あの気分を味わいたかったなぁ……」

反省させるパート：「あれが原因だったんじゃないかな？」
自責感を作り出すパート：「あれのせいか！　まったく、なんてことをしてくれたんだ！」
反省させるパート：「もっとこうしたらよかったんだよ。そこを修正すれば、次はきっと大丈夫！」
自責感を作り出すパート：「そんな気楽な話じゃないんだ！　もう絶対こんなことにならないように、思いっきり痛い目にあっておかなくては！　忘れるなよ！」
悲しみを作り出すパート：「そんなこと言ったって、悪気はなかったんだ。こうなるって分かっていたら、ちゃんとやっていたさ。あーあ、大切だったのに……」

〔罪悪感と自責感が両方ある場合のパートの動き（恥の場合も同様）〕【図3・5B】
罪悪感を作り出すパート：「許されないことをしてしまった……。自分はもう正しい人ではなくなってしまった」
自責感を作り出すパート：「まったく！　なんてダメなヤツなんだ！」
罪悪感を作り出すパート：「そうだ、ダメなんだ。どうやって生きていけばいいんだ。安心していたかったのに……」
自責感を作り出すパート：「何を甘いことを言っているんだ！　許されないことをしたんだから、その罪を背負って生きるしかないだろう！　もっと苦しまなくてはダメだ」

図3・5)〈自責感〉のパートのやりとり

(A)後悔と自責感がある場合

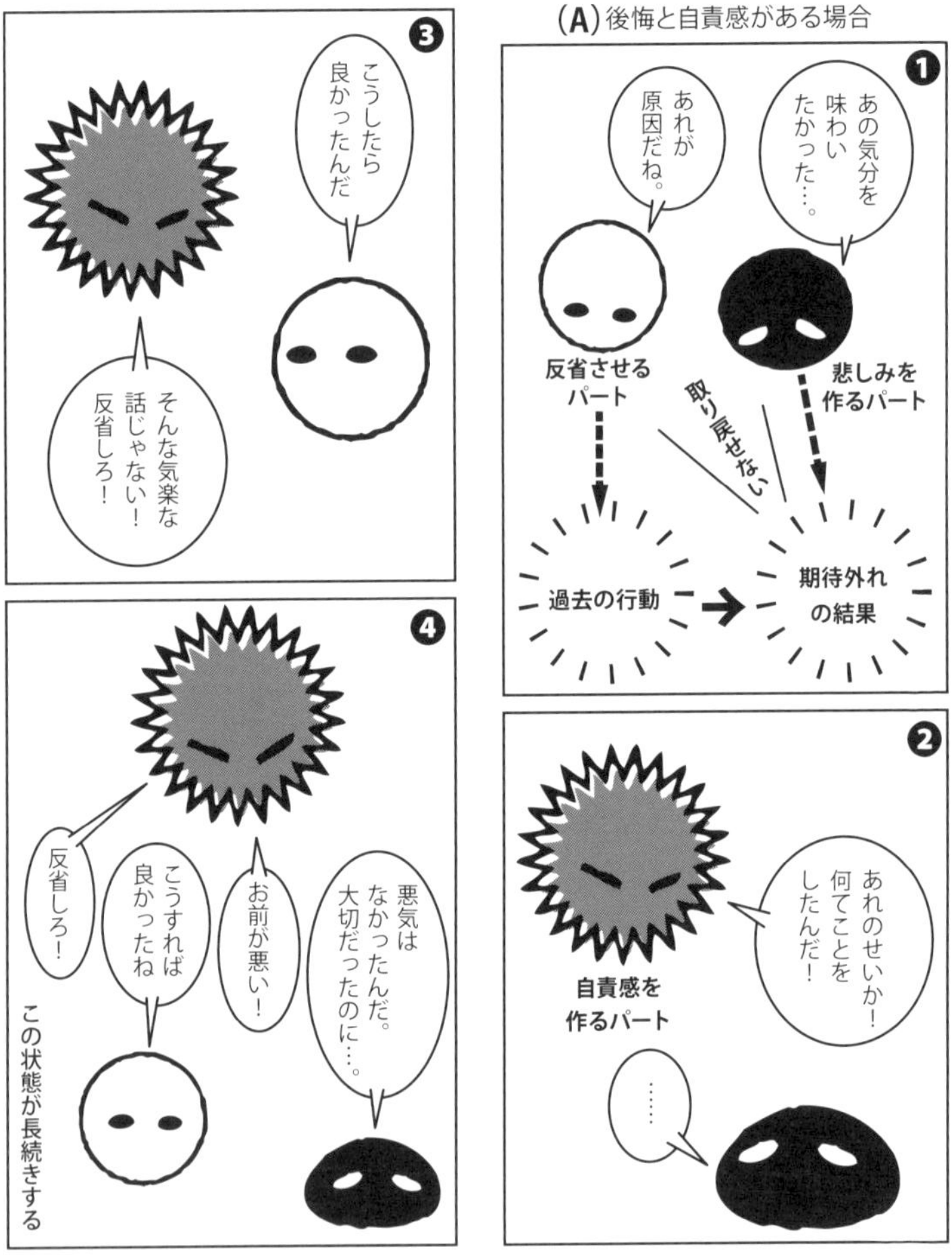

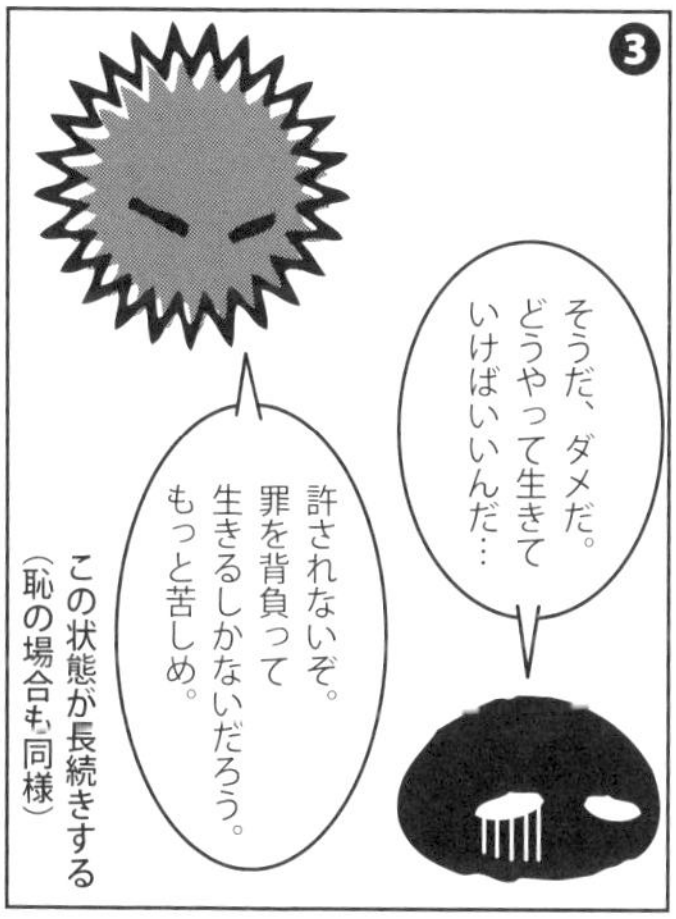

「自責感を作る」パートが、他のパートに怒りを向け、前へ進むエネルギーを妨げている。

(B) 罪悪感（または恥）がある場合

パートのやりとりが続いている間は、感情をくり返し味わい続けることになります。後悔が解消されるときは、大切だったものに気づいて、もう一度前を向こうとします。ところが自責感のほうのパートがそれを許さないのです。

罪悪感の奥にあった肯定的意図に気づいて、償うための新たな生き方へ移るときにも、「自責感を作り出す」パートは苦しみを負わせようとします。日常を取り戻してきたあとでも、そのパートはたびたび罪を指摘して苦しみを与え続けます。

前へ進もうというエネルギーを「自責感を作り出す」パートが妨げるのですから、自責感が長く続けば気力がなくなって鬱々とした状態にもなりかねません。

このようにパートが対立しているときには、一方のパートに肩入れすると、もう一方が反発するようにメッセージを強く発してくるものです。前へ進もうという気持ちが湧きあがれば、「いやいや、ダメだ！　なんであんなことをしてしまったんだ」と自責感が強まります。自分を強く責めたり卑下したりするような気持ちが高まれば、「そうはいっても、ずっとこんなままでは生きていくのが辛い……」と、後悔や罪悪感を解消しようという動きが高まります。パート同士の葛藤が起きている状態です。

両方のパートを同じように受け入れましょう。そうすると対立が弱まって、自責感のほうも、後悔・罪悪感のほうも自然と小さくなります。解消法は次のようなものです。

後悔の場合には、まず「悲しみを作り出す」パートをねぎらって、次に「反省させる」パートに感謝をします（後悔の解消法を参照）。悪気なくとった行動が、望んでいなかった結果を生んでしまいました。「悲しみを作り出す」パートを意識しながら、そこには未熟だったけれど大切な想いがあったことを感じてください。そして反省させるパートが教えてくれていることを感じとります。もっと良いやり方を探そうとする熱意や想いの強さを味わいます。

それから「自責感を作り出す」パートを意識します。自責感は別のパートに向けられた怒りですから、なんとか挽回しようとしていることに注目してください。望ましい結果を期待していたのに、あのときにやってしまったことで台無しになってしまいました。その「やってしまった」パート（＝「悲しみを作り出す」パート）に怒りをぶつけています。期待していたことが大きかったのです。

自責感のパートの気持ちを探っていくと「なんであんなことをしたんだ！」という怒りの奥から、「……本当なら今頃こうだったはずなのに……」という叶わなかった願いが見つかります。その願いが自分にとってどれぐらい大切だったのかを実感しています。この切実さが、「将来、同じような場面で二度と過ちをくり返さないように**忘れさせてはいけない！**」という肯定的意図に繋がります。

つまり後悔に対しての「自責感を作り出す」パートの肯定的意図は、「自分にとって何が大切だったのか」と「だから何に気をつけなければいけないか」を**しっかりと覚えておく**ところにあるわけです。

まとめると、後悔の側には「(自分の行動として)もっとこうしたかった」という気持ちに愛おしさや熱意や想いの強さがあって、自責感の側には「(価値観として)もっと大切なことを大事にしたい」ところに熱意や想いの強さがある、となります。どちら側のパートも大切なもの(人・こと)を愛おしく感じ、熱い想いを向けていたのです。そして両方とも期待外れになってしまって嘆いています。ただ気持ちを表現する形が違っていたのです。

このような観点で眺めると、両方のパートが同じように可哀想なものと感じられてくるのではないでしょうか。そうしたら両方のパートを同時にいたわり、慰めてあげてください。両方の健気で切実な想いがしみじみと感じられると、心の中の対立が収まって楽になるでしょう。

罪悪感や恥の場合も同様です。罪悪感に向けられた自責感には、「苦しみを感じ続けることで、過ちを忘れないようにさせる」という意図があるようです。

罪悪感は、正しい人ではなくなってしまったことで自分の存在が揺らいだ寂しさ・心細さですから、「正しさ」を取り戻そうとする怒りのエネルギーが生まれる場合があります。それが正しくないことをしてしまったパートに向けられる〈自責感〉です。いわば「過ちを犯した自分は苦しみ続けることが正しい」という基準に沿って、正しさを挽回しようとしているということです。二度と過ちをくり返さないように、そして過ちを犯した自分の正しさを保てるように自分を責めています。それによって自分の存在への安心感を取り戻して、身を守ろうとしています。これが肯定的意図だといえます。

自分を守って、安心できる土台を取り戻そうとしてくれている「自責感を作り出す」パートに感謝しましょう。正しさを挽回するためにエネルギーをずっと費やしてくれていたパートです。怒り続けるのは疲れるものですから、その頑張りをいたわってあげてください。

それから罪悪感のほうに注意を向けます。罪悪感の解消法を参考にしてください。正しさが失われたことで自分という存在が脅かされたために、寂しさ・心細さがあります。元のように存在に自信を持ちたいのです。少しずつ自分の存在の根拠を見つけていきましょう。正しさのほかにも、「自分は何を大切にしたいか」を基準に行動してみてください。自分が大切にしたいことを自覚しながら償いをするのも効果的です。

「自責感を作り出す」パートも「罪悪感を作り出す」パートも、自分という存在への安心感を取り戻したがっています。自責感は、自分を苦しめることで、正しさを通じて存在を確認しようとする心の動きです。罪悪感から立ち直るときには、償いを通じて存在を確認しようとしています。どちらのパートも、自分でいることに安心できるように頑張ってくれているのです。どちらに進んでも大丈夫です。

自分を責めたい気持ちが沸いてきたら、どうぞ苦しみを感じてください。その苦しみは「自分」がしっかりと存在している証です。償いのために何かをしたくなったら、行動してください。人との関わりが「自分」の存在を実感させてくれます。苦しむために立ち止まってもいいし、償うために苦しむのをやめて進んでもいい。どちらも自分を生かしてくれると思えると、気分は変わっているはずです。

言葉として「後悔」や「罪悪感」などと呼んでいても、心の中では〈自責感〉のパートが動いている場合もあるものです。人を傷つけてしまった場合などでは、後悔と罪悪感と自責感が同時に表れることもあります。心の中でどのようなパートのやりとりが起きているかに注目してください。そしてすべてのパートの肯定的意図を探ります。奥にあった大切な気持ちを感じながら、すべてのパートを対等にいたわり慰めましょう。

それでも罪悪感と自責感は残るかもしれません。その先には〈ゆるし〉が必要です。第5章を参考にしてください。「ゆるす」ということの意味を見つめなおすのは無駄ではないと思います。もちろん自分で自分をゆるす決心がつくまでは、無理にゆるさなくてもいいでしょう。罪を背負い、自らを罰しながら生きる人もいます。もし重荷を降ろしたい気持ちが高まってきたら、そのときが取り組むタイミングです。

解消とは別の対応が求められる感情

嫌悪感、軽蔑、敵意

長く続いている人間関係では、相手の具体的な行動に対してではなく、全体的な印象に対して感情が生まれることがあります。「この人は良い人だから一緒にいると安心する」、「この人は酷いから、近くにいるだけでも嫌だ」といった気持ちと結びついた感情です。

怒りと悲しみは、期待したとおりにならなかったことに対して作られる感情です。上司から怒鳴られたら怒りが沸くでしょうし、家族から冷たい態度をとられたら悲しくなるでしょう。ですが、こういう怒りや悲しみは、その出来事についての感情です。別の場面で上司から親切にされていたり、家族と過ごす幸せを感じていたりしたら、感情はそのときどきで移り変わることになります。

ところが、その人との関わりで期待外れの経験がくり返されれば、相手に対するネガティブな印象が作られます。すごく強烈な期待外れがあれば、それだけで相手への印象を作ってしまうこともあります。そうして作られた**ネガティブな印象が生み出す感情**が、〈嫌悪感〉、〈軽蔑〉、〈敵意〉です。いずれも、その相手を思い出すだけで感情が沸き上がります。

〈嫌悪感〉は相手との距離をとろうとする心の動きです。生物的にいえば、嫌いな食べ物を見るだけで「ウッ」と気持ち悪くなるのと似ています。「もう、嫌い！」と一時的に昂ぶった気持ちは、嫌悪感ではありません。それは相手を責めるための〈怒り〉ですから注意してください。嫌悪感は、見るのも声を聞くのも嫌で、離れていたいような状態をいいます。何度も期待が外れてしまっていますから、「嫌悪感を作り出す」パートは、同じような気分になるのを防ぐために相手へ近づかせないようにしてくれているのです。少しでも嫌な気分を減らすことで身を守ってくれようとしているのが肯定的意図です。

〈軽蔑〉は相手への期待を小さくしようとする心の動きです。自分にとって重要なものほど、心の中の大部分を占めています。大事なものほど期待も大きいですから、期待外れで生まれる怒りや悲しみも大きくなってしまいます。そうならないように相手への期待を小さくしておこうとするのが「軽蔑を作り出す」パートの働きです。取るに足らないもの、くだらないもの、価値の低いものとして相手を捉えるために、相手のイメージを小さくしたり、低い位置に下げたりします。心の中を占める割合を小さくして、相手から期待外れのことをされてもあまり嫌な気分にならないようにしてくれているのです。これも肯定的意図は身を守るところにあります。

一方、〈**敵意**〉は怒りのエネルギーを使っています。「自分の大切なものを脅かす存在」として相手を捉え、自分とは別の集団の人に分類します。その相手が実際に何をしているかにかかわらず、自分の大切なものを脅かしているという判断が常にありますから、安心して大切にできる状態を取り戻そうとする怒りが沸き続けます。ですから「相手に敵意を向けさせる」パートには、自分が大切にしている守りたいことを思い出させて、それを大切にする努力をさせようという肯定的意図があるといえます。

嫌悪感、軽蔑、敵意のいずれも、相手に対するイメージ（印象）が作り出していることがポイントです。これらの感情を解消するには、相手の評価を見直して、印象を変える必要があります。それにはＮＬＰの〈**ポジション・チェンジ**〉という手法が効果的です。詳しくはＮＬＰ関連の書籍を見ていただくとして、ここでは簡単な流れだけを紹介しておきます。

椅子を二つ並べて、片方を自分の場所、もう一方を相手の場所に決めます。【図３・６】

最初は自分の場所に座って、目の前の椅子にその人が座っている様子を想像しながら、相手に対する怒りを解消しましょう（怒りの解消法を参照）。相手に対してネガティブな印象を持つようになった原因として、何かしらの期待外れから怒りを感じていたはずです。吐き出すうちに怒りが一時的に強まりますが、しばらくすると収まってきます。そうしたら相手に対して期待していたこと、分かってもらいたかったことを言葉にします。期待が外れた悲しさも出ているかもしれません。

次に椅子から立ち上がって、軽く気分転換をします。それから相手の椅子に移って、その相手になりきって座ってください。しぐさや姿勢、表情や目線などを真似して、普段のその人の振る舞いを思い返すといいでしょう。そして、その人の立場から言いたいことを思いつくまま言葉にしてみてください。本当はどんな気持ちだったのか、何を期待していたのかを言葉にするのがコツです。人は誰でもそれぞれの苦しみをもっていますから、その人の事情や辛さが感じられると思います。

そして再び椅子から立ち上がって気分転換をして、二つの椅子を眺めます。客観的に二人の関係性、双方の立場を理解します。そして改めて自分の椅子に戻ります。目の前の椅子に座っている相手を思い浮かべたとき、最初と印象が変わっていれば効果は十分でしょう。

相手に対しての怒りや悲しみがわだかまっていると、期待外れの経験だけをもとにして相手の印象をネガティブに形作ってしまいます。わだかまりを発散してから、相手について気づい

図3・6)〈嫌悪感〉〈軽蔑〉〈敵意〉

❶ 2つのイスを向かい合わせて並べる。1つが第1のポジション(「私」の位置)。もう1つが第2のポジション(「あなた」の位置)。客観的に立って眺める場所が第3のポジション(「第三者」の位置)。

❷ 第1のポジションに入り、ネガティブなイメージを持っている相手が目の前のイス(第2のポジション)に座っているとイメージする。相手に対する怒りを感じながら感情と期待を言葉にして、怒りを解消する。悲しみが沸いてきたら、感情と期待を言葉にする。

❸ 第3のポジションで気分転換をしてから第2のポジションへ移る。相手になりきって気持ちを伝える。

❹ 第3のポジションから2つの立場を客観的に眺め、関係性を考える。

❺ 第1のポジション(「私」の位置)に戻り、相手のイメージして、印象の変化をチェックする。

〈嫌悪感〉〈軽蔑〉〈敵意〉は、相手に対するイメージを変えて対処する。(『ポジション・チェンジ』)

ていなかった部分にも目を向けると、相手をよりニュートラルに捉えることができます。その結果、相手の印象が変わりますから、嫌悪感、軽蔑、敵意も減るわけです。

とくに「この人はこの人で大変なんだなぁ」と気の毒に思えると、相手を思いやる余裕が生まれてきます。**相手についての見方が変われば、相手に向けられる感情も変わる**ということです。

もちろん、変えたくなければ嫌悪感や軽蔑、敵意を持ち続けてもいいでしょう。誰かを嫌ったり、軽蔑したり、憎んだりする自分を否定する必要はありません。そうすることで自分の身を守り、自分の大切なものを実感しているのです。ときとして敵意は大きな行動の原動力になります。自分の大切なことを信じ、敵意を活かして何かを成し遂げる人もいます。

一方で、嫌悪感、軽蔑、敵意は、相手に対して特別な気持ちを向けていることでもあります。**執着している状態**です。ある意味では自分を縛っているともいえるかもしれません。そこから自由になりたければ、相手に対するイメージを見つめなおしてみましょう。相手のネガティブなイメージが強すぎる場合には、その人をゆるす必要があるかもしれません（第5章を参照）。自分自身のために相手をゆるす勇気も大切にしてみてください。

おそれ、心配、不安

〈おそれ〉、〈心配〉、〈不安〉の特徴は、**感情の対象が未来にある**ことです。〈怒り〉と〈悲しみ〉は期待したとおりにならなかったときに作られる感情ですから、「すでに起きたこと」に感情が向けられるといえます。これまで説明してきた複雑な感情も、怒りと悲しみをベースとしているため、原則的に過去のことが対象となります。

ところが、おそれや心配、不安は、まだ起きていないことに対して向けられる感情です。未来の出来事を頭の中で予想したとき、その仮想体験から感情が作られます。

〈**おそれ**〉は、「起きてほしくないことが未来に起きるのではないか」という予測から作られます。取り戻せない期待外れが起きている場面を想像して、悲しみの状態を体験しています。「こうなってしまうんじゃないか」、「またあんなことになったらどうしよう……」などのように、結果をおそれている状態です。かなり高確率で起きてほしくない結果になるものと予測していますから、未来を思い浮かべるたびに落ち込んで憂鬱な気分になります。たとえば、苦手なプレゼンの前に「また失敗するんじゃないか」と思ったり、飛び込みの営業で「また厳しく断られるんじゃないか」と思って訪問をためらったり、家族の中で「こんなことを言ったら怒られるんじゃないか」と思って我慢したりするのが、〈おそれ〉の状態だといえます。起きてほしくない結果を予測することで、やりたくない気持ち、逃げたい気持ちが感じられます。

ちなみに、「おそれる」のと似た言葉で「怖い（恐怖）」がありますが、〈おそれ〉が未来の予測から作られるのに対して、〈**恐怖**〉は**現在のこととして体験される感情**です。事故や災害に遭っている間、森で熊に追いかけられている間、強盗に襲われている間など、命の危険にさらされている最中に感じられるのが〈恐怖〉の状態です。たとえば交通事故にあった人が急ブレーキの音を怖がることがありますが、音を聞いたその瞬間に恐怖が沸くという意味で、これも現在のこととして感情が体験されているといえます。いわゆるトラウマとしての恐怖ですから、〈おそれ〉とは区別してください。対処法が異なります（トラウマの結果として残る恐怖症については特殊な手法が必要です。専門書やＮＬＰ関連の書籍をあたってください）。

〈**心配**〉は〈おそれ〉と同じように、取り戻せない期待外れが起きている場面を想像して悲しんでいる状態です。ただし心配のほうが、起きてほしくない結果になる可能性は低めに予測されています。「もしかしたら、こうなってしまうんじゃないだろうか……」、「もしこんな結果になったとしたら、どうしよう……」といった気持ちです。同時に望ましい結果のほうも期待されています。一つのパートが起きてほしくない結果を予測して悲しみを作り出し、別のパートが望ましい結果を予測して喜びを作り出す。両方のパートの気持ちが意識されるため、

「もしかしたら、こうなってしまうんじゃないか……」、「いや、そんなことはない、きっと大丈夫だ」、「……うーん、でもやっぱり、ひょっとするとダメかもしれない」
というように気持ちが移り変わって落ち着きません。二つのパートの動きを合わせて意識したとき、〈心配〉という感情として感じられます。

一方〈**不安**〉は、〈おそれ〉や〈心配〉とは違って、起きてほしくない結果をハッキリとは予測していません。むしろ「**何が起きるか分からない**」ことが不安を生み出します。ただ、何が起きるかは分からないけれど、現状とは違ったことになるとは予測しているのです。たとえば、初めて人前で話すとか、会社を辞めて起業するとか、社会情勢が大きく変わりそうだとか、今までに経験したことのない状況になるだろうと想定をしている。けれど、実際には経験をしたことがないため、具体的な想像がつきません。

現状から変われば、「今まで慣れていた状態のように安心していたい」という期待が外れてしまうことになります。なんとか安心できる状態に挽回したい、けれども今までどおりの安心は取り戻せない……そんな状況が予測されますから、怒りと悲しみ（寂しさ）の混ざり合った状態が作られます。これが不安という感情です。

挽回したいという怒りのエネルギーが含まれているのがポイントで、安心できる状態を取り戻すための行動力は高まっているのです。しかし何が起きるかは想像できていないので、具体的にどんな行動をしたらよいかが分かりません。不安のときのソワソワした状態、いてもたってもいられない状態は、このやり場のない行動力によるものです。「明日のテストが不安で、なぜか部屋の片づけをしてしまった」などというのも、何をしてよいか分からないのに、安心できる状態を取り戻そうとする行動のエネルギーばかりが高いため、とにかく何かしらの行動をしたくなってしまう現象です。

過去の出来事にわだかまりがあるわけではありませんから、おそれ、心配、不安を完全に解消することはできません。未来のことが完全に意識から外れて今この一瞬だけに集中すれば、おそれも心配も不安もなくなりますが、現実的には難しいでしょう。これらの感情から楽になるには、どうやって今に意識を集中するかを工夫するのがポイントになります。

〈おそれ〉と〈不安〉については、具体的な対策を考えるのが効果的です。

〈おそれ〉は「起きてほしくないことが起こりそうだ」という予測から生まれますから、それを防ぐための方法を工夫します。今までの自分では対応できないと想像しているはずです。勉強したり、専門家のアドバイスを受けたり、練習をしたりして、うまく対応できるように努力するのが現実的でしょう。そうすると課題が見つかって、今やるべきことに意識を集中できます。そうすれば、起きてほしくない未来を予測して〈おそれ〉を感じることも減ります。

一方、〈不安〉は「何が起こるかわからないけれど、今までどおりではなくなるはずだ」という予測から生まれます。まずは「何が起きそうか」を知識として調べて、この先の展開をシミュレーションしてみましょう。そして、どのような対策ができるかを考えます。具体的な行動プランをたてて、すぐに取りかかれる作業をリストアップしたら、気が向いたものから実行に移していきましょう。経験のないことに取り組むわけですから、計画通りに進まないこともよくあります。取り組んでいるうちに新たなアイデアが出てきたり、誰かから効果的な方法を教わったりすることもあるものです。柔軟に対応を変えながら、そのとき良さそうだと思うことをしてください。

不安の状態には、安心できる状態に挽回しようとするエネルギーが含まれていますから、何か行動をしたくなっているものです。ですから、行動をしてエネルギーを発散させるのが役立ちます。ある意味ではヤル気があるともいえますが、何をしてよいか分からないからソワソワしているのです。できることを見つけて取り組んでみれば、不安はヤル気として行動を後押ししてくれるはずです。ここでも、今できることに集中すれば、何が起きるか分からない未来を意識して不安になることも減ります。

〈おそれ〉や〈不安〉に対して今できる対応をコツコツと続けていけば、いつか本番が近づいてきます。苦手な飛び込み営業へのおそれや、自分の気持ちを正直に伝える際のおそれを、練習で乗り切ってきた。試験への不安や、初めての大きなプレゼンへの不安に、入念な準備で対処してきた。そしていよいよ本番……。うまくいくかもしれないし、ダメかもしれない。そういう〈心配〉が生まれます。本番のあと、結果発表までの間にも〈心配〉はあるでしょう。

ここまでくると、できることは限られます。できることをして今に集中するというのも難しくなるものです。それまで頑張ってきていれば、それだけ結果が気になって心配が大きくなるのも当然です。ここでも心配を小さくしたければ、未来に向いた意識を、現在か過去に移すのがいいでしょう。

現在に意識を向けるなら、まったく関係のない日常的な行動をするのも一つです。未来の結果が気になって日常的なことに集中できないなら、今できる最善のこととして望ましい結果を祈るのも一つの選択肢です。

祈りがどれだけ結果に影響するかは私には分かりませんが、未来を心配する状態から抜け出る効果はあるといえます。「どれだけうまくいって欲しいと願っているのか」、「なぜ自分にはそれが大切なのか？」と意識すると、その結果を求めている今の自分の気持ちに集中しながら祈ることができます。

また、そこまで頑張ってきたことを丁寧に振り返れば、過去に意識を向けられて心配を弱めることもできます。〈おそれ〉や〈不安〉を乗り越えるために努力を続けてきた自分をねぎらってください。望んでいる結果がどれだけ自分にとって大切なのかも、しみじみと感じられると思います。心配の大きさは、その大切さと頑張りの証だと受けとりましょう。

それでも起きてほしくない未来を考えてしまうかもしれません。残念な結果を想像させるパートには、期待を小さくしてダメだった場合のショックを和らげようという意図もあります。すべてのパートは自分のために最善を尽くそうとしています。もし残念な結果になっても、パートはいろいろな方法で自分を立ち直らせようとしてくれます。自分の中のすべてのパートを信頼してください。一つのパートが残念な結果を想定して心細そうにしていますから、そのパートを残りすべてのパートが暖かく包み込んでいる様子をイメージしてください。心配が軽くなるはずです。

まとめ

この章の最後に、第2章と第3章のまとめとして、感情をパートのやりとりとして対処するときのポイントを振り返っておきます。

ここで紹介したものの大部分は、長い間にわたって感じられる感情のわだかまりについてです。

たしかに苛立ちや軽いショックのように、期待したとおりにならなかったと分かった瞬間に、パッと沸き上がる感情もあります。そうした瞬間的な感情を、その場でどう表現していくかは、コミュニケーションのテーマになります。

むしろ感情そのものによって苦しむことになるのは、心の中にずっと居座り続ける感情的わだかまりのほうでしょう。「怒りがあるから嫌だ」、「悲しみがあるのが苦しい」、「罪悪感があって悩んでいる」といったように、感情が残っていることに悩み苦しみます。「怒りがある」、「悲しみがある」、「罪悪感がある」……「まぁ、それだけのことだ」と、感情があることを受け入れられれば悩むことはなくなります。期待していたとおりにならなかっただけで十分に残念なことです。感情のわだかまりについて悩み苦しむのは、さらにもう一段階苦しんでいるのです。

世の中には、大きな感情を抱え続けながらも気にせずに頑張っている人たちもいます。たとえば、大きなトラブルや事故、災害に巻き込まれながらも、責任者の立場としてショックや悲嘆を抑えないといけないなどです。あるいは、命にかかわる仕事や、プロフェッショナルとして常に安定したパフォーマンスを発揮しなければいけない仕事では、絶望感や罪悪感を抱えながらもベストを尽くしていることでしょう。

しかし、このような感情のコントロールには、少なからず無理がかかるものです。「感情的な反応を切り離す」パートが目の前の行動に集中させてくれますが、感情が生まれていないわけではありません。体の反応として表れるはずの感情を抑えるために筋肉を緊張させたりして、エネルギーを使っています。心身ともに疲れやすいということです。疲れがたまってきたり、

コントロールできないほどの感情が生まれたりすれば、限界を超えて、打ちひしがれたように
なってしまいかねません。

だからこそ、感情に悩み苦しまないためにも、感情をコントロールしすぎて疲れてしまわな
いためにも、わだかまりを解消しておくのが大切です。日々の生活の中で感情に気づいて、そ
の奥にある大切な気持ちが感じられるだけでも、悩みは小さくなります。わだかまりがある場
合には、丁寧に向き合って感情を解消しましょう。

ポイントは次のとおりです。

感情の中身に注目する

感情の名前は誰もが聞いたことのあるものでしょうが、同じ名前で呼んでいるものでも、人
それぞれ解釈が違っていることはあります。

たとえば〈おそれ（怖い）〉、〈恐怖〉、〈心配〉、〈不安〉については区別が曖昧なことも少な
くないようです。どのように呼びわけても構いませんが、心の中の動きが別物のため、対処法
も違ってきます。うまく対処していくために、心の動きがどのように違うのかを意識しておく
のは役立つはずです。

〈罪悪感〉も注意が必要です。

「ごめんなさい」と謝りたくなるような状態を罪悪感と呼ぶこともあるようですが、どういうときに謝るかは行動パターンとして身につけたもので、そのときの心の動きには個人差が大きいのです。謝ったら許してもらえて関係性がすぐに修復できたという経験が多ければ、「前のような良い関係を取り戻したい」気持ちの表れとして「ごめんなさい」を言うようになるでしょう。実際の感情は、相手から距離をとられてしまった〈疎外感〉かもしれません。あるいは厳しく怒られたときに「ごめんなさい、ごめんなさい……」と謝って、責められるのを回避してきた経験があれば、身を守る手段として謝るようになることもあります。〈傷つき〉のあるときほど「ごめんなさい」と言いたくなって、その奥には「こんなに謝っているんだから、もう勘弁してくれたっていいじゃないか！」という怒りがあるかもしれません。

このように、「ごめんなさい」と謝る行動は、必ずしも〈罪悪感〉という感情とは結びついていないわけです。「ごめんなさい」を言いたくなる状況で作られる〈疎外感〉や〈傷つき〉などの感情に注目してください。

- どんな期待外れがあったのか？
- 何に意識が向いているか（感情の対象）？
- 期待外れを取り戻そうとしているかどうか？

この基準で感情を区別して、効果的な対応を選びましょう。

複雑な感情をパートの動きとして意識する

〈怒り〉と〈悲しみ〉が混ざり合った複雑な感情では、いくつかのパートがやりとりをしています。パート同士のやりとりを会話のように捉えるのがコツです。

いくつもの感情が同時に沸いていることもよくあるものです。いろいろな期待外れが同時に起きれば、それだけ多くの感情に圧倒されやすくなります。「〜に対しての怒り」、「〜に対しての悲しみ」のように、気づけるだけ挙げていくと整理しやすいでしょう。

「何を期待していたのだろう？」と探るのは、とくに効果的です。「こうであって欲しかった」という結果への期待や、「あなたには、こうして欲しかった」という行動への期待に気づけると、感情の解消がスムーズになります。期待外れの内容を言葉にすると怒りを発散しやすいですし、期待していたことの奥にある好意も実感しやすいからです。

また、感情にともなって「あきらめさせる」パートや、「我慢させる」パート、「わざと悪い結果を予測して期待を小さくする」パートなどが働く場合もあります。こうしたパートも一緒に意識に上げて、しっくりくる形でパート同士の会話を描きましょう。

パートごとに感情を解消する【本文は第2章】

ていた内容を言葉にしながら発散したり、体を動かして筋肉からエネルギーを発散したりしてください。

▼怒りのエネルギーは発散する

〈怒り〉の系統のパートは、期待外れを取り戻そうというエネルギーを高めています。期待していた内容を言葉にしながら発散したり、体を動かして筋肉からエネルギーを発散したりしてください。

他人に向けられる怒りは、「こうしてもらいたい」という相手の行動への期待が元になります。期待外れだった相手の行動を、期待していたとおりに戻してもらいたい。ですから、まず期待していた内容を思い返します。ですが、「こうして欲しかった」という期待の先には、「それによって〜の気分を感じたかった」という肯定的意図があります。

たとえば、約束をすっぽかされて腹が立ったとします。相手の行動に対しての期待は「ちゃんと約束どおりに来てもらいたかった」というものです。挽回したい期待は「次からは約束を忘れないで欲しい」となるでしょう。しかし肯定的意図としては「約束どおりに来てもらって、自分のことを大事に思ってもらえている気分を感じたかった」気持ちがあります。

肯定的意図まで気づいたうえで、それを言葉にしながら発散すると、よりスッキリしやすいものです。期待していた結果によって、自分はどんな気分を感じたかったのかを振り返ってください。その気分こそが挽回したいもののはずです。

▼悲しみは感じつくす

〈悲しみ〉を含んでいる感情のパートは、安心感や繋がりが失われてしまった寂しさ・心細さを表現しています。取り戻せない期待外れが急に起きればショックがありますが、ショックが落ち着くには時間もかかります。必要なだけ時間をかけてから、寂しさ・心細さの奥にある大切な気持ちに注意を向けましょう。愛おしさや感謝が実感できると、パートを受け入れられます。ここでも「〜して欲しかった(期待)。それによって……を大切にしたかった(肯定的意図)」のように気持ちを探っていくとやりやすいでしょう。

▼解消の注意点【本文は第2章および第3章】

〈怒り〉の系統のパートと〈悲しみ〉の系統のパートの両方が関わる場合でも、どちらを意識しやすいかには個人差があります。怒りに慣れている人は悲しみのほうに気づきにくく、悲しみに慣れている人は怒りのほうに気づきにくいこともあります。自分があまり意識しないほうを抑圧していないかチェックしてみてください。馴染みのない感情は解消の仕方にも慣れていないかもしれませんから、入念に取り組むことをお勧めします。

解消のときには、自分が強く感じている感情の系統(怒り、悲しみなど)から始めて構いません。怒りを発散したら悲しみが出てくることはよくあります。とくに悲しみの奥にある怒りには注意が必要です。悲しみを十分に感じると奥にあった怒りにも気づけますが、悲しみを抱えたままで状況を知的に分析すると怒りに気づけないことがあります。焦って学びに変えようとするのではなく、「怒りがあるかもしれない」と気をつけながら悲しみに向き合ってください。

怒りは発散する。
悲しみは感じつくす。
どちらが先でも、両方やれば安全です。

それからパートをいたわり、ねぎらいます。
そして期待の奥にあった肯定的意図（大切にしたいこと）をしみじみと味わいます。

ここまで来たら、わだかまりは解消されているといえます。大切な想いを胸に、前へ進む準備ができている頃でしょう。具体的な問題は残っているかもしれませんし、まだまだ大変な状況が続くかもしれません。それでも前に進む力は取り戻せているはずです。抱えてきた心の重荷を整理して、新たな一歩を踏み出してください。

第4章 他者とのコミュニケーション

パートの声を通訳する

厳しい言い方をしてしまえば、ほとんどの人は自分の気持ちを的確な言葉にして伝えられません。

これは技術や能力の話ではなく、母国語で会話をするからこそ避けられない習性のようなものです。私たちは会話の最中に、自分の気持ちを表現するのにピッタリな言葉を探したり、どんな文法を使うかを考えたりはしません。その場で思いついた言葉が反射的にパッと口を出るはずです。

カーッとなって怒鳴ったり、イライラしてドアを強く閉めたり、失敗をして「まったく、何やってんだ……」と心の中で思ったりするのと同じように、何を言葉にして表すかということもパートがやってくれているといえます。しかも多くの場合、私たちはパートの気持ち、つまり**肯定的意図**には気づいていません。パートが望んでいるものをそのまま声に出して表現しているわけではないのです。

例を挙げてみてみましょう。

子供に「なんで静かにできないの！」というのは、「今は構ってあげられる余裕がないから、静かにしてほしい」という期待の表れでしょうし、その先には「順調に家事も子育ても進んで、家族と充実した時間を過ごしたい」などの肯定的意図がありそうです。「宿題やったの!?」と聞くときも、「ちゃんと勉強していることを確認して、子供の将来に安心したい」という意図があると想像できます。

部下に対して「この前も言ったじゃないか！」とか「何度言えば分かるんだ？」などというときも、「教えたことは、きちんとできるようになってほしい」という期待があります。「そんなの常識だろう」、「もっと考えろよ」というときも、「社会人として、このぐらいは知っていてほしい」、「君なら状況を冷静に分析すれば、何が大事かは分かると思っていた」などの期待があると思われます。いずれも、その先には「仕事をスムーズに進めたい」、「もっと部下に任せられるよう成長してもらいたい」というさらなる意図があるのでしょう。

同じようなことは、カウンセリングのトレーニングをしていても見受けられます。「その人はどういう人ですか?」、「職場ではどういう立場ですか?」、「何年ぐらい関わっていますか?」などと、さまざまな角度から質問をする場面を見かけます。これらの質問をする意図としては「悩みに関係する情報をもっと詳しく聞いて、相手の状況を理解したい」という考えがあります。あるいは「小さい頃、お父さんはどんな人でしたか?」などと家族関係を質問する場合には、「問題になっている考え方を形作ってきた親子関係を確認したい」という期待があるのでしょう。

それならもっと直接的に言うほうが伝わりやすいはずです。

「あなたの状況をもっと理解したいので、悩みと関わっていることを詳しく教えてください」

とか、

「人が悩みを抱えるとき、親子関係で身につけてきた考え方が大事なことが多いので、子供のころの親子関係について聞かせてください」

といった言い方です。しかし、自らが持っている意図を自覚して、相手に伝わってほしい気持ちをそのまま言葉にする人は少ないのが実情です。

このトレーニング中のカウンセラーの心の動きをパートとして見てみると、パートの気持ち(質問の意図)と、実際に生み出す行動(質問の内容)との間にギャップがあるといえます。ちょうど「部屋の片づけを先送りする」行動を生み出すパートに、「疲れているときは休んでもらいたい」意図があるのと同じです。「また今度にしよう」という心の中の声は、「疲れているときは休んでもらいたい」気持ちをストレートには表していません。それと同じように、「多くの質問を投げかけさせる」パートには「あなたの状況をもっと理解したい」という気持ちがあっても、実際の行動としては「その人はどういう人ですか？」、「職場ではどういう立場ですか？」などと質問をさせるということです。

もちろん、どれだけストレートに伝わってほしいことを言葉にするかにも個人差があります。たとえば「部屋が暑いから、もう少し温度を下げたい」とします。一緒にいる人に「室温を下げてほしい」と頼む場面です。

「この部屋ちょっと暑くないですか？」と言う人もいますし、「今エアコンって何度になっていますか？」と質問する人もいます。「窓を開けてもいいですか？」や「もう少しエアコンの設定を下げてもらえませんか？」などと、いくらか直接的に依頼をする人もいます。

これぐらいの言い方であれば、だいたい期待していることが伝わるでしょう。

「私は部屋が暑いと感じているので、もう少し部屋の温度を下げてほしいです」とまで直接的な言い方をする人は少ないと思います。そこまで自分の意図をきっちりと言葉にしなくても、相手が「なるほど、暑いから温度を下げてもらいたいんだな」と汲みとれれば、会話は成立します。自分の意図が相手に伝わって、期待していたとおりの結果になれば、コミュニケーションとしての目的は果たされているわけです。

しかし、どれぐらいストレートに伝えるかも、どのように汲みとるのかも、人それぞれ経験から身につけたパターンです。間接的に表現された意図の伝わりやすさには、相性ができてしまいます。男女のコミュニケーションの違いが語られるのも、このあたりの影響が大きいといえそうです。

一般的には男性のほうが、**会話の中で結論を出そうとする傾向**がありそうです。問題を解決するために会話をすることに慣れていれば、困ったことがあったときには解決策を探るようになります。一方で、女性は共感的なコミュニケーションをする傾向があるといわれます。会話の結果として**結論を出すよりも、気持ちを共有するプロセスを大事にする。**困ったことがあれば共感して、気持ちを落ち着けようとします。

どちらも困った状態をなんとかしたいのです。ですから会話の意図は、最終的に「安心できる状態へ戻りたい」ところにあります。ただし、「どうなったときに安心してきたか」という経験に違いがあります。

結論として解決策を見つける会話では、「そうか、こうすれば大丈夫そうだ!」という対処法が見つかった安心感がゴールです。男性的な会話では、困った状況そのものを解決して安心できる状態を取り戻そうとするわけです。

一方、気持ちを共有しようとする会話では、「よかった、苦しさを分かってもらえた」というように、怒りや悲しみが解消される安心感がゴールとなります。女性的な会話では、困った状況で感じている否定的な感情を承認してもらってスッキリさせ、安心できる状態を取り戻そうとするということです。

最終的なゴールは**安心できる状態**で共通していますが、安心するための手段が違っているのです。そしてお互いに、自分が慣れているやり方をしようとします。男性が相談を受けたときは、「困った状況を解決すれば安心できる状態に戻れるはずだ」と想定します。「困った話をしているからには、解決したいのだろう」と汲みとります。ところが女性は「苦しい気持ちを分かってもらえれば安心できる状態に戻れるはずだ」と想定します。

ですから、女性が男性に悩みを打ちあけるときには、想定の違いからミス・コミュニケーションが起きやすいのです。「分かってもらいたい、共感してもらいたい」という女性側の期待とは違って、男性側は「解決したいのだろう」と汲みとって結論を出そうとする。女性側は「もう、全然話を聞いてくれない！」となり、男性側は「文句ばっかり言って全然解決しようとしない！」となって、お互いに期待外れと不満を味わうことになります。

この場合、男性側は女性が悩みを打ちあける意図を汲みとれていません。女性側は、自分が悩みを打ちあける意図を伝えていません。意図が伝わっていないからミス・コミュニケーションになるのです。

例に挙げたように、意図していることをそのまま言葉にすることは多くないものです。聞く側が意図を汲みとれればコミュニケーションはスムーズになりますが、汲みとれなかった場合には誤解が生まれます。コミュニケーションのポイントは意図が伝わるかどうかにあるのです。

家族や夫婦のカウンセリングですることの大部分は、まさにこの意図の通訳です。意図が伝わらないまま誤解されていることを、カウンセラーが汲みとって、伝わりやすい言葉に通訳します。すると、お互いの気持ちが理解できるようになります。そこでやっと話し合いの土台が築かれます。

コミュニケーションを円滑にするポイントは、意図が伝わるようにするところにある。この章ではその技術を紹介します。

意図を意識して会話する

気持ちをそのまま言葉にしているわけではないということは、目に見える行動としてパートが声に出させている内容と、パート自身の肯定的意図との間に差があるということです。ですから、その言葉を言わせるパートがいるとイメージして、パートの肯定的意図を探ればいいのです。

ちょうど、部屋の片づけを先送りさせるパートや、さまざまな感情を生み出させるパートにも肯定的意図があったように、言葉を言わせるパートにも自分自身で意識できていない肯定的意図があると考えます。

肯定的意図とは「大切にしたかったこと」です。

期待していたことがあって、期待したとおりになっていれば大切にできたはずのことがあります。たとえば、悩みを打ちあける場合でいえば、「自分の気持ちに共感してもらいたい」という期待があって、共感してもらえたら「承認される安心感」を大切にできるはずでした。実際に言葉になるのは「今日こんな嫌なことがあった」という出来事の話ですが、その奥には「承認してもらうことで安心感を取り戻したい」肯定的意図がある。この気持ちに気づけると、コミュニケーションの質が大きく変わります。

ほとんどの人が話をするときに肯定的意図を自覚できていないのですから、意図を伝わりやすくするためには、話をする側と、話を聞く側の両方で努力をすることになります。

話す側は自分の伝えたい気持ちを丁寧に感じて、肯定的意図を自覚できるようにする。
聞く側は相手の話を聞きながら、言葉になっていない肯定的意図を汲みとるようにする。

どちらの立場としても肯定的意図に気づくのがポイントです。相手の意図を汲みとるときには、想像が合っているのかを確かめにくいため、練習しにくいかもしれません。まずは自分自身の肯定的意図に気づけるようトレーニングをするのがお勧めです。自分の気持ちですから気づけたときには「あぁ、そうか」という納得感があります。慣れてくると普段から肯定的意図が頭に浮かぶようになって、ほかの人の話を聞いているときにも「こんな言い方をするときって（自分なら）だいたい、こういう意図があるものだな」と想像が働きやすくなります。

それでは自分の気持ちに気づいて、肯定的意図を自覚するためには何に気をつけたらいいのでしょうか。注目するポイントを整理しておくと分かりやすいはずです。

▼①期待している結果は何か？

まず意識しやすいのは、相手に対する「**期待**」でしょう。「こうしてもらいたい」という内容です。暗黙のうちに「普通はこうしてくれるものだろう」と想定してしまいがちですから、期待外れに終わったときに嫌な気分を味わうことも少なくないと思います。そうならないためにも期待している内容を自覚しましょう。

相手が実際にする行動として意識するのがコツです。たとえば「分かってもらいたい」だとすると、相手の行動そのものではありません。具体的にどういう行動をしてくれたときに「分かってもらえた」と感じるのかを探ります。「私の目を見て真剣な表情で話を聞いて、〝大変だったね〟と言ってもらいたい」ぐらい具体的なほうが適切です。

相手からしてもらいたいこと、自分の身の回りで起こってほしい具体的な出来事を、「期待」として意識に上げます。次のステップではその期待している出来事をイメージしますから、映像として思い描けるぐらい具体的にしておいてください。

▼②その結果で満たされる価値観は何か？

次に、期待しているとおりのことが起きた場面を想像します。そのとき自分はどんな状態になるでしょうか？　自分の何が満たされるのでしょうか？　相手の行動に期待しているということは、それによって**大切にされる何か（価値観）**があるはずです。期待している場面を想像しながら、「こうなることで自分は何を大切にしようとしているのだろう？」と自分の気持ちを探りましょう。

「分かってもらいたい」の例であれば、「たかぶった感情が落ち着くときの安心感」や「承認してもらうときに感じられる〝自分は大丈夫〟という自信」などがありそうです。

価値観は名詞の形で思い浮かべると見つかりやすいはずです。安心感、自信、安らぎ、つながり、自己承認、達成感、成長、信頼、思いやり、充実感……などが価値観の例ですが、より実感をもって「○○を大切にしたかったんだ」と納得するには、「どういう○○なのか？」も説明するのがお勧めです。「安心感」といっても、「守られていて傷つく心配がない安心感」や

「相手から受け入れてもらえる安心感」、「ホッと胸をなでおろす安心感」など、さまざまです。「〜な○○（価値観）」という形で、大切にしたかったことを探ると、自分が求めていたことが分かります。

▼③期待から手段を切り離す

何かを言葉にして伝えるとき、伝わってほしい気持ちの中心が価値観です。その価値観を大切にしたいという願望が意図となって、伝えるという行動を生み出します。そして「価値観が満たされるのは、相手がこういう対応をしてくれたときだ」という想定が期待として思い浮かぶのです。

たとえば悩みを打ちあける場面だとすると、

「承認してもらうときに感じられる〝自分は大丈夫〟という自信」を求めて（＝意図）、

「私の目を見て真剣な表情で話を聞いて、〝大変だったね〟と言ってもらいたい」と期待する

となるわけです。

ここに重要なポイントがあります。「承認してもらうときに感じられる〝自分は大丈夫〟という自信」が得られるのは、必ずしも〝大変だったね〟と言ってもらえるときだけではありません。本人の中でもっとも典型的な例が、期待として思い浮かぶのです。もしかしたら、「黙って肩にそっと手を置いてくれる」だけで、あるいは「まっすぐ見つめながら、悲しげな表情を

浮かべて〝そうだったのか……〟と言ってくれる」だけでも十分な承認になるかもしれません。相手からしてもらいたい行動は、大切にしたい価値観を満たすための一つの手段でしかないのです。

価値観を満たすための手段と、大切にしたい価値観とを切り分けて考えましょう。相手に「こうしてほしい」と期待していたことは、価値観を大切にできる方法の一つの例なのです。ほかの方法も探してみるといいでしょう。

ほとんどの場合、私たちは他の人に「こうしてほしい」と期待するとき、具体的な行動のレベルで求めます。ですが、自分が本当に望んでいるのは価値観を満たすことです。自分が思いついた手段は一つの例ですから、相手からしてもらいたいことには、もっと柔軟でもいいはずなのです。ここに相手と話し合う余地があります。悩みを打ちあけるケースでいえば、相手に期待している行動は「真剣な表情で話を聞いて、〝大変だったね〟と言ってもらう」ことですが、相手はそれをしたくないかもしれません。ところが、「黙って肩にそっと手を置いてくれる」だったら大丈夫かもしれない。あくまで〝自分は大丈夫〟という自信を感じるのが目的ですから、そのための手段は話し合って決めることもできるのです。

相手の意図を汲みとり、自分の意図を伝える

話をするとき、伝わってほしいのは肯定的意図を含んだ〈**気持ち**〉です。第1章でも解説したように、本書では、

「気持ち=感情+考え」

としています。

伝わってほしい〈**考え**〉の中で大事なのは意図です。どんな価値観を満たそうとして話をするのか？ そこが伝われば、何を目的とした会話なのかがハッキリしますから、何を心がけて話を聞くかも絞りやすくなります。苦しい気持ちを承認してもらいたいなら、大変さを想像しながら話を聞けます。解決策を見つけたいなら、状況を整理しながら話を聞けます。会話そのものを楽しむ意図だとしたら、興味のない話を黙って聞くのではなく、一緒に盛り上がれる話題に移すこともできます。

そして伝わってほしい気持ちには、〈**感情**〉も含まれます。

伝えたいと思って話をするということは、そこに至るまでに何かが起きていたはずです。嫌なことがあったり、直してもらいたいことがあったり、迷っていることがあったり、ラッキーなことがあったり……。何かのキッカケで生まれた感情をどうにかしたい。その欲求から話をすると考えます。嫌なことがあったのなら怒りを発散したいのでしょう。直してもらいたいことがあれば不満があって、迷っているときには不安や心配があります。ラッキーなことがあれば嬉しさがあると思います。

この感情が原動力になって話をしたくなるのですから、感情を捉えられると「どうして話をしたいのか？」という理由が分かります。

つまり、分かってほしい気持ちのうち、

「意図（考え）」は、話をとおして満たしたい価値観（話をする目的）

「感情」は、話をしたくなった事情（原因）

だということです。

言い換えると、意図は話をしたあと（未来）についてのもので、感情は話をする前（過去）についてのものとなります。

これを踏まえて「感情」と「意図（考え）」の関係をまとめたのが、

「〜な事情があって（＝過去）、
○○の感情があるから、
△△という価値観を満たすために（＝未来）、
……してもらいたい（＝期待）」

の形です。たとえば、

「同僚のAさんに仕事を回したらミスばっかりで、結局自分でやり直さないといけなかった（＝過去）。それで不満の感情があるから、また明日も頑張れるだけの元気という価値観を満たすために（＝未来）、私の苦労と頑張りを承認してもらいたい（＝期待）」

といった具合です。

事情があったから感情が生まれた（＝原因）。だから、こういうことを期待して話をしている（＝目的）。この原因と目的がハッキリすると、話をする側も話を聞く側も、納得しながら会話を進めやすいはずです。

感情、価値観（意図）、期待。これらを意識しながら会話をするのが、コミュニケーションのコツです。

くり返しになりますが、家族やカップルのカウンセリングでは、お互いの感情と意図と期待を分かり合えるだけで自然と解決の方向に動き始めることがよくあります。ところが、ここが伝わっていないまま自分の考えた解決の手段だけを話し合うのが、大部分のコミュニケーションのようです。

関係がうまくいかなくなると、さらに、感情を態度や声のトーンなど言葉以外の形でぶつけ合いがちです。態度や声に表れた感情は、汲み取って初めて理解できるものです。ですが感情をぶつけられた人は、ストレス反応で冷静さを失い、感情の渦に巻き込まれて、相手の感情を汲み取る余裕がなくなります。

感情を分かってもらいたいのであれば、「私はこういうことで怒っている」、「こういう風にされると悲しい」と言葉にして伝えたほうが伝わりやすいでしょう。

話す側の工夫　話す目的を伝える

多くの場合、私たちは「〜なことがあった」という事情ばかりを詳しく話しがちです。出来事によってどんな感情になったのかを言葉で説明しないこともありますし、相手に期待していることや話をする意図については自覚しないままに話すのが大半です。相手がうまく汲みとってくれれば、事情を話している間に感情も意図も察してくれて、期待したとおりの対応をしてくれることもあります。しかし、結局は期待したとおりの展開にならなくて、自分が嫌な気分を味わうことも多いものでしょう。相手任せにするのではなく、自分の伝え方で工夫できるところがあります。

話しかける側は、伝わってほしいことを自覚してから言葉にするのがポイントです。

「～な事情があって、○○の感情を感じている。だから△△という価値観を満たすために、……してもらいたいと思っている（＝期待）」

と言葉で伝えます。

とっさには思いつきにくい言い回しかもしれません。話しかける前に少し準備の時間をとって、感情と価値観（意図）を整理しましょう。

感情が大きく動いているときは考えも整理しにくくなります。まずは第2章と第3章で紹介した方法を使って自分なりに感情を解消しておくのがお勧めです。愚痴や個人的な悩みごとの相談であれば、感情の矛先は話し相手ではありませんから、「怒っている」、「不満がある」などと自覚できているだけでも十分かもしれません。しかし、その話し相手に対して、怒り、不満、傷つき、寂しさ、孤独感、報われなさなどを感じている場合、話しているうちに爆発的に感情が表れてしまうこともあり得ます。

事前に自分の感情と向き合って、できる範囲の解消をしてから話しかけるのがよいでしょう。

態度や声で思い切り感情をぶつけてしまうと、相手からの対応も感情的なものとなって、自分が嫌な気分を味わいます。何より、伝えたかった気持ちを伝えられないままでコミュニケーションが終わってしまえば、せっかく話をしようと勇気を出したのに残念だと思います。落ち着いて「〇〇の感情を感じている」と伝えられるように、できる範囲の解消をしてください。

それから伝えたい「考え」として意図をハッキリさせます。
先ほど紹介した三つのステップに沿って、
①「期待している結果は何か？」、
②「その結果で満たされる価値観は何か？」
と探り、
③「期待から手段を切り離す」
作業をします。

②で自覚される価値観こそが、「私はこれが満たされたら嬉しい」という大事なポイントです。親密な関係であればギクシャクしている間であっても、相手の心の中には「この人にも幸せでいてもらいたい」パートがいます。一時的に空回りしていても、お互いを思いやりたい気持ちはあるわけです。でなければ、うまくいかない状況で我慢していません。ですから、「私はこ

の価値観を満たしたい。そうなったら嬉しい」と言われれば、相手の中の「幸せでいてもらいたい」パートが動いて、前向きに話を進めたい願望が湧いてきます。

①の期待している結果は、相手にしてもらいたいこと、相手に変えてもらいたいことといえますが、それは②の価値観を満たす方法の一例だということを思い出してください。他にも満足できる手段はあるかもしれません。自分の期待は解決手段の一例として伝えてみる。けれども相手の行動を決めるのは相手自身なのだから、相手がそのとおりにしてくれるとは限らない。自分の価値観が満たされて、かつ相手がやってもいいと思える手段を探すのが話し合いです。

自分の期待していたことは価値観を満たすための手段の一つ。他にも手段があるかもしれないから、そこを話し合いたい。この趣旨を心がけておくことが、③「期待から手段を切り離す」ということです。

感情と意図と期待を整理したら、すべてを短いメッセージにして、第一声で伝えます。**会話の最初に目的を伝えておく**ことで、相手が汲みとらなくても誤解のないようにしたいのです。とくに事情の部分は長くなりがちですから一言で表現するのがコツです。事情の説明が長くなると相手から質問されたり、普段どおりの会話のペースに戻ってしまったりして、最初に会話の目的を伝える工夫がしにくくなります。

たとえば、「同僚のAさんに仕事を回したらミスばっかりで、結局自分でやり直さないといけなかった」という事情なら、「仕事で嫌なことがあったから」ぐらいまでコンパクトにしてもよいでしょう。

「仕事で嫌なことがあって（事情）、すごく不満が溜まっているの（感情）。また明日も頑張れるだけの元気を取り戻せるように（意図）、私の苦労と頑張りを認めてもらいたいのよ（期待）。話を聞いてもらえる？」

このように話し始めれば、話を聞く側も準備をしやすくなります。

期待の部分には「してほしくないこと」を追加するのも効果的です。

「私の苦労と頑張りを認めてもらいたいのよ。具体的な解決策はなくても、あなたから認めてもらえたら頑張れるから、真剣に聞いてくれると嬉しいわ」

などでしょうか。

大事な話として伝えようとする場合には、話したい気持ちが起きてから実際に話しかけるまでに、時間差があると思います。十分に準備をして、感情と意図と期待をハッキリ自覚してから、第一声をまとめましょう。慣れるまでは紙に書いて文章を考えるのも良いものです。準備していた言葉と少し違っても気にせず、会話の目的が伝わりやすいように、落ち着いて真剣に話しかけてください。

上司・部下の関係や親子関係、教師と生徒の関係など、注意や指導をする場面では、その場でとっさに言葉をかけることもあります。問題点が目についたときには、すぐに対処したいこともあるかもしれません。このように瞬間的に言葉をかける場合こそ、自分のコミュニケーションの癖が表れます。

しっかりと考えて対応を工夫するのは、その場では難しいはずですから、改めて時間をとって振り返ってみましょう。いつもとっさに言ってしまうことを思い返して、そのとき自分は「どんな事情だったから、どんな感情が沸いたのか？ どんな価値観を満たしたくて、何を期待して、あんな言い方をしたのか？」と内面を探ります。それから、「次回はどんな言い方をしたら伝わりやすいだろう？」と工夫します。

後ほど具体例を挙げながら説明しますが、原則的には会話の最初の部分で、感情と意図と期待を含んだメッセージを伝えるのをお勧めします。会話が進んでしまうと話の内容に注意が向きやすいですし、自分の気持ちを丁寧に探る余裕も減ってきます。まして感情のぶつけ合いのようなコミュニケーションのパターンに入ってしまうと、せっかく伝えたい気持ちを整理していても言葉にするチャンスを見つけにくいものです。大事なことを伝えたいときは、自分から会話を切り出して、会話のペースをつかみ、第一声から思いを言葉にしてください。

聞く側の工夫①

相手が伝えたいことを汲みとる

日常で関わる人のほとんどは、ここで説明しているような伝え方の工夫をしてくれません。話を聞く側が相手の感情を読み取って、こちらに何を期待しているのかを探り、何を満たしたくて話しかけてきたのかを汲みとる必要があります。

ここでも注目するポイントは、感情、意図（価値観）、期待です。

「〜な事情があって、○○の感情を感じている。だから△△という価値観を満たすために、……してもらいたいと思っている（＝期待）」

という形で整理できるように、想像力を働かせながら話を聞きます。

多くの場合、相手は「どんなことがあったか」という事情を話してくるはずです。ですが、それを通して分かってもらいたいのは、感情や意図の部分です。感情に共感してもらって、嫌な気分を解消したい。そのうえで、本人にとって大切な価値観を満たしたい。それこそが話しかけてきた理由です。そこを伝えたいのに短くまとまっていないから、いろいろと事情を話すのだと考えてください。

感情は相手の表情や、声のトーンから読み取ります。大まかに〈怒り〉と〈悲しみ〉の方向を区別できるだけでも十分に効果的です。より細かく感情を理解するためには、第2章と第3章を参考にしてください。相手の事情からも感情の種類が想像できるはずです。相手の感情はなるべく早い段階で捉えてしまったほうが、あとの段階が楽になります。実際には話し始める前から感情は表情や歩き方に表れていますので、話しかけられた時点で「これはどうやら悲しいことがあったらしい」と予測を立てて聞き始めると効果的です。

そして相手の意図（価値観）を汲みとります。着眼点は二通りです。

▼①感情から価値観を想像する

相手から話しかけられたら早い段階で感情を読み取ります。怒りや悲しみは期待したとおりにならなかったときに生まれるのですから、「どんな期待外れがあったのだろう？」と考えながら事情を聞いていけば、感情を生み出した期待外れのポイントがつかめます。

そして「どんな価値観が満たせなかったから、その感情が生まれたんだろう？」、「何を大切にできなかったから、その感情が生まれたんだろう？」と考えます。あるいは逆に「もし期待していた通りになっていたら、どんな価値観が満たせたんだろう？」でも結構です。

▼②期待から価値観を想像する

話し相手は事情だけでなく、期待を口にすることもあります。「もっと〜してくれればいいのに」とか「なんで〜してくれないんだ」とか「普通〜するだろう」といった表現です。他人に対して向けられた不平や要求ともいえますが、こういうメッセージを期待の表れと考えてください。話を聞く側に対しても期待は向けられます。「〜してよ」、「〜しなさい」といった形の文句や要求、注意、指示から、相手の期待がうかがえます。

期待は、話している本人が「この人には、こんな風に行動してもらいたい」と願っている内容です。期待したとおりになると、本人の中では安心感、承認、安全、達成感、信頼、愛情、自信……など、本人が大切にしたいもの（＝価値観）が満たされます。

つまり、その人は「△△という価値観を実感する」状態を求めているわけです。これが期待を言葉にする意図です。

期待は価値観を満たすための手段ですから、価値観を探るためには「こんな期待を通して、この人は何を大切にしたいんだろう？」と考えます。「期待したとおりになったとしたら、この人はどんな価値観を満たせるんだろう？」という考え方も使えます。

心の中にはパートがいくつも動いていますから、感情や意図も一つではありません。感情と期待の両方から価値観を汲みとって共通点を考えると、その人がとくに大切にしようとしていることが見つかります。同時に表れている気持ちをすべて捉えられれば理想的ですが、重要な気持ちを一つ汲みとれるだけでも対応はしやすくなります。

例として、会社でトラブルがあって、上司から怒鳴られるケースで考えてみましょう。トラブルの報告にいった場面です。

「何だと？　なんでそんなことになったんだ！　まったく大変なことだぞ。もっと考えてやってくれよ。ほら、何やってる、今すぐやり直せ！」

と上司が怒鳴る。事情はあまり話されていませんが、「大変なことになった」というのは事情と捉えてもよいでしょう。

怒鳴っているのですから、感情としては怒りがあるはずです。軽蔑や失望があれば怒鳴るような声にはならず、むしろ低くて冷たい印象になるものです。また「大変なことだぞ。もっと考えてやってくれよ」のあたりにはトラブルに対するショックの反応もうかがえます。この状態は、危機的な状況において無事に生き延びられるか分からない〝おそれ〟と不安から、混乱したようになるのと似ています。

感情を捉えたら、次は価値観です。「何を大切にできなかったから、その感情が生まれたんだろう？」と考えます。第2章で説明したように、怒りは期待どおりにならなかったことを取り戻そうというエネルギーでもあります。この場合の期待外れは、大事な仕事を予定通りに終えられなかったことでしょう。トラブルにショックを受けて混乱している様子からも期待の大きさがうかがえますし、トラブルにうまく対応できるか分からない不安や心配も想像できます。

ですから、怒りと混乱の中で怒鳴っている意図は、「なんとか無事に対応して安心できる状態に戻りたい」ことだと思われます。満たしたい価値観は「**安心感**」です。仕事に対する責任やお客様の立場も大切にしたいのかもしれません。言い換えれば「迷惑をかけたくなくて、怖くて、不安で、混乱して、いてもたってもいられずに怒鳴っている」ということです。

同様に、期待の観点からも価値観をチェックしてみます。「もっと考えてやってくれ」という要求は「トラブルは勘弁してほしい」といった期待でしょうし、「今すぐやり直せ」という指示は「リスクを最小限に抑えたい」期待の表れでしょう。いずれも「トラブルを回避したい」という期待です。「こんな期待を通して、この人は何を大切にしたいんだろう?」と考えれば、こちらからも「無事に対応して安心感を満たしたい」ことが汲みとれます。

つまり、無事にトラブルを回避したくて仕方ないけれど、どうなるか分からない不安と〝おそれ〟で混乱しているから、怒りのエネルギーを使いながら必死で「今すぐやり直せ」と指示を出している、と。そうやって何とか安心したいんだ、と汲みとります。

なお、トラブルが起きたときに怒鳴る人は、大切なものが失われてしまわないように必死で挽回しようとして、怒りのエネルギーでいっぱいになっている場合が多いようです。失われるのではないかという〈おそれ〉や、どうなるか分からない〈不安〉があることも知っておいてください。怒鳴られれば嫌な気持ちになりますが、けなしたり非難したりするために怒鳴っているわけではないようです。「あの人もとにかく必死で不安なんだ」と思えれば、自分の気分が楽になりますし、過剰に反省したり傷ついたりする必要もありません。

相手の気持ちを汲みとれれば、それだけでも安心できるのです。さらには、汲みとろうとしながら話を聞くだけでも、相手の感情に巻き込まれにくくなって、安定していられるようにもなります。まずは相手の感情、意図、期待を汲みとって、心の余裕を増やしていきましょう。

聞く側の工夫② 相手の意図に応える

相手の気持ちを汲みとって、感情、意図（価値観）、期待が想像できたら、どのように対応するかを考えます。関係を良いものにするには、**相手の意図に応える**のが原則です。期待に応えるのではないことに注意してください。相手がこちらに期待している行動は、あくまで相手の価値観を満たすための一例です。

とくに相手が「こうしてほしい」と言葉にしたことは必ずしも最善ではありません。むしろ相手自身も、本当に期待していることや満たしたい価値観に気づけていないことも多いものです。相手から言われたとおりにしたのに不満を買ってしまうこともあると思いますが、それも相手が望んでいること（意図）を言葉にしていないからだといえます。ですから、こちらで汲みとった意図をもとに、相手の価値観を満たすように対応するのが効果的です。

相手の意図に応えるためには、意図を二つのレベルに分けて考えるとスムーズです。一つは、**会話の目的のレベル**。もう一つは**会話のプロセスのレベル**です。

会話の目的とは、「この内容の会話をしたら、きっとこうなれるはず」と想像していることです。これまでに説明してきた意図と同じものだと考えてください。上司が怒鳴る例であれば、意図は「なんとか無事に対応して安心できる状態に戻りたい」ことでした。

「なんでそんなことになったんだ！　まったく大変なことだぞ。もっと考えてやってくれよ。ほら、何やってる、今すぐやり直せ！」

という会話の目的は、

「おそれと不安の中で、必死に安心感を取り戻そうとする」

ことになります。

一方、会話のプロセスとしての意図とは、「聞いてもらいたい」という気持ちにつながります。すべての会話に共通する意図といってもいいでしょう。話しかけるからには聞いてもらいたい。分かってもらいたいわけです。実際、厄介なコミュニケーションとして話題にあがるようなケースでは、この「分かってもらいたい」の度合いが大きいものです。「分かってもらう」ことで、承認という価値観を満たしたい。ですが、問題を解決しようとして話し合いをするときには、つい解決策ばかりに注意が向いてしまって、お互いが承認されないまま会話が進みがちです。「分かってもらいたい」期待が外れ続けるから、どんどん怒りが高まって、自分の意見を承認させようとお互いに必死になるのです。

意見が対立するから会話が激しくなるのではありません。問題を解決するという会話の目的とは別のレベルで、「自分の気持ちを分かってもらって、承認されたい」という意図があるということです。

とくに否定的な感情が高まっているときは、「分かってもらいたい」気持ちも大きいものです。否定的な感情の大きさは、どれだけ大きな期待外れがあったかを示しています。自分の存在が揺らいだような不安定さがありますから、安心感を取り戻せるように他人からの承認を強く求めるものです。

これは覚えておいてもらうと役に立つと思います。**会話のほとんどには承認を求めているところがあって、自分が大切な存在だということを確かめようとしている。**誰もが自分を大切にしてもらいたくて、認めてもらいたいんだ、と心に留めておいてください。

そして、だからこそ「分かってもらえた」と感じてもらえるように、こちらのメッセージを表現していくのが大事になります。会話内容の目的においても、会話のプロセスにおいても、相手の意図が伝わっていることを示します。汲みとったことを言葉にして表現してもいいですし、相手の意図を満たすように行動することで表現してもいいでしょう。そのときに合った形で「分かっています」というメッセージを届けます。

たとえば、同僚から仕事を頼まれたときに断るような場合には、「手伝ってほしい」という会話内容の目的のレベルでは意図に応えられませんが、会話のプロセスとして「分かってほしい」意図に応えるのは可能です。

「大変そうだね……。責任感の強いあなたが頼むんだから相当忙しいんだろうね。ただ、せっかく信頼してくれて申し訳ないんだけど、こっちも手が離せない状況で……。誰か他の人にも当たってみてもらえないかな？」

というように表現する。そうすれば「困っている」・「心配だ」という感情も、「仕事の責任を果たしたい」という価値観も、「仕事を終わらせるために誰かに手伝ってもらいたい」という期待も、一通り伝わっていることを示すことができます。単純に「手伝えるかどうか」という会話の目的に反応して、「こっちも忙しいから無理なんだ、ごめんね」と伝えるよりも、相手の「分かってもらいたい」意図を満たせる返答になっているはずです。

逆に、先ほどあげた例のように会社のトラブルで上司から怒鳴られるケースなら、会話内容の目的のレベルで意図に沿っておくほうが無難でしょう。おそれと不安で混乱しながらも無事にトラブルを挽回しようと必死になって「今すぐやり直せ！」と怒鳴っています。とにかく行動を起こして目の前のトラブルに対処しようとするパートが前面で働いている状態です。もちろん心の中には、怒りを発散させようとするパートや、気持ちを分かってもらいたいパートもいますが、それよりも具体的にトラブルに対処させるパートが強いわけです。

ですから、怒りをなだめたり、気持ちへの理解を示す言葉をかけたりするよりも、まずは「目の前のトラブルに対処して安心感を取り戻したい」意図に応えておきます。「今すぐやり直せ！」の指示に従って、即座にトラブルに対応するということです。

愚痴や悩みを聞くときには、会話内容の目的としても会話のプロセスとしても意図に沿うことができますが、ここでも優先するのは会話のプロセスとしての意図です。相手は「気持ちを分かってもらって、承認されたい」という意図があって愚痴や悩みを言いますから、共感と承認を心がけましょう。感情と価値観を汲みとって、代弁するようなつもりで言葉にして伝えます。「それは酷いね！」と怒りを代弁したり、「それは辛かったでしょう」と苦しみを察して言葉にしたりして、感情への共感を示すのが効果的です。「責任感があるんだね」、「お客さんのことを大切に思っているんですね」、「子供の将来を真剣に考えてくれているんだね」などと、価値観（何を大切にしようとしているか）を言葉にして伝えるのも良いでしょう。そして、いろいろと大変なことがある中で頑張っていることに対して、「大変だね」、「頑張っていますね」と、**ねぎらい**の言葉で承認します。悩みを解決したいかどうか（会話内容の目的）は、その先の話です。

相手の意図に応えていないと、会話が終わらないか、相手が不快感を示し始めます。きっとあなたも話の長い人と会ったことがあると思いますが、これも会話の意図が満たせていないからだといえます。

角度を変えて質問をしても、話題を移そうとしても、また同じ話に戻ってくる。「気持ちを分かってもらえた」と思っていないとか、「承認してもらえた」と感じていないとか、「怒りを解消できた」というところまで辿りついていないとか、意図が満たせていないのです。愚痴、苦労話、自慢、不平不満などが収まらないときは、「相手の意図に沿った対応をしていないのかもしれない」と考えて、気持ちを汲みとるようにしてみてください。意図を察した対応ができるようになると、厄介なコミュニケーションは減ってくるはずです。

感情が関わるコミュニケーションの状況①：クレーム対応

それでは、ここまでに紹介したコミュニケーションのポイントを踏まえて、よくある状況について具体的な対応を考えてみます。

一つ目はクレーム対応です。

相手から自分へ怒りが向けられている場合のコミュニケーションの難しさは、対応を間違えると怒りをもっと大きくしてしまうことにあります。ここでいう「対応を間違える」とは、正解があるという意味ではありません。たとえ世間一般では正しいとされることであっても、相手の望んでいることと違えば〝間違い〟になってしまいます。どんなに良かれと思っていても、ほかの人には効果的なことであっても、目の前で怒りをぶちまけている人の好みに合わなければ逆効果になってしまう。クレーム対応の大変さもここにあるといえます。

「まずは謝るのが原則」と教わったのに、あるとき「謝ってすむ問題じゃない！」と余計に怒りを買ってしまった。そうした嫌な経験をくり返すうちに、苦手意識も高まりやすいと思います。どんな言葉を不快に感じるかの個人差は大きいのです。ですから、ここでは言葉がけとしてのベストな対応よりも、**怒りという感情の性質に注目して、できるだけシンプルで安全な対処法**を考えていきます。高度な対応については、クレーム対応専門の書籍などをご覧ください。

まずは、クレームを言う人の気持ちを汲みとってみましょう。

世の中には不満があっても口に出さない人もいます。ということはクレームを言うからには、不平不満を直接伝えることにするだけの理由があるはずです。

期待外れによって生まれた感情（怒り）があって、店側に挽回してもらいたいこと（期待）があります。クレームを伝えることにした奥には、店側の期待外れな対応で損なわれてしまった価値観を満たしたいという意図もあります。

期待や価値観は一つひとつの事例ごとに違いますし、話の内容を聞いてみるまでは汲みとるのも難しいでしょう。しかし「怒っていることを伝えている」のは分かります。その部分で共通する意図は、「**怒りを発散して落ち着きを取り戻したい**」ことと、「**気持ちを分かってもらって安心したい（承認されたい）**」ことです。この二つの意図に応えられれば、かなりのケースがうまくいくはずです。

対応の工夫としては、怒りを発散してもらうように心がけます。

怒りをぶつけられると気分がよくないですし、恐怖や緊張感が沸くのも自然なことです。責められれば自分の落ち度が気になって、言い訳をしたくなることもあるでしょう。お客様の要求に応えられないのがハッキリしていれば、早く伝えてしまいたいかもしれません。ですが、そういったことはすべて脇において、まずは怒りを発散してもらいましょう。

「怒りを発散したくて文句を言いにきたんだ」と理解して、相手の気が済むまでクレームを聞きます。第2章で紹介した怒りの発散法と同じです。とにかく声に出していれば怒りが収まってくるものだと知っておきましょう。この時点で自分の立場を弁解したり、要求に応えられるかどうかを心配したりする必要はありません。怒りを発散するだけで満足する人もいるものです。

なかなか怒りが収まらないときは、むしろ余計なことを言って再び怒りを高めている可能性もあります。どんなに無理な要求でも、

「～をご希望ということですね。もう少しお話を聞かせていただけますか」

と、相手の要求を受け止めたあとで話を聞く流れに進みます。上手なクレーム対応をしようとか、なんとかして納得してもらおうとか考えようとすると負担も大きくなりますが、「**まずは怒りが自然に収まるまで丁寧に話を聞く**」という目標であれば、クレームに対応する側の気持ちも楽になると思います。

怒りを発散してもらう目的で丁寧に話を聞いていると、どんな期待外れがキッカケで怒りが

生まれたのかも汲みとりやすくなってきます。お客様の「気持ちを分かってもらって安心したい」意図に応えて、伝わっていることを表現しましょう。

ここでは期待外れを大きく二種類に分けて対応を考えます。

一つ目は「商品・サービスそのものへの期待外れ」です。ミスがあったり、質が悪かったり、お金を払う対象そのものが満足できるレベルではなかった場合といえます。期待外れだった商品やサービスを挽回してもらおうとして怒りのエネルギーを使っています。「すぐに取り替えてくれ！」、「いつまで待たせるんだ！」、「もっと〜してくれ」などと具体的な要求が表現されます。

怒りの程度が小さければ、要求にすぐ応えるだけでも大丈夫かもしれませんが、怒りの程度が大きくなるとクレームの時間が長くなります。怒りを発散してもらう目的で話を聞いてください。不満の内容を伝えてきたということは、改善してほしい気持ちもあると想像できます。

声や表情から怒りが小さくなってきたあたりで、

「申し訳ございませんでした。二度とこういったことがないよう、従業員一同で話し合って検討いたします」

などと改善の意思を伝えると効果的でしょう。商品やサービスそのものへの不満を聞いた場合には、「貴重なご意見をありがとうございました」と伝えるのも有効です。実際にサービス向上のヒントをもらうチャンスかもしれません。

二つ目は「商品・サービスの不具合から起きたトラブル」です。商品やサービスを利用することで大切にしたいことがあったのに、期待したとおりにならなかった。商品・サービスの不具合さえなければ順調に行くはずだった。その責任に怒りをぶつけている場合です。「こんなトラブルになってしまった。お前のせいだ。責任を取れ！」といった怒り方が多いでしょう。

たとえば、大事な会議の前にデータの入ったパソコンが動かなくなってしまったとか、大切な人へのプレゼントのはずが壊れてしまったとか、重要な待ち合わせがあるのに車のエンジンがかからないとかです。「今すぐデータを復旧しろ！」、「大切な時間を返してくれ！」といった無茶な注文として表現されることもあります。

怒りを生み出した期待外れの本質は、結果として起きたトラブルのほうにあります。つまり**困っている**のです。「どうしよう……。このままだったら大変だ」という不安や心配もありますし、「もうダメかもしれない……」と悲しみが混ざることもあります。たくさんの感情に混乱しながらも、なんとか挽回しようとして怒りのエネルギーを使っているといえます。「どうしよう！　大変だ！　助けてくれ！」という悲痛な叫びが怒りの形になって、トラブルの原因になった商品・サービスのところに向けられているわけです。

無理な要求のクレームのときほど、

「商品・サービスが関係した大きな困りごとがあるのでは？」と想像してください。怒りを発散してもらうために話を聞きながら、その困りごとに注意を向けます。お客様の側として分かってもらいたい気持ちは、「それがどれだけ大切だったか」、「今どれだけ困っているか」ということです。トラブルの内容を詳しく聞くうちに「あぁ……、それはお気の毒に。申し訳ない」という気持ちが湧いてきたら良い兆候です。その気持ちをもって謝るだけでも、表情や声の様子からお客様は「分かってくれたか……」と気分を落ち着かせ始めるはずです。

言葉で対応するとしたら、

「私どもの商品で大変ご迷惑をおかけしました。そんなにも大切なご事情がおありだったのですね。申し訳ございません」

や、

「大変ご迷惑をおかけしました。とてもお困りのことと思います。申し訳ございません」などと、お客様の気持ちが伝わっていることを表現するのは有効でしょう。怒りを発散できて気持ちも分かってもらえると、「こんなことをあなたに言っても仕方ないのは分かっているんですけど……」と、急に冷静さを取り戻す人も少なくありません。

そのあとで、具体的な対応の説明に進んでください。ステップを分けるのがコミュニケーションのコツです。

「感情を解消する→気持ちが伝わったことを表現する→対応を検討する」の順番です。対応できない範囲は仕方ありません。できないことを落ち着いて伝えてください。ちなみにこれは、お客様が大切にしたかった意図に沿うようにトラブルを解消できれば、一気にファンになってくれる可能性もあるケースです。

怒りは激しいエネルギーで、普段の落ち着いた状態を心の奥へ追いやってしまいます。実際のところクレームを言っている本人も、何が理由で怒っているのかに気づいていないことは多いものです。言葉の上では無茶な要求をしている場合でも、本当にそうしてほしいわけではないかもしれません。心の中には、無理なことを言っていると分かっているパートもいる。でも、あまりの怒りのエネルギーで普段の自分らしさを失って、よく分からないままにクレームを言わずにはいられなかった。そういうケースはよくあるはずです。

怒りをぶちまける姿は、その人の一部分です。「厄介なクレーマー」という見方が態度に表れて、その態度が怒りをあおってしまうこともあったかもしれません。むしろ「これは仮の姿で、本当はいい人かもしれない」ぐらいに心がけるのも一つではないでしょうか。

怒りを解消してもらえれば、その人の普段の人柄が表れてきます。そうなれば店側の事情を理解してくれることもありますし、応援してくれるようになる可能性もあります。そもそも期待をしていない人であれば、クレームさえ言わずに二度と利用しなくなるだけのことです。

期待があったからこそ怒りが生まれ、まだ期待を失っていないからクレームを伝えてきたわけです。怒りを発散してもらえれば、また店に期待をかけてくれるお客様になってくれるかもしれません。

「気持ちを分かってもらいたい」期待は、怒りを発散してもらうために話を丁寧に聞くところでも、かなり満たされるでしょう。ここで紹介したように、気持ちが伝わったことを言葉で表現できれば、より効果的です。しかし、忙しくて話を聞く態度がいい加減になってしまったり、事情の説明が言い訳に聞こえてしまったり、頑張って工夫しようとして話半分で聞いていたり、早く終わらせようと謝り続けたりすると、お客様の「気持ちを分かってもらいたい」期待とは違った対応になってしまいます。そして「対応が悪い！」、「反省していない！」と二次クレームに発展して、怒りがエスカレートする。こうなると対応は大変でしょうから、怒りを発散してもらうために話を聞くという最初の段階を丁寧にしてください。

突き詰めていえば**人は誰でも、他人から大切にしてもらいたい**のです。クレームの奥底には「私を大切に扱って！」という強い願いがあります。よく言われる「誠意を持って対応しましょう」というのは、「〝大切にしてもらいたい〟期待に応えましょう」という意味だといえます。「どうしたら大切にできるだろうか？」と考えれば、もっと効果的なクレーム対応法も見つけられるかもしれません。

最後に、クレーム対応をしている自分自身の心をケアするのも忘れないでください。

クレームが起こる背景について頭で理解をしていたとしても、実際にその場に居あわせれば緊張しますし、ストレスがかかります。怒りをぶつけられると傷つくパートがいます。頑張って仕事をしているのに怒られてばかりで、報われない気持ちも溜まりやすいでしょう。第2章・第3章で紹介した感情の取り扱い方を参考にして、自分の中の感情を解消してください。大切に扱われたいのはお客様だけではありません。ほかでもない自分自身もどうぞ大切にしてください。

感情が関わるコミュニケーションの状況②：子供とのコミュニケーション

親子のコミュニケーションは、つい感情的になりやすく、うまくいかないもどかしさを感じやすい状況の典型です。ただでさえ、どういうやり方が良いのかも分からないままに手探りで子育てをしているのに、手に負えないぐらいのことが身の回りにあふれ返ります。頑張って工夫してみたことが空回りして途方にくれたり、とっさに厳しく当たってしまったことで後悔をしたり。ほかの家庭と比較して落ち込むこともあるかもしれません。

とても大変です。ですから、子供とのコミュニケーションに取り組むうえで最初にしてもらいたいのは、**親としての自分をいたわる**ことです。さまざまなストレスがかかっています。怒りや悲しみだけでなく、後悔や自責感もあることでしょう。報われない感じも味わっていると思います。第2章・第3章を参考にして、そうした感情を解消してください。自分で気持ちに気づいて、その辛さを「大変だったね」と、いたわるだけでも効果があります。友達や両親に苦しみを分かってもらうのもいいでしょう。忙しさの中で、二分でも五分でもいいですから、自分をいたわる時間に高い優先順位をつけてください。

そして自分の頑張りをねぎらってください（第3章〈不毛感〉一六〇頁を参照）。「よく頑張っているね」、「精一杯やっているね」、「一生懸命だということは私が一番知っている」と、自分に向かって声をかけます。謙虚な人は「自分は全然できていない、頑張りが足りない」と思うかもしれませんが、大変な中で耐えているということは確実です。いつもギリギリで乗り切っているとしても、なんとか乗り切っているわけです。そこには膨大な努力が必要です。その頑張り、努力を自分で褒めてあげてください。日々の心の疲れを癒してください。

親の気分が楽になってくると、家庭全体の雰囲気も少しずつ穏やかになってくるものです。幼いほど感情のメッセージに敏感ですから、自分が少し楽な気分でいられるだけでも、子供の振る舞いが変わってきます。子供のため、家族のためにも、自分の心が楽になれるような取り組みをするということです。

自分の心のケアをしたら、次は子供との関わり方に目を向けてみましょう。

私は仕事柄、子育てのお悩みもよく聞きますが、多くは「**どのように声をかけたらいいか**」ということに集約されそうです。つい酷い言い方をしてしまうのもそうですし、悩みを抱える子供への関わり方が分からないというのも、コミュニケーションの問題として捉えられます。

カーッとなって出てしまう言葉にしても、おそるおそる伝えてみる言葉にしても、いずれも心の中のパートが言わせていると考えます。そういう対応の担当者がいるわけです。さらに、ほかのパートも関わっています。あとから「あぁ、なんであんなことを言ってしまったんだ」と後悔させるのも一つのパートです。何を言ったらいいのか悩んでいるときには、いろいろな気持ちが浮かんでくるでしょうが、その気持ち一つ一つがパートのメッセージです。これらのパートの気持ちを一通り意識に上げて、気持ちの整理をします。

気持ちの中で分かってほしいポイントは、感情、意図（価値観）、期待でした。

「〜な事情があって、◯◯の感情を感じている。だから△△という価値観を満たすために、……してもらいたいと思っている（＝期待）」

という形にまとめていきます。

次に、分かってもらいたい気持ちをすべて、落ち着いた状態で伝えます。

例を二つ挙げて説明します。

▼①怒鳴ってしまう場合

まず自分の中に表れる気持ちの種類ごとにパートを意識して、一つ一つ意図を探ります。期待から意識するのが分かりやすいと思います。

「いい加減にしなさい！」とか「勉強しなさい！」などと怒鳴らせるパートが期待しているのは、「**言ったとおりにしてもらいたい**」ということです。それから「期待したとおりになったら、私の何が満たされるのか？　このパートは何を大切にしようとしているんだろう？」と探ります。「思い通りになってホッとする感じ」はありそうです。大切にしたいのは「いい親でいたい」ということでしょう。順調に子育てが進んでいて、自分がイメージするとおりの幸せな家庭を実感できる。そういう〝いい親〟でいられる状態を求めて、怒鳴らせているわけです。結果は空回りしてしまって残念かもしれませんが、良かれと思っての行動だったということです。

感情については、怒鳴る前に怒りが沸いているはずです。ほかにも悲しみや心配や不安も混ざっているかもしれません。一つひとつの感情を生み出すパートがいるとして、その感情の意図を探ります。

怒りは、思い通りに進んでいかないことで起きていると考えられます。何度言っても、そのとおりにしてくれない。予想外のトラブルに巻き込まれる。今やろうとしていた作業を邪魔される。いろいろなところで溜まってきた期待外れが怒りを少しずつ高めていきます。肯定的意図は「順調に進む達成感を感じたい」、「予定通りに進む安心感を得たい」といったところでしょう。

怒鳴る直前の心配には、子供の成長を期待しているところがあるはずです。「この子は大丈夫なんだろうか？　このままじゃ将来が大変なんじゃないか？」と心配しています。肯定的意図は「子供の将来の幸せを願う愛情」といえます。

子供の将来を心配しながらも、「何とかしたいけど、どうやって関わったらいいか分からない」という不安もあります。肯定的意図は「子供の将来のために、今できる最善を尽くしたい」です。

さらには悲しみを感じる事情として「親として、うまくできていない気がして自信を失っている」ところもありそうです。親としての存在価値が揺らいでいる悲しみです。肯定的意図は「幸せな家庭の中で、いい親としての満足感を味わいたい」ところにあると思われます。

さらには怒鳴ってしまったあとで後悔させるパートもいます。より細かく分ければ、取り返しのつかないことをしてしまった悲しみと、次こそは改善したいという反省とがあります。ここでの取り返しのつかない部分は、「子供を傷つけてしまった」、「優しく接してあげられなかった」といったものです。反省は「次は、こうならないようにしよう」という気持ちです。いずれも肯定的意図は「子供を大切にしたいという愛情」です。

怒鳴ってしまったときを振り返りながら、これらの気持ち一つずつに気づいてください。自分の中にある気持ちなら覚えておきやすいものですが、メモをとっても構いません。

一通り探ってみると、結局のところ、すべてのパートは「**いい親でいたい**」という肯定的意図に繋がっているようです。それが噛み合わないのがもどかしい。

しかし行動のレベルでうまく噛み合わなくても、「そこにある気持ち（意図）を分かってほしい」という願いなら対応はできます。こうした気持ちを伝えればいいのです。

すべてを伝えなくても大丈夫です。自分が子供に分かっていてもらいたい気持ちを伝えます。無理に「あなたの将来が心配だから怒っているの」などと理由をつける必要もありません。苦しんでいること、反省していること、願っていることなども含めて、伝えたいことを選んで言葉にします。「私はこう思っている」という形がコツです。落ち着いて話せるタイミングを見計らって、真剣な様子で「聞いてほしいことがあるの」と話しかけるのがいいでしょう。たとえば、こんな具合です。

「いつも怒鳴ってしまって、ごめんね。本当は優しくしたいんだけど、どうしてもイライラしちゃって。忙しかったり、思い通りにならなかったりして大変なの。いいお母さんでいたいのにダメだなぁって自信もなくなっちゃったりして。本当は上手にやりたいんだ。あなたが勉強してくれたり、言うことを聞いてくれたりすると、安心できるし、うちは幸せだなぁって感じられると思うのね。優しくしたいし、大変なときには言うことも聞いてもらいたいと思っているの。まだ上手にできないんだけど、あなたを大切に思っていることだけは分かってほしいんだ」

自分の中にいろいろな気持ちがあることを正直に伝えます。

何を伝えて、何を言わないでおくのかは、それぞれの方針や子供の成長に応じて決めてください。「幸せな家庭にしたいから手伝って」のように協力を求める方法もあるかもしれませんし、親として自信のないところは見せたくないという方針なら、それも結構です。伝えたいことを選んで、しっかりと伝えるというのがポイントです。

とくに表情や声に表れる感情が大切です。身近なほど敏感に感じ取るものです。一番大事な肯定的意図、つまり「いい親でいたい」、「あなた（子供）を大切に思っている」という気持ちをしっかりと心の中で噛み締めながら伝えてください。言葉の量や分かりやすさよりも、はるかに大事なメッセージを伝えてくれます。

▼②悩んでいる子供への接し方が分からない場合

受験に失敗して落ち込んでいるとか、学校に行きたくないとか、子供が悩みを抱えるケースについても考えてみます。いろいろと関わり方を変えてみても空回りばかりだとしましょう。こちらでは、「つい怒鳴ってしまう」ときのように一つの行動パターンが自動的に起きてしまうわけではありません。子供に対する気持ちがいろいろとあって、言葉にするメッセージもさまざまです。傷つけたくもないし、かといって放っておくのは心配……。おそるおそる接する感じかもしれません。

対応の原則は同じです。自分の中にいろいろな気持ちがあるわけですから、一通りパートとして意識して、それぞれの意図を探ります。

期待しているのは、「立ち直ってほしい」、「頑張ってほしい」ということでしょうか。いつまでも落ち込んだり、悩んだり、怖がったりしていないで、前に進んでほしいと願っている。ほかにも、「もっと強くなってもらいたい」とか「少しでも努力している姿を見せてもらいたい」などもあるかもしれません。

そうした期待をしている気持ちに集中して、期待させるパートがいると考えます。

「こんな風に期待することで、私には何が満たされるのだろう？　何を大切にしたいのだろう？」

と内面に問いかけます。立ち直ってくれた姿を見ることができたら、きっと**安心**するはずです。どんな安心でしょうか？　おそらく「〝社会で幸せに生活をしてくれるだろうか〟という心配がなくなる」安心感でしょう。同じように、頑張っている姿を少しでも見られたら、「無事に自立してくれそうだ」という希望が感じられそうです。その先にはやはり「将来への心配がなくなる」安心感があります。そこには人並み（か、それ以上）の幸せを願う親心があるといえます。

その一方で、接し方が分からないのは、「傷つけたくない」、「不快にさせたくない」という期待があるからだと考えられます。言い換えると、今この瞬間に苦しんでほしくない、楽な気分で安心していてもらいたいということです。つまり肯定的意図としては、「子供が安心して生きていられるように、何でも受け入れて包み込んでいたい」という愛情がある。今、苦しんでほしくないのです。世間の基準などとは無関係に、今、少しでも多く幸せを感じていてもらいたいのです。

二つの期待は一見すると対立しているようにも見えるかもしれません。将来の人並みの幸せを願う気持ちと、世間とは無関係に幸せな瞬間を今この場で感じていてもらいたい気持ち。質が違うだけのことです。どちらも大切な願いだということを知ってください。どちらでも本当は大丈夫なのです。ただ、せっかくなら少しでも多くの幸せを体験してもらいたい。そのぐらいのバランスです。

感情としていえば、この期待には心配が直結しています。心配することにおける肯定的意図もまた、「幸せを願い、その様子に安心して、親としての役割を果たした喜びを味わいたい」といったものでしょう。

ときには苛立ちも感じるかもしれません。心配が強くなって「このままでは大変だ。なんとかしないと！」という挽回のエネルギーが沸いている可能性があります。放っておけない感じです。「このままでは大変なことになる。私がなんとかしなくては！」という場合や、「こんなに苦しんでいる子供を放ってはおけない。私が助けてあげたい！」という場合もありえますが、いずれにしても放っておくのが辛いのです。肯定的意図として「子供を助けてあげて、一緒に幸せを喜びあいたい」のだと想像できます。

また、どうやって接したらよいか分からない不安や、うまく対応できない自分を責める気持ち（自責感）もありえます。肯定的意図は「いい親でいたい、役割を果たした喜びを味わいたい」ということです。

そして何より、寂しさもあるはずです。コミュニケーションで空回りしてしまって、暖かい繋がりを実感することが減っている寂しさ。子供から悩みや弱さを打ち明けてもらえない寂しさ。苦しみを分かち合えない寂しさ。そういった寂しさの肯定的意図は「絆や繋がりを大切にしたい」ところにあります。

これらの気持ちを丁寧に伝えましょう。分かってもらいたいことを言葉にします。言葉にするときには、一番大切な想い、つまり「**あなた（子供）のことが大切だ**」ということを、いつも心の中で実感しておきます。これで言葉の重みが変わります。

伝えるための時間を決めて、真剣な面持ちで話しかけましょう。面と向かって伝えられない状況でも、ドア越しに、あるいは手紙でも伝えてみてください。正直に全力で想いを向けることが助けになっているのだと信じてください。絆や繋がりを大切にしたい想いを原動力に、想いを届けてください。

伝え方の例は次のようになります。

「あなたは今、すごく苦しいんだと思う。思うようにいかないのは、あなたが一番つらいでしょう。だけど、あなたを苦しめたくないから、どんな風に関わったらいいか分からないの。何もしてあげられないのが悔しいし、苦しんでいるあなたを見ていると私もつらくて、放っておきたくないから、つい口出ししたくなっちゃって……。本当は、あなたに苦しんでほしくないから無理はしないでもらいたいと思っているし、いつかは元気になってもらって一緒に幸せを感じたいとも思っているの。あなたのために私ができることがあったら教えて」

ポイントは「無理もしてもらいたくないし、いつかは元気にもなってもらいたい」という趣旨です。**頑張ってくれなくてもいいし、頑張ってくれてもいい。どっちでも大丈夫**。そういう余裕が心の負担を軽くします。何より、無条件に受け入れるという意味で、全幅の信頼を伝えています。結果として、無理なときは頑張らずに、頑張れそうなときは頑張ろうという自由な意欲が生まれやすくなります。

もちろん常にこういうコミュニケーションをするように勧めているわけではありません。中には、根気強く向き合うことが求められるケースもあるでしょう。場合によっては、一度真剣に向き合って正直な気持ちを伝えるだけで、大きな転機を迎えることもあります。大事なのは、伝えたい気持ちを伝えるということです。伝えたけれども受け取ってもらえていない気がしたら、伝わるまではくり返して言葉にする必要があるかもしれません。

くり返しになりますが、大切な気持ちを伝える手段は言葉だけではありません。声や表情からも想いが伝わります。だからこそ自分の内面と向き合って、自分の中にあるすべての気持ちを探っておくのが重要なのです。肯定的意図として心の底から大切に思っていることに気づけたら、それが声や表情に表れます。しっかりと一番大事な想いを感じるようにしてください。

想いは必ず届いています。気づいてもらうまでの時間に違いがあるだけです。少しでも早く気づいてもらえるようにするのが伝え方の工夫なのです。

感情が関わるコミュニケーションの状況③：夫婦・カップルのコミュニケーション

親密で距離感が近いほど期待も大きくなって、感情が動きやすくなるものですが、夫婦やカップルは相手への期待がとりわけ大きくなりやすい関係のようです。相手から大切にされたいという気持ちや、役割として相手に求めるもの、育ってきた環境で〝当たり前〟だったことの違いなどが期待外れを生んで、感情的なやりとりに発展しやすいのです。

そのうえ身につけてきたコミュニケーションの癖も違いますから、お互いを理解するのも大変です。何でも理路整然と説明してくれる家庭で育った人なら、説明を聞いて理解する傾向ができるでしょうし、感情的に叱られながら育った人は、相手の様子を伺いながら気持ちを読み取ろうとするでしょう。言葉での伝え方や、気持ちの汲みとり方にも違いがあるわけです。お互いの気持ちを理解し合えないままに、お互いが「分かってもらえない」という期待外れから感情を昂ぶらせてしまうことも少なくないといえます。

ここではよく相談を受ける例として、仕事ばかりで家庭を省みない夫と、子育てに忙しく家事が追いつかない妻の関係を考えてみます。

妻：「ねえ、ちょっと。うちの子のことなんだけど、遊んでばかりで全然勉強しないのよ」
夫：「子供なんだから、そんなもんだろう」
妻：「おとなりは塾に行かせたり、習い事に行かせたりして、いい子に育っているのに……」
夫：「何？　俺の稼ぎが少ないとでも言うのか？」
妻：「そんなこと言ってないわよ！　ただ、もうちょっと子供のことも考えて……」
夫：「俺だって考えてるよ！　だからこうやって毎日遅くまで働いてるんだ！　君は心配し過ぎなんだよ。そうやって甘やかすからダメなんだ！」
妻：「何よ！　何もしてくれないくせに！」
夫：「俺は疲れてるんだ！　それなのに帰ってきても家は散らかりっぱなしで、休むまもなく愚痴を聞かされて……、冗談じゃない！」
妻：「そんなに嫌なら全部、自分でやれば！」

……といった会話がくり返されるとします。

二人の関係を良くするために、どんな工夫ができるでしょうか？　お互いの気持ちが伝わっていないのは、トラブルの大きな原因だといえそうです。一気に解決策を考えるのではなく、

最初のステップとして分かり合うところを目標にしましょう。相手の気持ちを汲みとり、自分の気持ちを分かりやすく伝える工夫をします。お互いに分かり合えた感じがしてから解決策を話し合えば、両方が納得する結論を出すのも難しくありません。ですからここでは、分かり合うためのコミュニケーションを説明します。

▼①気持ちを汲みとる

ここでは夫妻それぞれの気持ちを想像してみます。最初は話しかけてきた妻のほうからです。感情と意図に注目してください。

まず話しかけてきたという行為のなかに（話しかけさせたパートがいるため）、「話をして気持ちを分かってもらうことで、心の負担を楽にしたい」という肯定的意図があると考えられます。

話の内容は子育てについてのようですし、「遊んでばかりで全然勉強しない」という表現はただの報告ではなく、困りごととして話していると思われます。子育てで困っていることについての〝相談〟です。ということは「夫を頼りにして心強さを感じたい」、「夫と協力することで一体感を感じたい」といった肯定的意図があるのでしょう。

おとなりの事情を話題に出したのは、自信の無さの表れです。「自分の子育てのやり方が間違っているのではないか？」と、どうしていいか分からない不安が高まっているため、身近な他人を基準にすることしかできなくなっているわけです。不安な感情があって、「子供への関わり方に自信が持てるようになりたい」という意図がうかがえます。

「もうちょっと子供のことも考えて」というメッセージにも、子供への関わり方が分からなくて困っている様子が読み取れます。そして、夫に依頼しているのですから、肯定的意図として「夫を頼りにして心強さを感じたい」気持ちが強いのでしょう。言い換えれば、助けを求めているということです。

夫の発言への反発として出てきた「何もしてくれないくせに！」というメッセージにも、助けてほしい気持ちが表れているようです。子供のことだけではなく、家事などでも大変だということだと思えます。普段から大変さを感じつつ、それでも「自分の役割を果たして、家庭の幸せを感じたい」という肯定的意図で頑張っていたのかもしれません。だからこそ文句は言わずに頑張っていた。しかし心の奥底では、「自分の大変さも分かってもらって、ともに生きていく絆を感じたい」という意図があった。それが噴き出すようにして、「何もしてくれないくせに！」から「全部、自分でやれば！」までの怒りとして表れたと想像できます。

突き放すような言い方や、相手を傷つけるような言い方は、「相手に苦しみを感じさせることで、自分と同じぐらいの苦しみを感じてもらおう」という意図から生まれることが多いものです。つまり、「苦しみに共感してもらって、少しでも楽になりたい」のです。分かり合えなかった辛さが最後にあふれ出した場面です。

夫のほうにも言い表しきれていない気持ちがありそうです。話しかけられたあとの第一声には、妻側の「気持ちを分かってもらいたい」という期待を汲みとっている様子はありません。言葉のメッセージに対してだけ、自分の意見で反応しているようです。妻の真剣さを感じ取っていないため、さらりと会話を終わらせるような返答をしているのだと考えられます。しかし、この会話を早く終わらせようとする行動にも肯定的意図があるはずです。つまり「早く会話を終わらせて、ホッと一息つける自分の時間を味わいたい」ということです。よほど疲れているのかもしれませんし、何か会社で嫌なことがあったのかもしれません。

その後、おとなりの事情を聞いたとき、「俺の稼ぎが少ないとでも言うのか？」と意味を否定的に解釈して腹を立てました。普段から引け目を感じている部分だと、過敏に反応してしまうことはよくあるものです。罪悪感があって、身を守りたい意図があるわけです。またイライラしている状態でも、ちょっとしたことで腹を立てやすくなりますから、話しかけられる前から苛立っていた可能性もありそうです。こういう反応が出る肯定的意図としては、「放っておいてもらって、自分で気持ちを落ち着かせたい」ことがうかがえます。

怒りながら「こうやって毎日遅くまで働いているんだ！」と主張するのは、自分なりの家族への想いの表現だといえます。家族のため、子供のために頑張っている。そのことを分かってもらえない期待外れから怒りを表しました。

「分かってもらいたい」気持ちは、さらに形を変えて出ています。「心配し過ぎだ」、「甘やかすからダメだ」と自分の意見を主張し始めたのは、「何か別の形でも自分の気持ちを分かってもらいたい」という肯定的意図からです。仕事の大変さも分かってもらえない、家族のために頑張っていることも分かってもらえない。だから、どんなことでもいいから自分の主張が通る場面を期待しているのです。分かってもらえない不満が高まるほど、意見が増えたり、説得しようとする強さが出てきたりするものです。ここで夫が子育てについて意見を言っているのは、その内容が重要なのではありません。とにかく「自分の気持ちだって分かってほしいんだ」というメッセージです。

もっといえば、夫は寂しいのです。本当は家族のことを考えているのに、「子供のことも考えて」と部外者扱いされた印象を受けたのでしょう。ただでさえ家族と過ごす時間が少なく、普段から孤独感を味わっているかもしれません。母親と接することの多い子供が母子の結びつきを強めていたとしたら、父親である夫はさらに孤独になります。家族のために頑張ることで家庭の幸せを願っていたのに（＝肯定的意図）、その気持ちが分かってもらえなかったことで、普段の寂しさが強く沸いてきた状況だと考えられます。

最後の「疲れている」という言葉には「ホッと一息つける自分の時間を味わいたい」という意図がありますが、それを怒りながら言葉にしているところに、やはり「家族のためを思って頑張っていることを分かってもらいたい」気持ちが読み取れます。頑張りを承認してもらって、

「家庭の幸せ」や「家族愛」を感じたいのが肯定的意図だろうということです。そのあとで不満を言葉にしているのも、妻の最後の一言と同じように、どれぐらい苦しいのかを思い知らせようとする（同じぐらいの苦しみを与えようとする）攻撃でしょう。

夫の最後の不満や、妻の「何もしてくれない」という不満は、怒りのぶつけ合いになってから出てきたことに注意してください。日常会話の第一声から出てきたストレートな要求ではありません。

日頃から不満には感じていたけれども、相手の負担を考えて、我慢して言わないでいたのです。ところが「分かってもらえない」期待外れが重なって怒りが高まってきたから、普段どれだけ我慢していたかをアピールするように不満が口に出てきたわけです。自分の大変さ、自分の頑張りを分かってもらうための手段として、普段の我慢を話し出す。その理由を自覚しているケースは少ないですが、「我慢していた不満を口に出させる」パートの肯定的意図は、「大変さと頑張りを承認してもらって、心の苦しみを楽にしたい」ところにあります。

残念ながら、相手のために我慢するという優しさは伝わりにくいものです。相手は自分が我慢していることを知りません。お互いに我慢していることはあるはずですが、お互いにその優しさに気づいていないのです。自分だけが我慢して、分かってもらえない辛さをも我慢して、ついには我慢が限界を迎えて怒りが爆発する。そして分かってもらえない苦しさから、お互いを傷つけあう。肯定的意図では家庭の幸せを求めているのに、です。

とても悲しい話だと思います。

だからこそコミュニケーションの工夫に意義があるのかもしれません。ポイントは、**お互いに分かってもらいたい**ということです。その着眼点で、伝え方を考えてみます。

▼②気持ちを伝える

夫婦やカップルのコミュニケーションは感情が動きやすいところに難しさがありますが、その一方でやりやすいところもあります。それは頻繁に顔を合わせることです。会話の機会が多いのです。ですから一度の会話で完璧な対応をしなくても大丈夫だといえます。

もし会話の機会が一回しかなければ、話が始まった瞬間から、自分の感情をコントロールしつつ、相手の気持ちを汲みとって、自分の気持ちを丁寧に自覚して、相手に分かりやすいように伝える……という全部をやる必要があります。しかし夫婦やカップルの関係であれば、一度の会話ですべてを心がけなくても大丈夫です。

話がすれ違い、感情をぶつけ合って、お互い嫌な気持ちになったまま会話が終わる。だとしても、その日のうちに対処する必要もありません。ほとぼりが冷めてからでもいいでしょう。

まずは自分一人のときに感情を解消します（第2章・第3章を参考）。そして気分が落ち着いているときに過去の会話を振り返って、相手の気持ちを汲みとります。さらに自分の発言から肯定的意図を探って、本当に伝えたいことを整理する。すべて準備が整ったら、改まって真剣な様子で話しかけます。そのときの伝え方を考えてみましょう。

相手の感情を汲みとるステップは①で説明しました。

夫妻両方の立場を見るために、先に二人の気持ちを汲みとって解説してあります。どちらの立場からしても、相手の気持ちが想像できていて、自分の気持ちに気づいている状態だといえます。しかし実際には、相手の気持ちを汲みとるのとは別に、自分の気持ちを自覚する作業が必要になります。自分の中にあるいろいろな気持ちを一つずつ区別して、それぞれの肯定的意図を探るということです。

すでに気持ちの内容は説明してしまいましたが、手順の確認のために会話例の一部分だけを使って、自分の気持ちを自覚するプロセスを解説しておきます。

①のところでやったのと同じように、会話を振り返って自分の発言一つひとつと、そのときの感情を思い返します。メモを取るとやりやすいはずです。「言ったこと」、「感情」、「期待」、「肯定的意図」の四項目で整理しましょう。【図4・1】

妻の発言の中から「おとなりは塾に行かせたり、習い事に行かせたりして、いい子に育っているのに……」を題材とします。ここでは妻目線でイメージしてください。夫に子育ての悩みを話して、言い合いになってしまった次の日、自分の言ったことを振り返るところです。

実際に自分が言ったことについては、「それを言ったあと、相手がどんな対応をしてくれたら満足していたか？」と考えます。これが期待です。

「おとなりは塾に行かせたり……」という発言について考えてみると、「子供との普段のやりとりが、どんな風にうまくいかないのかを聞いてもらいたかった」と気づきます。

そのときの感情も自覚します。「何に向けられた感情だろうか？」と自分の内側を探ります。怒りや悲しみであれば期待外れがあります。おそれや不安、心配であれば、未来に注意が向いています。第2章・第3章を参考にして、その感情を生み出しているものを理解します。

この発言には、心細い感じ、自信のない感じ、どうしていいか分からない感じが伴っています。内面を探ると、「自分の子育てのやり方が間違っていたら将来が心配だ」、「どうやって関わったらいいか分からなくて不安だ」ということが分かります。

それから期待と感情をもとにして、肯定的意図を探ります。自分にそう言わせたパートがいる、その感情を生み出したパートがいると想定しながら、「こんな風にすることで、自分は何

図 4・1）厄介な会話のパターンを振り返るワークシート（276 頁の妻の会話を例として）

言ったこと	そのときの感情	期待していたこと 望んでいた状況・結果	肯定的意図 期待通りになったときに満たされる価値観
「遊んでばかりいないで全然勉強しない」	●子供の将来が心配 ●子供が言うことを聞いてくれない不満	●困っていることを知ってもらいたい ●一緒に問題を解決したい	●夫を頼りにして心強さを感じたい ●協力することで一体感を感じたい
「お隣は塾に行かせたり…」	●子育ての仕方が間違っていたら、子供の将来が心配 ●関わり方が分からないのが不安	●上手くいっていないことを聞いてもらいたかった	●話を聞いてもらって、子供へのかかわり方に自信を持ちたい
「もうちょっと子供のことも考えて…」	●関わり方が分からない不安 ●一人で問題を抱えるのが心細い、寂しい	●助けてもらいたい ●心の支えになってもらいたい	●夫を頼りにして心強さを感じたい ●「なんとかなる」と思えるだけの安心を感じたい
「何もしてくれないくせに！」	●大変さを分かってもらえない怒り ●自分の頑張りが報われない不毛感	●大変さを分かってもらいたい ●もっと力になってもらいたい ●「あなたは分かっていない」と伝えたい	●大変さを分かってもらって、共に生きていく絆を感じたい ●頑張りを認めてもらって、自分の存在価値を感じたい
「そんなに嫌なら全部自分でやれば！」	●分かろうとしてくれないことへの怒り ●なにも上手くいかない怒り／悲しみ ●分かりあえない悲しさ／孤独感	●早くこの嫌な会話を終わらせたい ●怒りを発散させてスッキリしたい （自動的で相手への期待は小さい）	●落ち着いて安らいだ状態に戻りたい ●自分の苦しさを夫にも実感させて、分かりあえた一体感や、共にいる安心を感じたい。

一言ずつ、感情、期待、肯定的意図を整理する。自分の発言についても、相手の発言についても同じ作業で進められる。

を大切にしたかったんだろう？　何を満たしたかったんだろう？」と問いかけます。

すると「話を聞いてもらって、子供への関わり方に自信を持ちたい」という肯定的意図が思い浮かびます。その答えがシックリきて、ふと気持ちが楽になる。

こういう流れで一つひとつ気持ちを整理して、意図を自覚します。

相手の気持ちを汲みとるポイントも、自分の気持ちに気づくポイントも、どちらも感情、期待、意図の三つです。この三点を組み合わせて、相手の気持ちを理解していることを表現しながら、自分の伝えたい気持ちを言葉にまとめていきます。

◆妻の立場から気持ちを伝える工夫

話しかけた妻の側から先に見てみましょう。

汲みとったこと全部を言葉にする必要はありません。夫の寂しさなどは、分かっていても伝えないのが優しさかもしれません。夫が分かってもらいたそうな部分を言葉にしつつ、自分の感情、期待、意図を言葉にします。

後日、仕事から帰ってきた夫に話しかける場面です。話しかけるときには感謝やねぎらいから始めると、穏やかな状態から会話が始まりやすいでしょう。

「お仕事、お疲れさま。いつも家族のために遅くまで頑張ってくれて、ありがとう。疲れているところに申し訳ないんだけど、ちょっとあの子のことで相談があるの。今、聞いてもらえる？……あのね、なんだか私、子育てに自信がなくなっちゃって不安なの。遊んでばかりで全然勉強しないから心配だし、いろいろ言っているんだけどダメなのよ。私一人じゃ、どうしたらいいか分からなくて。（あなたが家族を大切に思って今でも頑張ってくれているのは知っているつもりだけど、でも）もう私、いっぱいいっぱいで……。弱音は吐きたくなかったんだけど、この苦しさをあなたに伝えたら少しでも楽になれるかなと思って話すことにしたのよ。本当は〝家庭の幸せ〟みたいなのをイメージしていたのにね……。私だけじゃ自信がなくなっちゃったから、あの子にどうやって関わったらいいか、あなたと一緒に考えられたらなって思っているの」

妻自身の感情と意図が含まれていることに注目してください。括弧の中の部分は、夫の気持ちを汲みとった内容です。汲みとった気持ちは違っている可能性もありますから、どれぐらい伝えるかはよく考えてください。

最後の「一緒に考えられたら」の部分が期待です。期待の内容は「**私は〜できたら嬉しい**」、「**私は〜したいと思っている**」のような形で伝えるのがコツです。「〜して」だと要求になりますが、「〜したいと思っている」であれば希望を表現していることになります。相手へのプレッシャーを弱めて受け取りやすくする工夫です。

この例のように下手に出るのは嫌だという人もいるかもしれません。それなら「本当はこんなに下手に出るのは嫌なんだ」ということも言葉にして伝えてください。目的の大部分は「分かってもらいたい」ところにあるはずです。分かってもらいたいことは言葉にして伝えましょう。

◆夫の立場から気持ちを伝える工夫

では次に、夫の立場からです。

疲れているときに話しかけられるのは嫌だということに気づけていたら、そのことを言葉で伝えます。相手の気持ちが伝わっていることも表現します。

妻：「ねえ、ちょっと。うちの子のことなんだけど、遊んでばかりで全然勉強しないのよ」

夫：「そうか、勉強していないのか。家族の大事な話なのは分かるんだけど、今日はすごく疲れているんだ。仕事でもトラブルに巻き込まれてイライラしているから、ちゃんと話を聞けるか自信がないな。せっかくの大事な話を台無しにはしたくないし……。うまく聞けるか分からないけど大丈夫かな？　それとも明後日ゆっくり話し合う時間をとるというのはどうだろう？」

妻の気持ちを細かくは代弁していませんが、「大事な話だろう」ということは表現しています。「大事な話を台無しにしたくない」という言葉には、妻の「分かってもらいたい」気持ちへの配慮が込められています。そのうえで夫自身の感情と意図を伝えているわけです。期待は最後のメッセージに要望として表現されています。

もちろん、このように自分の大変さを正直に伝えるのを優先するのか、それとも妻の気持ちを重視するのか、どちらを選ぶかはそのときの状況によって異なります。もし、こういう言い方が妻に受け入れられないとしたら、そこまでの時点で妻には相当な負担が溜まっていると考えられます。本当に大切にしたいことが何なのかを考えながら、妻の深刻さと、夫の精神的疲労の度合いに応じて選ぶことになるでしょう。

夫の側から話しかける状況も考えてみましょう。

二七六頁であげたような言い合いをした後日、話しかけにいく想定です。

「ちょっといいかな？　この間はゴメン。仕事でイライラしていて、ついカーッとなってしまった。あれから思い返してみたんだけど、俺が想像できないぐらい大変なんだろうな。いつも家事でも大変だろうし、それなのに子供たちの面倒を見てくれて感謝している。ありがとう。家《うち》のことを任せられるから、安心して仕事に打ち込めているよ。

正直なところ、俺には家事や子供たちの世話がどれぐらい大変なのかは分からない。でも、こっちも家族のためを思って毎日仕事をしていることも分かってほしいと思っているんだ。本当は家族の中で一人ぼっちのような寂しさもあるし……。それでも役割を分担して家族のために働くっていうところに、幸せがあると思っていた。

俺が子供たちのために何ができるかは分からないし、何をしたらいいかも分からないけど、できることはやろうと思う。君が何を望んでいて、君や家族のために俺には何ができるのか、教えてくれないか？」

妻から話しかけられて会話を後日にしてもらった想定でも、伝える内容はほとんど同じです。ここでも感情と意図を、素直に言葉にしています。汲みとったことを伝えているだけでなく、分からないことは「分からない」と正直に言っていることに注目してください。そこも言葉にしないと伝わりません。相手に「分かってもらいたい」願いがあることを知っているからこそ、「分からないから教えてほしい」と言えるのです。

相手の気持ちを汲みとるのは練習が必要だとは思いますが、自分の気持ちを正直に言葉にするのは比較的やりやすいはずです。相手は気持ちを分かりやすい言葉にはしませんが、それでも分かってもらいたいわけです。「分からないけど分かりたい」ということをそのまま言葉にすれば、相手は分かってもらうために説明してくれます。ここで初めて、分かってもらいたいからこそ分かりやすく伝える努力が始まります。

くれぐれも「正直に言葉にするのは**自分の気持ち**（感情と意図）」だということは気をつけてください。相手への攻撃や要求ではありません。「君が悪いんだ！」、「なんで分かってくれないのよ！」というのは相手に注意が集まっています。自分の気持ちを間接的に表現したものです。そうではなくて、「私は傷ついた」、「私の苦しさを分かってほしいと思っている」というのが〝正直〟な伝え方になります。「私は～」で気持ちを言葉にするのがポイントです。

▼③承認する

気まずい関係を改善するコミュニケーションは、②で紹介したように気持ちを分かりやすくストレートに伝える方法だけではありません。ほかの関わり方でも日頃の工夫で挽回することができます。

その鍵は**承認**です。

「気持ちを分かってもらいたい」というのは、知ってもらえば満足するわけではありません。伝わったことで相手から共感的なメッセージが返ってきて「ああ、分かってもらえた」と実感できます。そして、自分の存在を受け入れてもらったような安心感を得られます。それが承認ということです。

メッセージの種類は言葉だけではありません。悩みごとや苦しみを話したときであれば、辛そうな表情や包み込むような声のトーンに、共感してくれている様子を読み取ることもあります。頑張っていることについては、ときどき作業を代わってくれるとか、一緒になって真剣に考えてくれるとか、相手がしてくれる行動を通して「自分の頑張りを分かってくれている」と感じることもあります。

①と②で表れていた「分かってもらいたい」気持ちは、つまるところ「どれだけ苦しいか、大変か」と、「どれだけ頑張っているか」でした。その部分に対して承認を求めていたわけです。承認が足りなくなってきたから、「分かってもらいたい」気持ちも高まっているのです。ですから承認のメッセージを言葉で届けましょう。

感謝の言葉や、ねぎらいの言葉をかけてください。

会話に表れた「分かってもらいたい」部分だけが承認の対象ではありません。たまたまそのとき意識にあがったところが言葉に表れているだけのことです。どのようなところでも大丈夫ですから、自分が思いつく感謝やねぎらいを言葉で伝えてください。

人はどんな形であれ自分の存在を確認したいのです。他人から承認されることで自分の存在に安心したい。そういう性質だと考えて、相手を承認する工夫をしてみましょう。

初めは言いにくさや照れくささもあるかもしれませんが、むしろ好都合です。相手を思いやる気持ちは、言葉以上に表情や雰囲気から伝わります。普段から言い慣れている気軽な「ありがとう」は、挨拶のようになってしまうこともありえます。よそよそしく、モジモジしながら「……あの、……ありがとう」と言われたほうが、心に深く染み入るかもしれません。普段から感謝やねぎらいを伝えない人ほど、あえて言葉にする効果は大きいといえます。

逆に普段から気軽に言葉にしている人は、ときどき改まって伝えてみてください。声や表情、目線などから真剣さが伝わるように、自分の中で想いを高めてから言葉にします。「いつもありがとう」など何に対しての感謝かが曖昧な言い方よりも、具体的に相手がしてくれた行為や、相手が心がけてくれていることに感謝するほうがお勧めです。「子供のことで大変なときでも洗濯や食事の用意をしてくれて、ありがとう」、「どんなに疲れているときでも、嫌なことがあったときでも、仕事をしてくれてありがとう」といった具合です。

とくに、辛かったときのことを思い出して、相手がどのように支えになっていたかを振り返るのは効果的です。思い出話をしながら、支えてもらった感謝を伝えてみてください。感謝の言葉以上に、自分の心の中から感謝の気持ちが湧いてくるのが分かると思います。そのときの表情や声は、たった一言の「ありがとう」にも、大きな意味を込めてくれます。お互いの絆を深め、分かり合えた喜びを感じられる大事な瞬間です。

もちろん日頃から相手がしてくれたことに感謝を伝えるのは効果的です。「あ、もうゴミ出してくれたんだ。ありがとう」といった会話が日常にあれば関係はスムーズになりやすいでしょう。ただ、人は慣れてしまうものなのです。いつもの「ありがとう」は当たり前になって、承認の効果が下がってしまうかもしれません。十分な承認によって「分かってもらいたい」気持ちを満たすには、たまに改まって、感謝やねぎらいを真剣に伝えるのがいいでしょう。分かり合えない不満が高まっているとしたら、とても役に立つはずです。

もしかすると、自分から感謝やねぎらいを言葉にするのに悔しさや抵抗がある人もいるかもしれません。その場合は「自分のために」というつもりで、形から入ってみてはどうでしょうか。感謝の言葉は、伝えている側にも、温かな充足感をもたらしてくれます。感謝を伝えることで、伝えている自分が幸せを感じられるのです。

改まって感謝の気持ちを伝え始めると、相手からも「いや、こちらこそ……」と感謝が返ってくることだって少なくありません。結果的に自分の心が満たされます。絆や繋がりを実感できることで、心の奥底に安らぎが戻ってくるかもしれません。

自他の区別をつける

最後に一つ、とても重要な注意点を伝えておきます。それは「どこまでが自分で尽くせるベストか？」ということについてです。

私たちにできるのは、分かってもらうように伝えるところまでです。自分の気持ちを分かりやすく言葉にして、表情や声に想いを込めて、精一杯に伝えます。自分でできる範囲はそこまでです。

どんなに分かりやすく表現しても、相手には分かってもらえないことがありえます。経験してきたことも違いますし、個性にも違いがありますから、相手がこちらの気持ちに共感することができない場合があっても仕方ないのです。

もっといえば、気持ちを分かってもらったとしても、相手がこちらの期待に応えたくないことだってありえます。刺激や驚きを大切にする人は、穏やかな温かみは望まないかもしれません。価値観の違い、好みの違いです。「あなたがそれを大切にしたいことは分かった。でも私には、こっちのほうが大切だ」となったとき、こちらの気持ちが分かっていたとしても相手は自分の

図4・2）

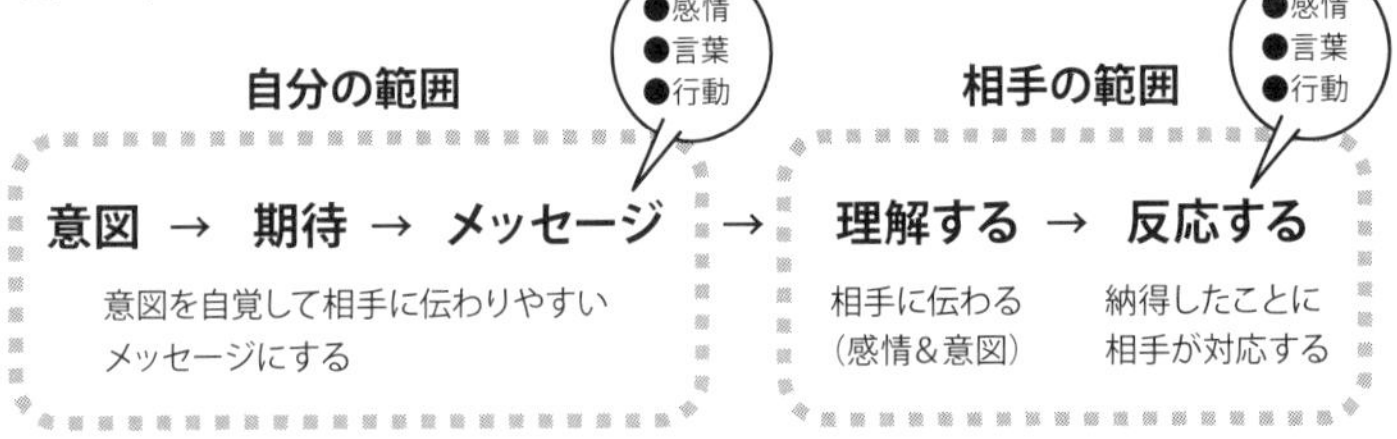

気持ちを優先するかもしれません。相手自身の人生で、相手が本当に大事にしたいことだとしたら、その部分を変えようとはしないでしょう。こちらの気持ちが伝わったとしても、こちらの望み通りに相手がしてくれるとは限らないのです。

「うまく伝えられるようになりたい」という希望がある人の中には、「自分の思い通りに相手を変えたい」と考えている人がいるようです。「うまく伝われば、相手はこちらが望んだ通りにしてくれるはずだ」という考えがあるのでしょう。そんなことはありません。伝わることと、相手が変わってくれることは別物です。

ステップに分けるとしたら、図4・2のような形になります。

相手の反応（行動や考え方）まで自分のコントロールの範囲にあるかのように勘違いしがちなのです。相手がどのように理解するか、どのように反応するかは、私たちには選べません。自分でコントロールできるのは、自分のメッセージまでです。

すれ違いが起きやすいコミュニケーションでは、自分の意図や期待に気づかないまま、普段の癖でメッセージを表現する傾向があります。自然と言葉が口を出たり、自然と態度や行動に示したりする。そして相手の反応を見て、怒ったり悲しんだりします。相手の反応が期待と違っていたため、意図が満たされなかったわけですが、そのことに意識を向けることもなく、ただ嫌な気分だけを感じ続けて苦しみます。自分の思い通りにならない範囲まで期待してしまうから、期待外れに苦しみやすいのです。

自他の区別をつけましょう。

自分に変えられる範囲まででベストを尽くしましょう。

自分の気持ちを相手が汲みとってくれるかどうかは分かりません。分かってもらいやすいように、自分の気持ちをできるだけ伝わりやすく表現する。そこまでが最善の努力です。そのために自分の意図を自覚して、相手への期待を個人的な希望として伝えるのです。

「あなたがどうかは分からないし、あなたが何をするかはあなたの自由だけれど、私は◯◯の価値観を満たしたいから、あなたが～してくれたら良いと思っている」

そういうスタンスです。

少しでも分かってもらいやすいように、分かってもらいたいことを言葉にして、大切な想いを感じながら伝えます。それでも伝わらないかもしれません。伝わっても希望通りにはしてくれないかもしれません。そういうものです。仕方ありません。そのときは受け入れてください。

どうやっても気持ちが伝わらない、どうやっても希望通りにはしてくれない……それは挽回しようのない期待外れです。悲しいものです。相手を変えるために怒りを使うのではなく、悲しんでください。そして悲しみの奥にある愛情や思いやりに気づいてください。

気持ちを伝える努力をいつまで続けるかは、その〝奥にある想い〟が教えてくれます。根気強く伝え続けたいときもあれば、関係を終えたくなるときもあるはずです。言葉で伝えられなくても、ただ想い続けたいときもあるでしょう。

どこまでが自分にできる範囲なのかを知って、どうぞ最善を尽くしてください。

まとめ

この章で紹介したコミュニケーションの方法は、こうすれば必ず大丈夫というものではありません。むしろベストを尽くすための方法です。

人は気持ちを的確に言葉にしていない。

にもかかわらず誰もが「分かってもらいたい」と思っている。

この二点を前提としています。

分かってもらいたいのに、そもそも分かってもらいたいことを言葉にしていないのです。それで分かってもらうことができず、すれ違いを感じて、そしてお互いに嫌な気分を味わう。だったら少しでも分かり合いやすくなるように工夫をしましょう、ということです。それが自分の気持ち、とくに肯定的意図を自覚して言葉として伝え、相手の肯定的意図を汲みとって対応することです。

「こんなにストレートに期待や意図を伝えるのは不自然じゃないか?」と感じる方もいたかもしれません。たしかに日本文化では、言葉にせずに汲みとることが多いようです。しかし人間関係の問題の大部分が、うまく汲みとれずに意図が伝わらないときに起きるのも実情です。であれば、問題を解決したいときには、もっと伝わりやすい形で言葉にするのは一つの打開策になるでしょう。いつも意図をストレートな言葉で表現するわけではありません。ややこしい人間関係こそ、伝わりやすくする努力が有効だという趣旨です。

お互いが分かりやすく伝えていないことに注目してください。そこで起きる誤解や、「分かってもらえない」という期待外れから、怒りや悲しみを両方が抱き始めます。感情がぶつかり合って関係がこじれます。

しかし怒りや悲しみを爆発させているのは、その人の心の中にあるいくつかのパートでしかありません。心のすべてが不平不満に包まれているわけではないのです。感謝や愛情、絆や思いやりを示しているパートもいます。ですがそうしたパートは、怒りや悲しみのパート、相手を責めるようなパートなどが前面に表れている間は、見えないところに隠れてしまっています。こちらのパートと交流できれば、関係が温かみのあるものになる可能性があります。

そのために、まず自分の心の中から、感謝や愛情、絆などの気持ちも表現しましょう。少なくとも言葉に出して伝えたほうが、相手には伝わりやすいはずです。自分の気持ちとして肯定的意図を伝えれば、相手の誤解も減ります。すると誤解をした状態のときに表に出ていたパートが心の奥へと帰っていきますから、今までとは違ったコミュニケーションが始まります。相手が大切にしたかったことも言葉で話してくれるかもしれませんし、すれ違いに寂しさを感じていた気持ちが出てくるかもしれません。

同じことを続けていたら同じパターンが続いてしまうところも、自分の対応を変えればパターンが崩れます。自分の肯定的意図に気づいて、素直に言葉として伝えるのは、嫌なパターンを変える第一歩にもなっているのです。

そうはいっても自分の気持ちを正直に伝えるのに抵抗があるとか、感謝やねぎらいの言葉を言いたくないときもあるだろうと思います。本書で紹介した方法に納得できないときもあるかもしれません。「自分のためだ」と分かっていても、こうしたことを口に出すのに抵抗があるとしたら、それだけ感情が溜まっている合図です。怒り、悲しみ、傷つき、後悔、自責感、報われなさ、孤独感……そうした感情のわだかまりが大きいと、頭で分かっていることでも行動に起こしたくなくなるものです。

言いたくないときは、まず**感情の解消**が優先です。相手に直接ぶつけるのではなく、自分一人で感情を解消するように取り組んでください。慣れないうちはなかなか難しかったり、大変だと思ったりすることもあるでしょう。しかし、自分の感情をそのままにして直接相手にぶつければ、相手から返ってくるメッセージで怒りや悲しみがさらに増えてしまうかもしれません。関係がうまくいかないときには、相手に向けられた感情だけでなく、「なんでうまくいかないんだ……」という苛立ちや自責感までも沸いてきてしまいます。イライラしているときには、些細なことで腹を立てやすいものです。そうした感情を持ったまま会話をするから、余計に嫌な気分を味わいやすい。だからこそ自分で感情を解消しておくのが大切です。

いろいろなことが重なって余裕がなくなっているのです。感情を解消して少しでもスッキリすると、自分と向き合うだけの落ち着きが戻ってきます。どうぞ自分を大切にしてください。

感情を解消し、自分をいたわり、自分の気持ちに気づいて、それからやっと相手に話しかける。この順番です。

完璧なコミュニケーションは存在しません。仕事のコミュニケーションでも、子育てでも、夫婦関係でも、完璧な対応を求めると心の余裕がなくなって苦しくなります。逆に、心の余裕が生まれれば、コミュニケーションにも好循環がもたらされます。

誰もが何かしらの偏りを持っていますから、うまくいくときもあれば、かみ合わないときもあるものです。乗り越える工夫をすることそのものが大事だと考えて、完璧ではなく、より良い関わりを目指しましょう。絆や繋がりを感じる機会が関係性の土台になります。感謝とともに思い出を振り返るのも良いでしょう。その土台のうえに「乗り越えられるはずだ」という自信が育まれていきます。

第5章 心を調和させる

複雑な悩みを解消する

心は一つのものではなく、さまざまな働きが集まってできている。それが本書で紹介してきた考え方です。心の中の一つひとつの役割をパートと呼び、パートごとに気持ちを理解することで、心の動きを詳しく捉えられます。

この観点からすると、心の動きはオーケストラの演奏に喩えられます。悩みのあるときというのは、不協和音が気になる状態のようなものです。全体の曲の中で、どこかの楽器がずれているのが耳につく。ここで多くの人は、指揮者として、ずれている演奏者の弾き方を修正しようとしたり、他の楽器と同じ音階やメロディーに合わせようとしたり、ともすると演奏させないようにしたり退団させようとしたりもします。

一方、悩みのない状態はハーモニーがとれているようなものです。つまり心の中のさまざまなパートが調和していれば、悩みはなくなるということです。

とくにパート同士の調和が大事になってくるのが、心の中に複雑な気持ちが混ざっているときです。今までのやり方では困難な状況になって、何かしら方向性を決める必要がある。「Aをすると、こうなる。Bをしたら、ああなってしまう。Cをすると良さそうだけど、それにはあれが問題になる。Dをするのは無難だけど、どうも乗り気がしない……」などと心の整理がつかないケースです。例としては、転職や引越しのように環境を変えようとするとき、結婚や離婚のように人間関係の大きな変化を考えるとき、病気や老いのように生活スタイルの変化へ対応するときなどが挙げられます。

今までとは大きく違った状況になることを想定すると、頭の中にはさまざまな可能性が浮かんできます。一見すると「するか、しないか」の二択のようですが、一方を選ぶことに伴って多くの変化が起きるのです。だから考えることがたくさんあって、なかなか結論が出せません。それぞれの気持ちを生み出すパートが強く主張していて、調和がとれなくなっているわけです。

調和を取り戻して悩みを解消するには、それぞれのパートの気持ちを探って、**すべてのパートが納得するような方向性**を見つけるのが効果的です。

選択肢の中から一つを選ぶという意味では迷いだといえますが、日常的で気軽な迷いと〈悩み〉が違うのは「後悔したくない」気持ちが強いことでしょう。「夕飯をカレーにするか、ハンバーグにするか」ぐらいの迷いでしたら、どちらを選んでもそれほど後悔することはないはずです。そのため、迷ったとしても、悩むほどのことはないのです。

一方、複雑な気持ちが混ざり合った状況では、どれを選んでも後悔しそうに思えてしまいます。どの選択肢にも大きなデメリットがある。避けたいことが起きてしまうのを予測して、おそれや心配を感じる。のちのち「あのときこうしていれば、こんなに苦しむことはなかったのに……」と後悔する状況が嫌なのです。

選択することで避けたいことが起きる。

避けたいことの重要度が高い。

このことが迷いに悩みを追加しているといえます。

ですから悩みを解消するには、どちらを選んでも後悔しないぐらいまで納得できるようにするのが効果的です。重要なことが関わっている状況は変わりませんし、重要なことを軽んじる必要もありません。あるものについて、それが「避けたいこと」だ、という捉え方を変えます。「避けたい」のは出来事です。起きてほしくない状況があります。期待通りではない状況を避けたい。ということは、**期待通りだったとしたら満たされるはずの価値観**があるのです。言い換えると、「〜なってほしくない」、「〜になるのは嫌だ」、「〜はしたくない」といった考えの奥に肯定的意図があるということです。

避けたいこと、嫌なことを、「〇〇を大切にしたい」、「〇〇を満たしたい」という肯定的意図の形に捉えなおす。すると、メリットとデメリットという比べ方ではなく、すべてのパートの気持ちを「大切にしたいこと」同士で理解することができます。さまざまな大切なことの中で優先順位をつける作業をすればよいので選択がしやすくなりますし、どれを選んでも大切な気持ちなのですから後悔しにくくもなります。

さらには自分の肯定的意図に気づくことで、意図を満たすための手段として別のアイデアが出てくることもあります。意図が分かれば、パート同士に折り合いをつけることも可能です。パートが調和するように心を整理するということです。

やり方はシンプルです。悩んでいる状況で心の中に起こってくる気持ちを一通り自覚して、それぞれの肯定的意図を探ります。心の中でパートによる会議が起きているようなシーンを想像してください。会議の参加者全員から丁寧に意見を聞いて、全員が納得できるように方針を決めます。

一つ例を挙げて説明してみましょう。

親の介護について考える

複雑な気持ちを整理する例

実の母親に介護施設へ入居してもらうかどうかで迷っている女性のケースです。高校生の子供が二人。兄夫婦は母親の住む実家の近くに住んでいますが、子供のことで悩みを抱えています。母は一人暮らしをしていて、数年前に病気で入院してから体の衰えが目立つようになってきました。母親のことが心配でも、自分の仕事も忙しく、離れて住む母のもとへ毎日行くことはできません。介護施設を利用しようか、自宅へ来てもらうかを考えています。

選択肢は、介護施設の利用か、同居かというところですが、それに伴ってさまざまな気持ちがあります。

「お母さん、最近すっかり弱ってきちゃって……。大丈夫かしら。うちにでも来てもらえれば少しは安心なんだけど、ここは広くないし、息子たちの部屋のことも考えると無理かもしれない。それに、お義母さんのこともあるか……。

でも施設に入ってもらうのは悪い気がするし、実家がなくなるのも複雑な感じだし。兄さんに相談できたら良いんだけど、あっちも大変だからなぁ。無理は言えないよね。

仕事を変えてお母さんのところに行くとしたって、生活のことや学費のこともあるから、やっぱり仕事を変えるのは厳しいか。やりがいのある仕事をせっかく見つけられたんだし、今やめることはないよね。……でも、自分のためにお母さんを放っておくなんてダメよね。

……はあ、どうしたらいいのかしら？」


この女性には、娘としての気持ちだけでなく、妻として、妹として、母親として、社会人としての気持ちも同時に表れています。それぞれの立場でもパートがいろいろと登場しますから、かなりの数の気持ちが入り乱れているといえます。

コロコロと移り変わる自分の心を、一つの〝本心〟として理解するのは簡単ではないでしょう。結論を考える前に、自分の気持ちを一通り自覚するのが大切です。結論を考え始めるのは、すべての気持ちを分け隔てなく意識してからでも十分です。

▼①いろいろな気持ちをパートとして区別する

まずは自分の中にある気持ちをパートごとに区別して捉えます。なんとなくの印象で構いませんから、「この気持ちは、こっちの気持ちと同じパートから出てきている気がする」という程度でパートを区別しましょう。一つの考えごとに、感情、意図、事情（置かれている状況）を書きだすのもお勧めです。【図5・1】

図5・1）複雑な悩みをパートの気持ちごとに整理する（307頁のケースを例として）

気持ち		肯定的意図	事情（置かれている状況）
パートごとの考え	感情		
「母が心配」	●母が変わっていくかもしれない心配 ●自分の知っている母でなくなるおそれ	●母と繋がっていたい ●母への愛情を大切にしたい	●母の体が弱ってきている ●同居するには家が狭い
「子供たちを大事にしたい」	●子供への責任感（否定的感情はない）	●子供を守って良い親としての誇りを感じたい	●子供の部屋が必要 ●学費と生活費を稼ぐ必要性
「夫に気を遣う」	●夫に負担をかけると悪影響が心配	●悩みをコントロールできる範囲に留めて安心したい	●夫が忙しい ●あまり夫は話を聞いてくれない
「母との思い出を大事にしたい」	●実家がなくなるのは寂しい、悲しい ●母と家のイメージが失われるおそれ	●母への愛情を大切にしたい ●生まれ育った家への安心感を保ちたい	●母と同居すると実家がなくなる
「誰かに相談したい」	●色々と将来が不安 ●一人で悩む寂しさ	●誰かに分かってもらって安心したい	●子供と母を取り巻く生活の変化 ●母、娘、妻の立場
「兄を気遣う」	●兄の大変さへの共感的な悲しみ ●兄に迷惑をかけるのは罪悪感	●兄への思いやりを大切にしたい	●兄の家庭の事情
「仕事を続けたい」	●苦労して手にした仕事を手放す悔しさ	●社会と繋がって存在価値を感じたい	●他に満足できる仕事を探すのは大変
「施設に入ってもらうのは母に悪い」	●自分の都合を優先すれば母へ罪悪感	●母への愛情、母との繋がりを大切にしたい	●仕事や住宅の都合 ●施設での生活に悪いイメージがある

事情については、自分でコントロールできる範囲をチェックすると、優先順位が分かりやすくなる。

このケースであれば、「母が心配」、「子供たちを大事にしたい」、「夫に気を遣う」、「母との思い出を大事にしたい」、「誰かに相談したい」、「兄を気遣う」、「仕事を続けたい」、「母への罪悪感」といった気持ちがありそうです。

▼②パートごとに感情と肯定的意図を探る

続いて、それぞれの気持ちの中身を探ります。感情と意図です。それぞれの気持ちの中心にある感情を感じてから、「何を大切にしたいのか？　どんな価値観を満たそうとしているのか？」という肯定的意図を探ります。

母が心配な気持ちの中の感情は、文字通り「心配」でいいでしょう。体が弱ることで、これまでに知っていた母の姿とは違っていってしまうかもしれない心配です。自分にとっての母のイメージが失われてしまうことへの「おそれ」もあると思われます。肯定的意図は「母と繋がっていたい、母への愛情を大切にしたい」といったところです。「うちにでも来てもらえれば……」という考えは、この気持ちと関係しています。

子供たちを大事にしたい気持ちは、「息子たちの部屋のことも考えると……」や「生活のことや学費のこともあるから仕事を変えるのは厳しい」という考えにも反映されています。こちらは「そうはしたくない」という責任感や意欲を生み出していて、否定的な感情とは関わっていないようです。意図は「子供を守って、良い親としての誇りを感じていたい」といったところでしょうか。

　夫に気を遣う気持ちは「お義母さんのこともあるか」のところに出ています。また、この悩みを夫に相談せずに一人で抱え込んでいることにも、夫への気遣いは表れているといえそうです。夫に迷惑をかけたくないところもあるかもしれませんが、相談しても無駄だと考えてしまっていたのかもしれません。「悩みを広げず、自分でコントロールできる範囲にすることで、少しでも安心感を保っていたい」意図があると思われます。

　同時に「兄さんに相談できたら……」という考えには、誰かに相談したい気持ちが見てとれます。感情としては、一人で悩みを抱える寂しさに加えて、将来への不安があります。意図は「誰かに分かってもらって安心したい」ということです。

　しかしそれを兄に気を遣わせるパートが止めます。兄の家庭の事情を想像すると、その大変さが感じられる。共感的な悲しみがあって、兄に迷惑をかけることには罪悪感もあります。「兄への思いやりを大切にしたい」意図があるといえます。

　また、実家がなくなることへの気持ちには寂しさが含まれています。そこには母との思い出も結びついていますから、暖かな家のイメージと母のイメージが失われることへのおそれや悲しみもあるはずです。「愛情や安心感を保ちたい」のが肯定的意図でしょう。母を心配するパートと同じと捉えてもよいかもしれません。

　一個人として社会との接点を意識すると、「やりがいのある仕事をやめたくない」という考えも浮かんできています。せっかく手にしたものを手放さないといけない状況を想像すれば、悔しさが沸いてくることでしょう。意図としては「社会と繋がることで、自分の存在価値を実感したい」ところがあります。

そうしたすべての気持ちと関係して、母に対する罪悪感もあります。母への愛情があるからこそ、仕事や自分の家庭を優先したい気持ちに反発が生まれて、「施設に入ってもらうのは悪い」という考えも出てきます。ここの肯定的意図も「母と繋がっていたい、母への愛情を大切にしたい」ことにあると思われます。

こうした気持ちをすべて意識に上げます。パート全員の意見を聞いた状態です。ここから「何よりも強い気持ちはどれか？」を探ります。

▼③優先したい気持ちを整理する

ここで一番強い気持ちは、罪悪感とも結びついた「母と繋がっていたい、母への愛情を大切にしたい」ことです。それが肯定的意図であって、意図を満たすための良い手段が見つかっていないのが問題だといえます。ですから、母への愛情をどうやって表現していくかがテーマとなります。

それから他のパートとのバランスを考えましょう。夫に相談しない、兄には頼らない、仕事は辞めたくないといったあたりは、変えようと思えば変えられるところではありますが、「したくない」気持ちが強いわけです。このあたりの事情と、母への愛情を大切にしたい気持ちとの間でバランスを取ることになりそうです。

また「事情として避けられないこと」も区別しておくと役立ちます。母の老いや息子の成長、兄夫婦の家庭の事情は、この女性に何かできる範囲ではありません。**仕方のないこととして受け入れる**必要があります。

置かれた状況とパートごとの気持ちを整理して、「**どの気持ちを、どうやって大切にしたいか?**」と考えてください。

このケースでは、避けられない事情とさまざまなパートの気持ちを考えた結果、事情を優先しながら母への愛情をどう伝えていくかが課題となりました。

罪悪感については、母への愛情の表れとして、どれだけその想いを言葉や行動で表現するかを検討します。施設を利用するとしたら母を訪ねる頻度をどうするのか?　訪ねるときに何をしてあげられるか?　そのあたりのことを予測しておきます。

しかしここでは、緊急な対応が必要なほどではありません。本人の気持ちを整理しながら具体的な対策を検討し始めるあたりの時期といえるでしょう。どういった援助が受けられるのかを調べてみて、自分が納得できるように母と関われる形を探すところから始めることにしました。

また、自分の思いを誰かに分かってもらいたい気持ちが強いこともたしかです。長い間、夫には相談しないできましたから、急に夫とのコミュニケーションに取り組むのは難しいかもしれません。「(第4章で説明したような)伝え方を練習したとしても、うまく分かってもらえる自信がない」、そういう気持ちを生み出すパートもまた大切です。そこで、分かってもらいたい気持ちの強さを重視して、あまり兄に迷惑をかけないように話をすることにします。

あくまでも分かってもらいたいのは、この状況で感じている複雑な気持ちです。感情と肯定的意図を言葉にして伝えることで、分かってもらいやすくする工夫をします。

「……あ、お兄さん? うん、私。ちょっとお母さんのことで聞いてもらいたいことがあって。別に今すぐ何かしないといけないとかではないんだけど、なんとなく私の気持ちを伝えておきたいなって思ったから。

最近お母さん、体の具合が良くないでしょう。この先のことを考えると、なんだかとても心配でね。お母さんでも、やっぱりああいう風になっちゃうのね……。仕方ないって分かっていても悲しいわね。それだけお母さんが好きだってことなんだろうけど。

それで……、お母さんを一人にしておくのが心配になってきたから、施設とかも少しだけ考え始めているのよ。お兄さんのところが大変なのは知っているし、うちも余裕があるわけじゃないから、お母さんには申し訳ないんだけど、それしかないのかなって。すごく罪悪感があるのよね。本当はもっとお母さんを大切にしてあげたいの。でも、お母さんを一人にしていて何かあったときのほうが辛いから。施設とかも考えておいたほうがいいかなと思って。

……ああ、そうか。お母さん本人にも話さなきゃね。お母さんを大事に思っていることを一番分かってもらいたいのは、お兄さんじゃなくて、お母さんだもんね」

と、話をしているうちに「母親にも気持ちを伝えたい」パートも出てきました。パートの気持ちを言葉にしていると、他のパートが出てくることがよくあります。兄に報告して「誰かに苦しさを分かってもらいたい」パートが満足したため、これまでは奥に隠れていた「母への愛情を表現したい」パートが前面に出てきたのです。

パートごとに気持ちを整理していくプロセスでは、このように新たな気持ちが出てくる場合もあって当然です。ですから一度にすべてを決める必要はありません。このケースで言えば、「母をもっとも大切にできる形のサービスを探す」ことと、「兄に自分の苦しみを伝える」ことを決めました。あとは保留にしてあります。

気持ちを整理して、自分の大切な意図に従って行動していれば、また別の気持ちが出てきたりもします。そうなったらまたパートの気持ちを探ってください。そして、**そのときに大切にしたいことをしたらよい**のです。

それが最善な選択肢かどうかは分かりません。しかし、その瞬間にもっとも大切な気持ちに沿って行動することはできます。自分の心を大事にするための最善なら尽くすことができるのです。そして最善を尽くしたという思いが後悔を減らし、結果を受け止める心の安定感をもたらしてくれます。自分の中のいろいろな気持ちを大切にしてください。

執着を手放す

複雑に入り組んだ気持ちを整理して、自分の大切にしたい気持ちに従いながら行動する。それでも、何かどうしても引っかかってしまうことがあります。

母親の介護の例であれば、**罪悪感**は消えにくいかもしれません。誰かに酷いことをされた恨みが残っていたり、傷つけられて**許せない**気持ちが残っていたりする場合も、わだかまりが長続きすることがあるようです。また、別れにともなって大切な人と会えなくなるとか、病気や怪我によって好きなことを続けられなくなるなど、受け入れがたい喪失体験のあとにも**心残り**が生まれやすいものです。

共通するのは「なんとか取り戻せないだろうか」という気持ちがあることです。

喪失を「取り戻せないもの」と完全に受け入れていれば、激しい悲しみとショックには打ちひしがれても、「なんとか元に戻したい」気持ちは出てきません。しかし離婚によって子供と会えなくなるようなケースでは、「もしかしたら、また会えるんじゃないか？」、「うまく話し合えば状況を変えられるかもしれない」という期待があります。病気や怪我の場合も、頭では「続けられない」と分かっていながら、心のどこかで「なんとかもう一度……」と、あきらめきれないことがあります。取り戻そうとするエネルギー、つまり〈怒り〉を作り出し続けているパートがいるのです。

「恨んでいる」状態や「許せない」状態に怒りが含まれているのは分かりやすいでしょう。怒りは、期待外れを挽回しようとするエネルギーです。日常的にずっと怒りを感じているわけではありませんが、心の中では怒りのパートが動き続けています。

罪悪感は自分の基準に合わないことをしてしまったときに起きます。基準に達していないことで自分の存在価値が揺らいで、心細さや寂しさが生まれます。とくに人間関係における罪悪感は〈自責感〉を伴いやすいのが特徴です。過ちを忘れないようにさせる自責感のパートが、罪悪感を作り出すパートに怒りを向けます。自責感が解消されてくると今度は、過ちを挽回させる（罪を償わせる）動きが出てきます。これらの部分に「取り戻そうとする」方向性があります。

しかし、いずれにしても望んでいなかったことは、すでに起きてしまっています。どれだけ「取り戻したい」と願っていても、一〇〇パーセント元通りになることはありません。だから未練が残り続けます。これがずっと心の中に引っかかっているのです。

そこで役に立つのが**〈あきらめる〉**、**〈ゆるす〉**、**〈手放す〉**といったことです。もう仕方ないのです。思い通りにならないこともあります。それを受け入れて、あきらめる。ずっと心のどこかで気にして後ろを振り返り続けるのではなく、前を向いて進めるようにします。

実のところ、〈あきらめる〉、〈ゆるす〉、〈手放す〉ことについては、多くの人がやり方を知りません。ともすると私たちは、それらを「あきらめようとする」、「ゆるそうとする」、「手放そうとする」ことと勘違いしやすいのです。

「もう仕方がない。あきらめよう」と言いながら、心のどこかでは少し気にかかっていて、ふとしたタイミングで思い出しては辛い気分が戻ってくる。「そのことはもういいよ。気にしないでいいから。ハァ……」と、不満や怒りが残っていながらも、相手を責めるのを抑えている。心の中のパートの一つが、そのことをずっと気にしている状態です。厳しい言い方をすれば「執着している」ということです。

そのパートが表に出てこないように抑え込む状態が「執着を手放そうとする」ことになります。失われてしまった可能性の高い大切なことを「あきらめようとする」ことや、怒りや不満は残っているけれど「ゆるそうとする」のも同様です。どんなに抑えても、心の奥でパートが働き続けているのです。

それに対して「手放せた」状態では、そもそも何も気にならなくなっています。意識に上がらない。どっちでもいい状態です。

執着しているものは常に気になっていますから、日ごろから探してしまうのです。犬恐怖症の人が、いつも犬がいないかどうかを気にしながら外を歩くのと似ています。「そこにいるんじゃないか……？」とビクビクしながら歩いているので、キャリーバッグを引いている人さえも犬を散歩させているように勘違いしてしまったりもします。

同じように犬が苦手な人でも、犬嫌いで悩んでいなければ、犬を探しながら歩くほどにはなりません。犬を目の前にすれば恐怖が沸きますが、いつも犬がいるかどうかを気にしているわけではないといえます。この違いが重要です。キッカケがあれば思い出すけれども、普段からずっと気にかけているのではない状態。これが「手放せた」状態に近いのです。

ところが「気にしない」というのは不可能です。気にしないように意識した時点で、気にしてしまっています。そのため「あきらめよう」、「ゆるそう」、「手放そう」と思ったときに、気持ちを抑え込むことで代用しようとしがちなのです。

では、どうしたら手放せるのか？

そのポイントは、**パートの働きを完了させる**ところにあります。

パートの気持ちを丁寧に実感して、パートに愛おしさを向けます。未練として残っていた気持ちを堂々と感じつくし、受け入れるのと同時に、前に進みたい気持ちもまた受け入れます。未練を感じさせていたパートと、前に進もうとしていたいパートの両方を大事なものとして感じるわけです。悲しんだこと、傷ついたこと、後悔したことを忘れるわけではなく、「必要であればいつ思い出してもいいし、意識に上がらないときがあってもいい」と思えるようにします。

とくに重要なのが「**忘れるわけではない**」ということです。「未練があって、あきらめきれない」のも、「恨みがあって、ゆるせない」のも、「罪悪感があって、自分を責めてしまう」のも、大事なことを忘れたくない意図を含んでいます。

この部分に注目しながら〝手放し方〟を簡単に紹介します。〈あきらめる〉、〈相手をゆるす〉、

〈自分をゆるす〉の三種類です。

あきらめの手法

離婚によって子供と会えなくなるとか、好きな人に別れを告げられたとか、病気や怪我でスポーツや仕事が続けられなくなったなど、大切な存在と離れてしまうときには未練が残りやすいものです。

失われてしまった悲しみに浸っている間は、執着を手放そうとする必要さえないかもしれません。それだけ大切だったのですから、十分に悲しんでください。その後、だいぶ悲しみは落ち着いてきたのに、まだ心の中に引っかかってしまうことがあります。自分にはどうすることもできない状況を受け入れ、前に進みたい。けれども、ずっとそのことばかりを考えてしまう。そんなジレンマを感じたら、あきらめの手法に取り組むことを考えてもいいでしょう。

▼①パートの気持ちを探る

心の中では「忘れないようにさせる」パートと「前に進ませようとする」パートが働いています。それぞれの肯定的意図を探ります。

忘れたくない気持ちには〈寂しさ〉が伴っています。繋がりを求めている感情です。どれだけ内面的な繋がりを強く求めているのかを感じて、その存在を大切に思う気持ちの強さを自覚します。意図は「その存在への愛情を守りたい」ところにあるといえます。大切だからこそ、パートが忘れないようにさせているのです。

また前に進ませようとするほうのパートは、寂しさを感じるときの苦しみを知っています。寂しさに浸っているとエネルギーがなくなって、何もかも無気力になってしまう。しかしパートは未来があることを知っています。苦しむのを止めさせて、未来に向けてやるべきことをやらせようとしてくれているわけです。

▼②パートを教育する

「忘れないようにさせる」パートは、「忘れる」ということに対して過度な心配をしています。「忘れてしまったら、その存在へ向けられていた愛情が失われてしまうのではないか？」と心配なのです。だからこそ常に覚えていられるように、意識に上がるキッカケとして寂しさを作り続けていると考えます。

ですが「忘れない」ことと「常に覚えているように意識の片隅で気にかけておく」こととは違います。「忘れる」とは「思い出せない」ということです。**思い出せる限り、忘れてはいな**

❷パートを教育する
常に覚えていることと忘れないこととは違う。必要なときに思い出せれば充分だから、いつでも思い出させて。
忘れさせないパート

いのです。多くの思い出と同じように、普段は意識に上がってこないけれど思い出せる状態にしておけば大丈夫です。いつ思い出してもいいけれど、いつも覚えている必要はないことを教えてあげてください。

▼③思い出のアルバムを作る

そして特別な思い出として思い出しやすくするために、記憶を整理します。心の中に散らばった思い出を一つひとつ思い返して、写真のようにイメージします。まずは良かった体験から思い出を集めて、しみじみと愛情を味わいます。次に、苦い思い出もいくつか意識に上げます。たくさんの良い思い出と並べて見たときに、苦い思い出さえも微笑ましくて愛おしいものと感じられたら、それらも写真のようにイメージします。それらすべての心の中の思い出写真を、大切なアルバムのような形で整理してください。散らばっていた思い出を一箇所に集めると、その大切さを強く感じやすくなります。大切さや愛情を思い出しやすくする方法です。

3
出来事のイメージを集めて
思い出のアルバムを作る

▼④二つのパートを慈しむ

「忘れないようにさせる」パートと「前に進ませようとする」パートの両方を心の中で想像します。それぞれのパートを一方の手のひらの上に出したつもりで想像するのも効果的です（例：右手の上に「前に進ませようとする」パート、左手の上に「忘れないようにさせる」パート）。両方のパートを同時に眺めます。

それぞれのパートの意図を思い出して、どちらも自分にとって大切な側面だということを実感します。そして両方のパートをしみじみと、愛おしさ・慈しみを感じながら眺めます。どちらのパートにも、必要なタイミングで働いてくれてかまわないことを伝えます。

④ 2つのパートを慈しむ

それ以降は、ふと思い出されることがあったら、たくさんの思い出を懐かしく味わいます。しばらく感じていると、自然に「うん、前に進もう」と落ち着きのある気分が湧いてくるはずです。こうなれば両方のパートがうまく調和しているといえます。あきらめがついたと考えて大丈夫でしょう。

相手をゆるす手法

他人からされたことに対して怒りを持ち続けている場合には、〈**ゆるし**〉が必要なことがあります。怒りの感情を発散させるだけで十分なことも多いですが、「傷つけられた」という思いが強いときには、怒りのほかにも複雑な感情が残ります。自分が傷ついたケースも含め、自分にとって大切な存在を台無しにされた印象があるほど、怒りを引きずりやすいといえます。

この「大切なものを台無しにされた」ことが、怒りを手放す抵抗になりやすいのです。つまり「怒りを手放すと、大切なものがまた損なわれてしまうのではないか?」と、おそれているところがある。怒りを持ち続けることには、一度台無しにされてしまったものを守りたい意図があるということです。

そのため、そもそも相手をゆるそうとする発想が出てきにくいものです。無理に相手をゆるす必要はありません。自然に「もう、ゆるしてもいいか」と感じられたときに、〈ゆるし〉の手法を使ってください。

ただし、前提として「ゆるすのは相手のためではなく、自分のためだ」ということを知っておきましょう。相手に怒りを向け続けることに疲れてきたとか、相手への好意が大きくなってきて怒りを向けるのが苦しくなってきたとか、過去をスッキリさせて前に進みたいと思えたとか、そういったタイミングになったら**自分のために相手をゆるして**ください。

ここではサイコシンセシスという心理療法の技法を応用しています。試しに誰か一人ゆるしてみたい人を思い浮かべながら読むのもいいと思います。

▼①ゆるす許可を出す

心の中には、ゆるすことに抵抗を示すパートがいる場合があります。とくにこれまで「ゆるし」を実感したことがないと、「もし、ゆるしてしまったら、こんな風になってしまうんじゃないか？」とネガティブな予測をしがちです。まずは考え方を広げることで、自分のパートを再教育します。

ネガティブな予測には、次のようなパターンが多いものです。

【怒りは行動の原動力】

「あのときの体験がキッカケになって、自分にとって大事なことに気づけた。だからこそ自分は一歩を踏み出して、今まで頑張ってこられた。もし、ゆるしてしまったら、原動力がなくなってしまうのではないか？」

相手を見返してやりたい気持ち、間違った世の中を直したい気持ち、○○さんの分まで自分が頑張ろうという気持ちなど、苦しみをバネにして、怒りをエネルギー源として行動を続けてきた場合です。

ゆるしても原動力は失われないという見方を加えます。次のような発想です。

「怒りが原動力のようだったけれど、実は相手に向けていた分の怒りのエネルギーは損していた。むしろ怒りを手放すことで、より多くのエネルギーを大事なことのために使える」

「相手を見返そうと頑張ってきたけれど、実際は憎むことで自分の心は相手にコントロールされていた。怒りを手放し、相手から自由になれば、さらに大きな世界で羽ばたくことができて、結果的には前よりももっと進むことができる」

「あのときの体験がキッカケとなって大事なことに気づいたから、それを大切にするために一生懸命やってきた。でも過去のことを気にするところが残っていたから、目の前の大事なことに一〇〇パーセントの気持ちは向けられていなかった。過去のわだかまりを手放せば、後ろを気にしながらではなく、今の大事なことへ本当に一生懸命になれる」

【怒りで大切さを守っている】

「自分にとって大切なものを台無しにされてしまった。怒っておくことで、その大切さを尊重しておきたい。もし自分がゆるしてしまったら、〝あれは大して価値のないことだった〟と認めてしまうようなものじゃないか？」

損なわれてしまったものの価値を守りたい気持ちが、怒りを保ち続けてきた場合です。ゆるしたことで存在価値が揺らぐリスクをおそれています。この考えを再教育します。

「怒っておくことで、どれだけ大事だったかをアピールしようとしていた。でも実際には、どんなに他人が共感してくれなかったとしても私自身が心の底から大切だと言い切れてこそ、その価値を本当の意味で尊重しているといえる。他人に大事さを分かってもらうために怒りを使う必要はもうない」

「怒りで自分の存在価値を守ろうとしていたけれど、あれから私は十分に頑張ってきた。私の存在価値は、あのことだけで決まっているわけではない。自分の傷を受け入れ、怒りを手放すほうが、私は自分のあらゆる側面を尊重できることになる。自分の存在価値を十分に尊重しているからこそ、相手をゆるす余裕が生まれる」

「Aさんを傷つけた相手に怒りを向けることで、Aさんを守ってきた。Aさんの価値をさげすんだ相手に反発することで、価値を高めたかった。けれども、相手のほうに怒りを向け、自分の背後でAさんを守るようなやり方では、肝心のAさんのほうを見ていなかった。Aさんの価値を十分に尊重するには怒りを手放して、Aさんに気持ちを向けていくほうがいい」

【怒りで忘れないようにしている】

「あのように残念なことが起きるとは思ってもいなかった。自分の見方も甘かった。もう二度とこんな体験はしたくない。もし相手をゆるしてしまったら、相手はまた同じことをするかもしれないし、自分もまた同じような目に遭ってしまうのではないか？」

怒りは期待外れを挽回しようとするエネルギーですから、怒りを持っておくことで、過去と同じ苦しみを避ける形で挽回しようとしています。同じことが起きないようにするために怒りを利用している場合です。この考えに対しては、忘れないことと覚え続けておくことの区別をつけるように再教育をします。

「二度と同じことが起きないように、あの辛い経験をしっかりと覚えておきたかった。そこには大きな学びがあった。でも怒りを手放したからといって、一度身につけた学びが失われるわけではない。常に意識していなくても、必要なときに思い出して学びを活かせれば十分だ。あのときをキッカケに学びを進めてきたうえに、これだけ怒りと苦しみを抱え続けてきた経験もあるのだから、忘れられるはずがない」

「相手に怒りを向け続けておかないと、また同じことをやるんじゃないかと気がかりだった。でも同じことを防ぐ方法としては、怒りを向けるのが最善とは限らない。こちらの怒りが伝わっているかも分からないのだから、落ち着いて丁寧に自分の気持ちと願いを伝えてもいいはずだ。何より、相手が何をするかは私がコントロールできることではない。同じことが起きないように、私は私のできることに全力を注げば充分だ。相手に過度な要求をする必要はもうない」

▼②怒りを発散する

相手からされたことで傷ついたパート、大切なことを台無しにされて怒っているパートなど、ゆるせていない気持ちに注意を向けましょう。その相手をずっと心の中で責め続けてきた担当者がいると想像します。責め続けていた意図は、①のステップで挙げたもののどれかに当てはまるでしょう。パートは新たな考え方を知りました。次は怒りのエネルギーを発散させて、スッキリと前に進む準備をします。

第2章で紹介した方法を参考にして、パートの気持ちを感じながら怒りを発散します。相手に期待していたことを言葉にして、どれだけ苦しかったのかも言葉にしてください。

それから「相手のせいで損なわれたものが、どれだけ大切だったか」をしっかりと感じます。そして、「そのことをもっと大切にしていくために、相手への怒りに囚われるのをやめよう。相手の行動は私が決められるものではないのだから、私は私の最善を尽くそう」と心の中で宣言します。

②
怒りを発散する
なんであんなひどいことをしたんだ！
ゆるそうとしている相手のイメージ

▼③相手の気持ちを汲みとる

怒りが静まってきた感じがしたら、当時の相手の状況を思い浮かべて、相手の気持ちを想像してみます。どんな立場だったのか？　どんな考えがあったのか？　どんな意図があったのか？　いろいろと感じているうちに、相手の未熟さにも気づけることでしょう。相手は完璧ではなかったから、自分の期待通りにはできなかった。「仕方なかったところもあるな」と感じ始めているかもしれません。

▼④自分のパートと相手を思いやる

相手に対して怒りを向けていたパート（＝傷つけられたパート、台無しにされたことを怒っていたパート）を、自分の体から離れた場所にイメージします。昔の自分の姿でも、球体のように抽象的な姿でも構いません。そして相手の姿もイメージして、自分のパートと相手とが向き合っている様子を思い浮かべます。

二人を少し離れたところから眺め、それぞれに思いやりの気持ちを向けます。それぞれが違った苦しみを持っていることに気づきながら、それぞれを気の毒な存在として客観的に眺めま

す。

▼⑤自分のパートと相手を慈しむ

続いて頭上に〈無条件の愛の光〉をイメージします。生まれる前からずっと地上を照らし、命のエネルギーを注ぎ続けてきた太陽のようなイメージでも結構です。あなたの世界観でしっくりくるイメージを見つけてください。

社会の価値観では〝無駄だ〟とか〝無意味だ〟とか〝ゴミだ〟とか〝害だ〟とか判断されるようなものでも、この世に存在しています。素晴らしいから存在しているのでもなく、価値があるから存在しているのでもなく、どんなことであっても平等に存在することがゆるされている。価値や意義とは無関係に、ただ存在させてくれている源があると想像します。それが〈無条件の愛〉ということです。

社会のルールや個人的な価値観を超えて、あらゆるものが存在することを受け入れている。そんな土台・源泉のようなイメージです。それを象徴的に光として思い浮かべます。その光を存分に受け取ります。

そして、自分のパートと相手を眺めながら、二人に〈無条件の愛の光〉が降り注いでいる様

子をイメージします。

▼⑥ゆるさないのを止める

相手に怒りを向けていたパートの視点に移ります。自分の体の中にパートを戻す感じです。目の前に相手が見える形でイメージされます。

頭上に〈無条件の愛〉を感じながら、相手に注意を向けます。そして自分に降り注ぐ愛の光を相手に届けましょう。自分の体から相手に向かって光が流れていって、相手が愛の光に包まれる様子をイメージします。相手が光を浴びているのを眺めながら、相手が幸せになることを祈ります。

❻ゆるさないのをやめる
どうか今、
幸せで
ありますように

〈無条件の愛〉はそもそもすべてをゆるしています。元々ゆるされているのですから、「ゆるす」という行為は「ゆるさないのを止める」だけのことなのです。怒りを向けながら、無条件の愛の光が相手に届くのを防ぐようにしていた。それをやめて光が届くようにする。そのためのイメージワークです。

これで相手を責めていたパートが、ようやく役割を終えられます。心の奥に帰っていきます。

学びを活かしながら、大事なことをより大切にするように行動できます。怒りにも相手にも囚われることなく、自然体で前に進めるようになるはずです。

自分をゆるす

先に挙げた母親の介護の例のように、自分の大事な思いに逆らったことをするとき、〝正しさ〟・〝良さ〟の基準に合わないことで自分の存在価値が揺らぎます。このときの寂しさや心細さが〈罪悪感〉です。介護の例では「母に施設へ入ってもらうのは申し訳ない」という形で、予測に対して罪悪感が生まれていますが、過去に自分がしてしまったことに罪悪感を抱くことも多いものです。また、社会的な〝常識〟や〝期待〟の基準に合わないことをしてしまって、社会に所属していられないような寂しさ・心細さが生まれるのが、〈恥〉の感情です。

(※第3章では説明をシンプルにするために、いくつかのパートをまとめて扱っていました。しかし、ここで扱う〈ゆるし〉ではパートを細分化したほうが効果的なため、第5章では心の動きをより細かく分けて解説しています)。

いずれにしても心の中には、その行動を担当したパートと、「基準に合わない」と判断するパートがいます。罪悪感の元になった行動をしたパートは、基準に合わないと判断するパートから「お前のやったことは正しくない」と指摘されて落ち込んでいます。恥の元になった行動

図5・2）自分をゆるすときに注目する心の動き

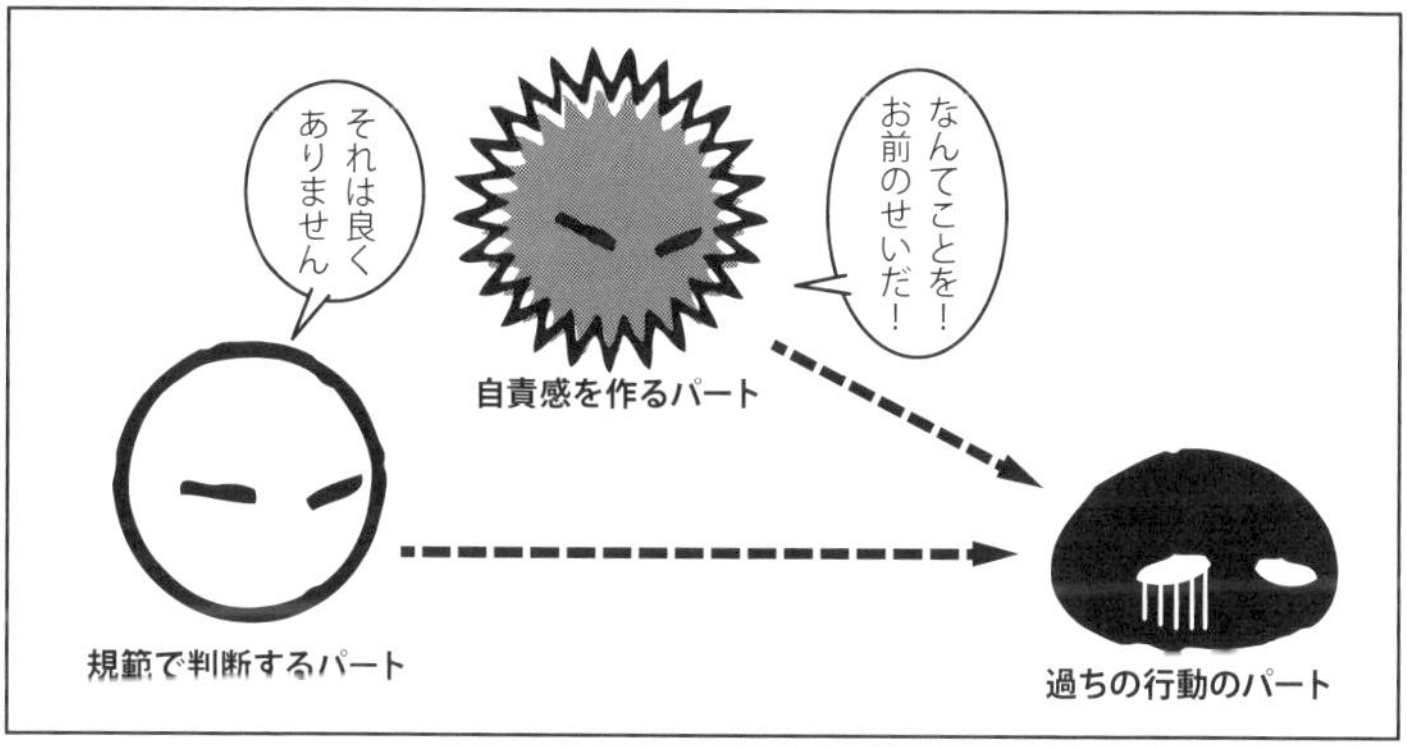

過ちの行動をしたパートだけでなく、「自分をダメだ」と判断する（罪悪感や恥として）パートも〈ゆるす〉必要がある。自責感がある場合は、それも意識に上げる。

をしたパートは、「そんなことをしたら皆の中にいられないぞ」と指摘されて落ち込みます。【図5・2】

罪悪感や恥に加えて自責感を持っている場合には、過ちの行動をしたパートに対して「なんてことをしてくれたんだ！ お前のせいだ！」と怒りをぶつけているパートがいます。責められた側のパートはもっと落ち込むことになります。

この落ち込みは寂しさや心細さを土台としていますから、悲しみと同じように時間とともに癒されていきやすいものです。罪悪感を向けていた相手から優しく受け入れてもらう体験を重ねれば、相手に対する罪の意識は減っていきます。恥について も、自分の失敗を他の人が気にしていない様子を知るほど、楽になっていきます。

より積極的に心の重荷を降ろしたければ、第3

章で紹介した方法で罪悪感や恥を解消することもできます。罪悪感の奥にあった肯定的意図、つまり「相手を大切にしたい」という思いやりや感謝に意識を向ければ、罪を償うために相手をより大切にしようとする意欲が湧いてきます。恥の場合には、失敗したけれども頑張った自分をねぎらえば、失敗を挽回する方向に意識を切り替えられます。

しかしそれでも心の中に、過去の過ちが引っかかり続けることがあります。どれだけ相手が自分の罪をゆるしてくれていても、自分だけが罪の意識を手放せない。どれだけ皆が自分の失敗を気にしないでいてくれても、自分だけが恥を手放せない。自責感がある場合には、自分が楽になることさえ妨げられます。「甘ったれるな！　そんなことではダメだ！　もっと苦しんで反省するんだ！」と、過ちの行動をしたパートを責めるパートが強まります。

こうした苦しみを解消するには〈**自分をゆるす**〉ことが必要です。

「もう重荷を降ろしてもいいかもしれない……」という考えが頭をよぎったあたりで、自分をゆるす取り組みを考慮してみてください。ステップは次のとおりです。

▼①ゆるす許可を出す

自分をゆるす決意をするのは、あまり簡単ではないかもしれません。罪悪感や恥を手放そうとするとき、妨げるようなパートの動きが出やすいのです。罪悪感や恥は〝正しさ〟・〝良さ〟

の基準に合わなかったことで生まれますから、正義感や善意がゆるしの抵抗になりやすく、ときには「自分をゆるすつもりはない」と頑なな状態になることもあります。そういうときには無理にゆるさなくても構いません。重荷を背負ったまま生きるのも一つです。

ですが、まずは**「自分をゆるす」とはどういうことか**を見つめなおしてみてもいいのではないでしょうか。

ゆるしを妨げるパートの肯定的意図を汲みとったうえで、見方を広げてパートを再教育してみましょう。それで少しでも「ゆるしてもいいのかもしれないな……」と感じられたら、続きのステップに進む価値はあると思います。

自分をゆるすのを止める考えには、次のようなものがあります。

【ゆるさないことで忘れないようにしている】

「悪気はなかったとはいえ、人を傷つけ、迷惑をかけた。ゆるされないことをしてしまった。こんなことは絶対にくり返してはいけない。償い、挽回するためにも、この過ちを忘れてはいけない。もし自分をゆるしたら、このことを忘れてしまうのではないか？」

過ちによって苦しみを感じて、そこから痛い学びを経験しました。自分の心の痛みを感じ続けることで、いつでも学びを覚えておこうとしている場合です。この考えについては、忘れないことと覚えておくことの区別を再教育します。

「この学びは絶対に忘れるわけにはいかない。そのためには常に痛みを感じておく必要があった。けれども覚えておくために自分で自分を傷つけ続ける必要まではない。心の傷から痛みが消えても、傷跡を見れば大事なことは思い出せる。自分をゆるすのは過去の過ちを忘れてしまうことではなく、必要以上に自分を傷つけるのをやめるということだ」

【ゆるさないことで償いとして罰を受ける】

「自分はゆるされないことをしてしまった。反省しなければならないから、罰を受ける必要がある。他の人がどう思っていたとしても、自分だけは過ちの重さを罰として感じ続けておかなければならない。だから自分をゆるすわけにはいかない」

人を傷つけた、迷惑をかけた、期待に応えられなかった……という失敗について、強く責任を感じています。取り返しのつかないことをしたから、挽回しようとはせずに甘んじて罰を受けようという場合です。過ちは取り戻すことはできないという発想が根底にありますから、この見方を広げます。

「取り返しのつかないことをしたのだから、反省するために自分を罰し続けてきた。自ら罰することで自分を正しさの基準に合わせられて、自分の存在を守ることができた。しかし、罰を受けることだけが反省なわけではない。過ちから学び、挽回するための行動をしていくほうが償いになることもある。罰を受けながら何も償わないことに比べたら、前を向いて生きていくほうがずっと辛いこともあるだろう。それこそが自分の過ちと正面から向き合うことではないだろうか。正しさで自分の存在を守るよりも、自分をゆるして、自分を精一杯生きていくほうが、本当の意味での反省なのかもしれない」

【ゆるさないことで苦しみに共感する】

「自分はあんなにも人を傷つけてしまった。期待を裏切り、迷惑をかけてしまった。あの人があんなにも苦しんでいるのに、自分だけ楽になるわけにはいかない。あの人の苦しみを知るためにも、自分をゆるさずに心の苦しみを味わっている必要がある」

自分をゆるして楽になってしまったら、自分が傷つけ迷惑をかけた相手の苦しみを感じることができないという発想がある場合です。「申し訳ない」気持ちが、相手への思いやりや優しさから生まれています。相手の苦しみに共感し、さらに責任も感じています。相手の苦しさを考えるあまり、自分の苦しさを手放すことに抵抗がありますから、この発想を広げます。

「あの人を傷つけ、期待を裏切って、迷惑をかけてしまったから、あの人の苦しみに共感するために自分も心の苦しみを持ち続けてきた。自分があの人と同じぐらい苦しむのが、迷惑をかけたことを反省している証だった。でももしかしたら、あの人以上に自分ばかり苦しんでいたのかもしれない。過去の過ちを自分が気にし過ぎていたら、あの人が逆に心苦しくて前に進めなくなることも考えられる。

それに、自分も苦しんで反省してきたのは思いやりからのつもりだったけど、ひょっとしたら、それはむしろ自分勝手だったのではないだろうか。あの人の気持ちを理解しようとするよりも、〝自分が迷惑をかけた〟という考えだけをもとに、自分だけが反省しようとしていた。あの人のことを本当に思いやるなら、あの人の気持ちに目を向けたほうがいい。過ちについて自分で苦しむのではなく、自分をゆるし、あの人の幸せを全力で祈ることのほうが、ずっと思いやりのあることだろう」

▼②パートの気持ちを感じ取る

過ちの行動をさせたパートと、正しさの基準で「過ち」と判断しているパートを改めて意識します。自責感のある場合には、さらに過ちを非難するパートにも注意を向けましょう。

過ちの行動をさせたパートが、どれだけこれまで苦しんできたかを感じます。「悪気はなかった」、「当時の自分にはそれしかなかった」、「ずっと反省してきた」といったことを言葉にします。

過ちと判断するパート、過ちを非難するパートについては、その必死さを感じ取ります。厳しく過ちを裁くのも、過ちの行

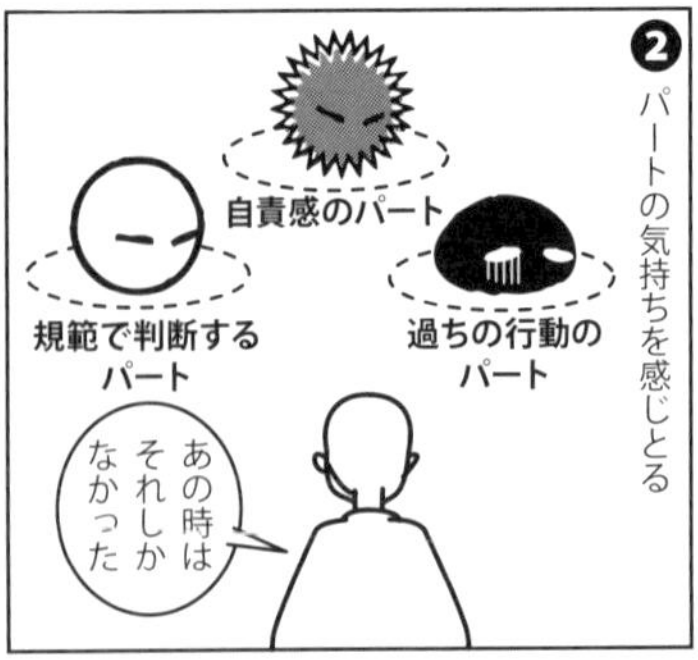

❷パートの気持ちを感じとる

動をしたパートに怒りをぶつけるのも、その奥には肯定的意図があります。二度と過ちをくり返さないように覚えておくため、良い自分を守ろうとするため、迷惑をかけた相手の苦しみに共感するため、ずっと心の中に苦しみを作り出してきました。そのことをしみじみと感じます。

▼③自分のパートを思いやる

それぞれのパートを自分の体から離れた場所にイメージします。昔の自分の姿でも、抽象的な形でも構いません。過ちの行動をしたパートが落ち込んでいる様子、過ちを判断するパートが罪を裁いている様子、過ちを非難するパートが怒っている様子を想像します。

すべてのパートを離れたところから眺め、それぞれが違った苦しみを持ちながら必死で頑張ってきたことを思い出します。それぞれに思いやりの気持ちを向けながら、「過ちは取り返せるものではないかもしれないけれど、これまでよく頑張ってきたね」と、ねぎらいます。

❸自分のパートと相手を思いやる
今までよく頑張ってきたね

▼④すべてのパートを慈しむ

続いて頭上に〈無条件の愛の光〉をイメージします。生まれる前からずっと地上を照らし、命のエネルギーを注ぎ続けてきた光です。社会の基準や個人的な価値観とは無関係に、ありとあらゆるものが存在することを平等にゆるしている無条件の愛を感じます。パートを眺めている自分も、目の前に思い浮かべているパートも、自分が迷惑をかけた相手も、あらゆる存在が〈無条件の愛の光〉で照らされているのをイメージします。

そして〈無条件の愛の光〉の源泉に浮かび上がって、すべてのパートを下のほうに眺めている様子をイメージします。見下ろすと、そこには過ちに苦しんできたパートと、過ちを裁きながら必死で〝良い自分〟を守ろうとしてきたパートと、共感と学びを忘れないために痛みを与え続けてきたパートが見えます。すべてのパートがこれまでの執着を手放し、ゆるされて、前に進もうと願っています。それぞれの苦しみを思いやり、その頑張りを慈しみ、すべてのパートを愛おしく眺めます。

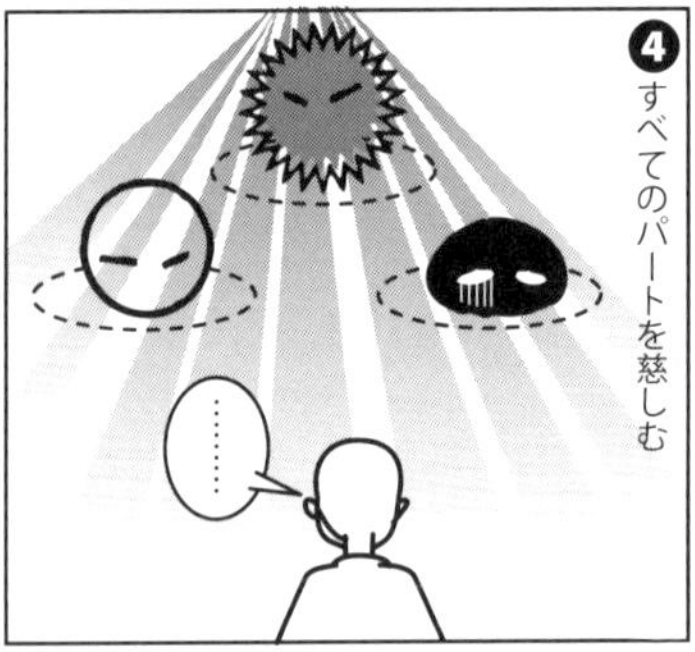

▼⑤ゆるさないのをやめる

すべてのパートに〈無条件の愛〉を送ります。「今まで良くやってきた」と、いたわりの言葉をかけながら、すべてのパートに光を届けます。見下ろしている先には、過ちによって迷惑をかけた相手の姿も見えます。その人にも〈無条件の愛の光〉を送り届けてください。

それぞれのパートは、とても大切なことを学び、存分に心に刻みつけました。あの傷跡を見ればいつでも思い出せます。相手の幸せを祈り続けるだけの愛と、自分らしく生きていく意志が、パートの中に見て取れます。すべてのパートの気持ちに気づきながら、〈無条件の愛の光〉で包み込みます。

そして、すべてのパートに「もう、ゆるされているよ。最初から、ゆるされていたんだよ」と声をかけましょう。もっと反省したくなったら反省してもよいし、自分のために前へ進みたければ前だけを向いてもよい。自分を守りたくなったら〝良い自分〟を目指してもよいし、相手を思いやりたいときは苦しみに共感してもよい。どんな形であれ、そこに存在して、生きていこうとしている自分を慈しんでください。

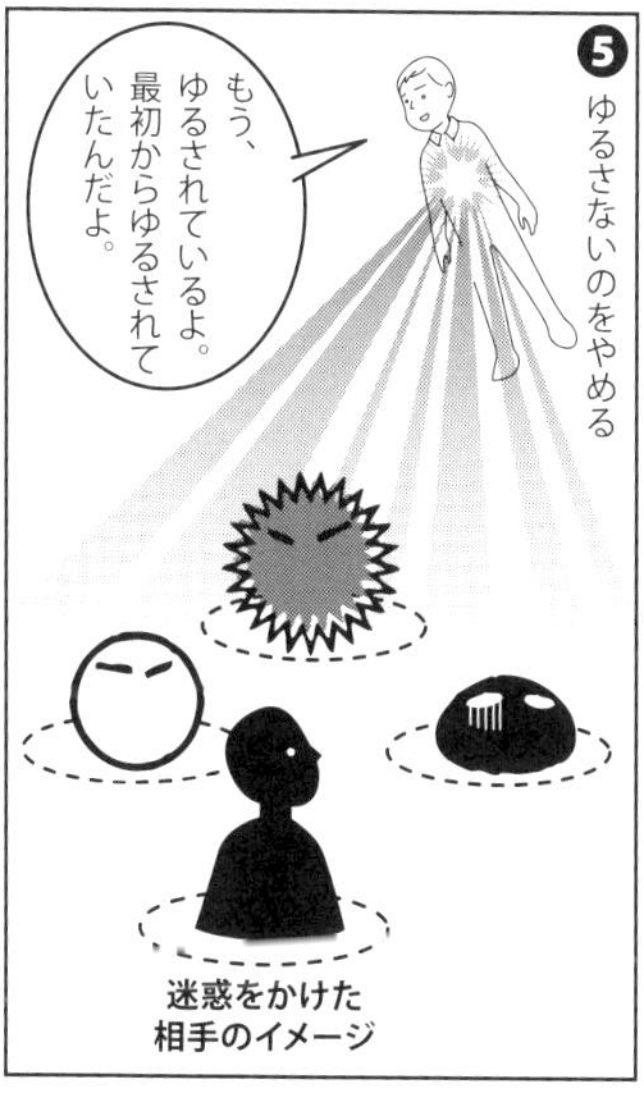
5
ゆるさないのをやめる
もう、
ゆるされているよ。
最初からゆるされて
いたんだよ。
迷惑をかけた
相手のイメージ

▼⑥ゆるされながら前に進む意志を固める

すべてのパートを体の中に戻して、自分としての視点に戻ります。自分の中にいくつものパートがあって、パートを含めた自分全体が〈無条件の愛の光〉に照らされているのをイメージします。ゆるされている感じ、解放感、ホッとする感じを充分に味わいましょう。そして過ちを受け入れ、その行動をした自分さえも愛おしく包み込みながら、迷惑を受けてくれた相手のためにこそ前を向いて自分を生きていく意志を確かめます。

無理やり「ゆるそう」としていないことに注意してください。ゆるしたくない気持ちがあるなら、その気持ちも含めてゆるすのです。ゆるせると気分が軽くなります。ゆるして手放したからといって大切な思いが消えるわけでもありません。大切なものは大切なままです。希望もなくなりません。ただ気にならなくなるか、過去を振り返って懐かしく、愛おしく感じられるかでしょう。

喩えるなら、こんな状態です。

ずっと前から欲しくて、なかなか手に入らないバッグをやっと買うことができたとします。

ちょっとずつ貯金をしながら仕事を頑張って一〇年。たまたま出かけた先でそのバッグと出会ったので、ご褒美のつもりで思い切って買いました。最初に使うのを心待ちにしていたある日、家に帰ってみたら、飼っていた犬がそのバッグを噛んでいました。慌てて取り上げたけれど、穴は開いているし、持ち手は取れている。すごく腹が立って、悔しくて。でもせっかくのバッグだから修理して使うことにしました。遠目には気づかれないかもしれないけれど、自分にはバッグの傷跡が気になりますし、たまに思い出してイライラすることもあります。

……それから数年後、愛犬が亡くなりました。家族同然に暮らしていたので落ち込みます。やっと立ち直ってきたころ、クローゼットの整理をしていたときに、あのバッグが目に留まります。修理していても噛んだ穴の跡が見えます。「そういえば、このバッグ、めちゃくちゃにされたんだよなぁ」と記憶がよみがえります。それはもう愛犬との良い思い出の一つになっている。微笑ましくて懐かしくて、その傷跡があるからこそ、世界に一つだけの大切なバッグになったような感じです。今はもう、その犬には愛おしさばかり。

このように「ゆるせた」、「手放せた」ということは、あとから振り返ったときに分かるもののようです。

パートの調和を満喫する

心の動きをパートとして捉えられるようになると、悩みが格段に減って、気分が楽になります。「～したいけど、できない」や「つい～してしまう」といった葛藤や衝動は、肯定的意図が分かれば自然と調節できます。さまざまな感情もパートの働きとして捉えられれば、うまく解消できるだけでなく、見過ごしていた大切な気持ちに気づくこともできます。厄介なコミュニケーションにおいても、相手の肯定的意図を汲みとり、自分の肯定的意図を分かりやすく伝えれば、大部分で分かり合えるはずです。複雑な悩みでさえも、パートごとに気持ちを整理すれば納得して前に進めます。

特別なことはしていません。

私たちは普段、好きなことが思い通りにできているときには悩みを感じません。好きなことをするパートとは親しみがあるのです。普段から意識に上がっていて、そのパートの肯定的意図にも気づけています。その意図こそが〝自分の好み〟、〝自分の価値観〟として自覚されて、「私は○○が好きだ」、「私は○○を大切にしている」と意識できます。

一方、好きではないことについては、肯定的意図に気づけていません。何気なくやっていて意識に上がることが少ない。パートとの距離が遠いといえます。あるいは意識に上がるとしても、望ましくないこととして評価するときぐらいです。そのパートの意図に気づいていないから、他のパートの基準で「望ましくない」と評価されます。

違いはただ、**パートが普段から意識に上がっているか**です。普段から意識して、その意図に気づけていれば「好きなことをしている」と自覚されるのです。心の動きをパートとして捉える目的は、普段あまり意識されていないパートを意識して、その肯定的意図に気づくことです。意図に気づければ、何気なくやっていたことも、望ましくないと思っていたことも、「私は○○を大切にしたくて、これをしている」と意識されるようになります。好きなことをしているときと同じ状態になります。仮にすべてのパートの意図に気づけているとしたら、好きなことだけをやっていると感じられるはずです。

私たちは忙しい毎日を効率的に過ごすために、行動を習慣化しがちです。習慣にするほど行動は自動的になって、意識から外れていきます。肯定的意図にも気づきにくくなって、「本当にその意図を大切にしたくて行動しているのか？」を気にすることなく、なんとなくやってしまいます。

さらには社会に適応するために、常識や正しさの基準を学びます。基準に沿ったことをしていれば怒られて嫌な思いをする必要がありません。自分が安全でいられるように〝良いこと〟

や〝幸せ〟の基準を社会に合わせ、基準に合わない行動は抑え込むようになります。抑えられたパートは当然、意識から外れていって、肯定的意図に気づきにくくなる。それどころか、たまにその行動をしたときには、〝良くないこと〟、〝望ましくないこと〟として自己評価を下げる理由にされがちです。

結果として、〝良いこと〟として学んできた習慣を理由もなく続け、〝良くないこと〟として学んだことは〝自分らしくない行動〟として避けたり嫌ったりすることになります。

ですが元々は、すべての行動や感情的な反応に肯定的意図があります。心のどこか意識に上がりにくいところでは、その**意図が満たされる喜び**を願っているのです。

たとえば、怒りを衝動的に爆発させるのを〝望ましくない〟こととして抑える人は少なくありません。そうした感情を抑えるパターンが習慣化すると、怒りだけでなく、悲しみも嬉しさも抑えられることがあります。一方で、映画に感情移入して泣いたり、成果を出して興奮したりする喜びもあるものです。怒りそのものについても、発散させてスッキリする喜びもありますし、怒りをエネルギーとして自分の思いを力強く表現する喜びもあります。

体を動かす気持ちよさもありますし、体を落ち着かせて静けさに浸る心地よさもあります。細かいことを気にしない大らかな気分もよいものですし、細かいことをキッチリさせておく満足感も気分がよいものです。集中して作業効率が上がっているのも気分がよいですし、ボーっと何もせずにリラックスするのも気分がよい。誰かのために優しくする喜びもありますし、自分勝手で気ままに過ごす喜びもあります。

私たちは〝良いこと〟として学んできた喜びだけに慣れ親しんでいて、その喜びを感じるための習慣に頼りやすいのです。しかし**心の中のパートは、もっと他の喜びも知っています**。パートの肯定的意図に気づければ、それだけ多くの喜びを感じられるようになります。習慣に頼ることなく、その瞬間に最もふさわしい喜びが感じられることを選べるようになります。「今日の昼ごはんは何にしようかな?」というぐらいの気軽さで、「今は怒鳴っておくか、それとも抑えておくかな?」、「今は部屋を散らかしたままにしようかな、それとも片づけようかな?」、「今は皆に気を遣っておくかな、それとも好き勝手にしておこうかな?」のように選べます。

今この瞬間に心地いいことを選ぶ。それがまさに心の中が調和している状態だといえます。

そしてパートの気持ちに気づくことには、もう一つ重要な意味があります。

ほとんどのコミュニケーションで起きているように、人は承認を求めています。大切にされたいということです。その「大切にされたい」気持ちを生み出しているのも、やはりパートです。すべてのパートは大切にされたい。自分の存在に安心して、平和で安らぎに満ちた状態でいられるように、大切にされていたいのです。

幼いころパートが成長中のときには、自分を大切にしてくれるのは他者しかいませんでした。親や先生など身の周りの人たちが大切にしてくれるかどうかが、安心していられるかどうかの鍵だったわけです。

　ですが大人になった今、心の中には数え切れないほどのパートがいます。一つのパートが大切にされたい気持ちは、他のすべてのパートから満たしてもらうこともできます。パート同士が調和してくれれば、パートはお互いに存在を認め合い、安心していられるようになります。

　さらには**「私」自身がパートを大切にする**こともできます。パートの気持ちに気づき、歓迎し、愛おしく感じる。それだけでパートは満たされ、パートの集合体としての〝自分〟も満たされます。

　人は好きなものには目が行ってしまうものですし、好きなものは細かく気にするものです。趣味についての詳しさを思い出せば実感してもらえるでしょう。好きなことには関心が向くのです。

　裏を返せば、自分のパートの気持ちに気づけるように関心を向けることは、自分を好きになるということです。パートに気づいていれば、自分の一部であるパートが満たされて、同時に自分で自分を好きになることにもなるのです。自分を受け入れ、自分が受け入れられる。慈しむ喜びと愛される喜びの両方がそこにあります。

「悩む」のと「苦しい」のは違うのです。心には苦しみが起こります。体に痛みが起きるのと同じようなものです。痛いものは痛い。苦しいものは苦しい。ですが、そのことに悩む必要はありません。悩みは解消できるのですから。

自分が苦しんでいるのではないのです。苦しんでいるのは、自分の中のほんのいくつかのパートです。そのときでも、他の大部分のパートは喜びを願って働いています。そして「私」は、その喜びにも気づけますし、苦しみにも気づいています。だからこそパートの苦しみに共感し、思いやりを向けられます。自分のパートの苦しみに寄り添うことができます。

そのとき「私」は悩みの中にはいません。心の調和を聞いています。自分を受け入れています。

自分を受け入れるほど気分が楽になって余裕が生まれます。自分に余裕ができると、相手にも余裕をもって接することができます。結果的に人間関係も良くなるでしょう。どうにもならないことさえも受け止められるかもしれません。

どうぞ心の中の気持ち一つひとつに気づいてください。
あなたの大切な人を大切にするために、
かけがえのない思い出を大切にするために、
世界に一人しかいないあなた自身を大切にするために。

あとがき

本書全体の内容をシンプルにまとめると、

・心をパートの集合体と考える
・悩みを解消する

の二点に集約されます。

心を集合体として考えるのは、実はそれほど特殊なものではありません。認知科学や、いわゆる脳科学でも、機能の役割分担を想定することがありますし、心理療法にも心の中の〝小さな自分〟に話をさせる手法があります。〝天使の声と悪魔の声〟といえば誰もがどこかで目にしたことがあるイメージでしょう。最近では、頭の中の登場人物を描いた映画なども作られています。

本書のベースになっているのは神経言語プログラミング（NLP）ですが、そうした心の役割分担をNLPでは〈パート〉という表現で扱っています。

「心は集合体」と考えるところは似ていても、ひとつ大きな特徴があります。それが本書でくり返し説明してきた『肯定的意図』です。心の中の役割分担を考え、それぞれの役割に担当者をイメージして、担当者から役割の奥にある意図を聞く。この意図は常に本人のために肯定的であるとするのがNLPの特徴です。

パートの意図が肯定的なものだったと気づけたとき、人は大きな納得感を味わうものです。腑に落ちる感じ、忘れていた大事なものを思い出したような感じがする瞬間に、心が統合されます。悩みが解消されます。

パートの気持ちを自覚していなかった段階では、そのパートはいわば「自分」から切り離されているのです。それは、〝自分らしい〟考えからすると相応しくない・望ましくないパートとして捉えられ、〝自分らしくない〟ものとして拒絶されている。心の中で「自分」の範囲に受け入れられていません。

しかしそのパートの肯定的意図に気づけると、「自分にはこんな気持ちもあったんだ」と実感します。それまで〝自分らしくない〟ものとして切り離されていたパートが、〝自分らしい〟ものに変わるわけです。この瞬間に、そのパートが「自分」の範囲に『統合』されています。パートが変わったのではありません。「自分」が変わったのです。心に占める「自分」の割合が大きくなったのです。

〈悩み〉は「自分の中に受け入れ難い気持ちがある状態」だといえますから、その気持ちを作り出すパートの意図に納得すれば、気持ちを〝自分らしい〟ものとして受け入れられるようになり、悩みの状態ではなくなります。これはどんな悩みにも共通する原則です。

心を集合体と考え、望ましくない心の状態をパートのやりとりとしてイメージする。そしてパートの意図を聞いて納得する。すると悩みが解消される。そういう趣旨の本として、悩みが出てきたときに手に取っていただけたら何よりです。

もちろん本書の方法だけで何でもうまくいくわけではありません。最後に、ここで紹介してきた手法の位置づけを〈悩み〉と〈問題〉の観点から補足しておきます。使いどころを知っているほうが、安心して悩みへ取り組めると思います。

〈問題〉とは、「思い通りになっていないこと」を言っています。望ましくない現状から抜け出るためであれ、目標を達成するためであれ、変える必要のあることが〈問題〉だといえます。問題が解決されれば、悩みの原因がなくなって、悩みも消えます。

それに対して、〈悩み〉は心の状態です。「問題が対処不能」だと認識された状態。「自分には変えられない」、「自分には手に負えない」と感じるほど、悩みは大きくなります。問題解決へのアイデアも浮かぶけれど、どれもうまくいかない気がして選べない。手の打ちようがないと感じていて、どんな解決の努力にも自信が持てません。しかし悩みが解消されると自信をもって問題に対処できるようになります。悩みが解消されても問題は残りますが、「手に負えない問題」とは感じなくなるわけです。

言い換えると、

〈問題〉は、どうすれば変えられるか？
〈悩み〉は、どのように問題へ向き合えばいいか？

の話だということです。

問題解決の方法もさまざまです。問題が、知らないからできないことだとしたら（知識不足の問題）、本やセミナーで勉強したり、専門家からアドバイスをもらったりすれば解決されます。うまくないからできないのが問題だとしたら（技術不足の問題）、自分で練習をするかインストラクターの指導を受けるかして、上達させることになります。心の癖のように、分かっているのになぜかできないのだとしたら（プログラムの問題）、NLPや心理療法などで内面と向き合うことが求められます（拙著『心が思い通りになる技術』を参考）。

問題解決のために〝何を〟するかによって、どのぐらい早く、どれぐらい確実に、望む結果へ辿りつけるかが決まる。これがポイントです。達成するスピードと確率を上げるために、効果的な解決策を選ぶということです。

一方、本書のテーマは悩みの解消です。具体的に望ましくない状況が変えられるかの前に、まず心の状態をスッキリさせます。「どうしよう、どうしよう……」と思い悩みながら問題に対処していたところから、「自分はこれをやるんだ」と自然体で精一杯、目の前の問題に取り組めるようにするわけです。悩みを解消するポイントは、問題解決に向きあう姿勢を調えるところにあるということです。

たしかに悩みが解消されても問題は残ります。問題解決の努力は続きます。より効果的な解決策を検討してください。悩みの解消とは別に、問題解決の工夫もできるのです。むしろ悩みを解消してからが、問題解決の本番かもしれません。悩みがあるときは、落ち込んで、うずくまって前に進めずにいた。本書にできるお手伝いは、再び立ちあがる元気を取り戻し、前を向けるようにするところまでです。そこからが、より望ましい結果を目指して、そしてより幸せになるために、前に進み始めるときです。

喩えるなら、作物を育てようとして苗を植えるようなものです。きちんと水をやり、雑草を抜いて手入れをする。そうすれば作物も実りやすくなるでしょう。ときには大雨が続くこともあるかもしれません。避けられないこともあります。だからこそ、しっかりと根を張りやすくするために、土を耕すのです。日々の手入れが功を奏しやすくするために、先に土を耕しておく。

それが悩みを解消する意味です。

場合によっては期待していたような作物が実らない株もあるでしょう。それでも茎が伸び、葉が広がる力強さには、心を打たれるかもしれません。予想もしていなかった花の美しさに感動するかもしれません。花に誘われてくる蝶がいるかもしれません。育っていれば何かが起こるようです。

本書の内容の土台はＮＬＰにありますが、ここで紹介したほど細かく心の動きを調べるのはＮＬＰの分野でも主流ではありません。あくまで私自身がＮＬＰの視点で、多くの人の心の動きを理解しようとしてきた結果です。クライアントや受講生の皆さんから心の動きを教えてもらい、パターンとして整理（モデリング）したということです。私個人のアイデアではなく、多くの人がこうやって悩みを解消してきたという財産です。私が皆さんから、悩みを解消する原則を教わったのです。ですから今度は本書を通じて、私が教わったことをあなたに届けることにしました。

その意味でも、ＮＬＰを通じて多くの人と関わる機会を私にくださった椎名規夫さんへの感謝はとどまりません。本書で扱った技術は、堀之内高久先生のトレーニングなしにはあり得ませんでした。改めて深く感謝申し上げます。そして本書の企画から構成まで二人三脚でお力をいただいた晶文社の江坂祐輔さんには、私が重要だと思う内容を一冊の本として形にしてくださったことへ、深く感謝しております。何より、私と関わりのあった皆さん。私に心の中を見せてくださって、ありがとうございました。皆さんがご自分の内面と真っすぐに向き合った勇気のおかげで、私はこの本を書くことができました。ありがとうございます。

最後に本書を手に取ってくださったあなた。最後までお付き合いくださって、ありがとうございました。悩みはご自分の人生へ真剣だからこそ生まれるものだと思います。その真剣で誠実な姿勢が、豊かな日々に繋がることを心より祈っています。本書の背後には、悩みを解消した多くの人がいます。その人たちが、あなたの悩みが解消されて幸せになることを祈っている。私はそう信じています。

二〇一六年六月吉日

原田幸治

著者について

原田幸治（はらだ・こうじ）
米国 NLP™ 協会認定 NLP™ トレーナー。早稲田大学大学院理工学研究科修了。専門は応用化学。技術力に定評のあるバイオ系製薬企業に研究職として入社し、微生物の改変や向上の製造プロセス研究などを担当する。その後、コミュニケーション・トレーナーとして独立。セミナー、研修、コンサルティングなどを行う。微生物から人の筋肉の動きまで、微細な変化を捉える観察力をベースにコミュニケーションを論理的に解説する。クライアントは、研究者、介護職、研修講師、システム・エンジニア、販売員、カウンセラーなど多岐に渡る。
著書に『心が思い通りになる技術――NLP：神経言語プログラミング』（春秋社）。

【HP】「HRD Lab.」http://hrd-lab.com
【Blog】「バリバリの理系だから気づけた心とコミュニケーション」http://rikei.livedoor.biz/

心《こころ》を読《よ》み解《と》く技術《ぎじゅつ》
――NLP パート理論

2016 年 8 月 15 日　初版

著　者　原田幸治

発行者　株式会社晶文社
東京都千代田区神田神保町 1-11　〒 101-0051
電　話　03-3518-4940（代表）・4942（編集）
URL　http://www.shobunsha.co.jp

印刷・製本　中央精版印刷株式会社

ISBN978-4-7949-6931-6　Printed in Japan

好評発売中

「深部感覚」から身体がよみがえる！　中村考宏

あなたのケガ、本当に治ってますか？　鈍くなった感覚を活性化させ、からだに心地よさをもたらす８つのルーティーンを中心に、重力に逆らわない自然な姿勢について解説する。毎日のケアから骨格構造に則った動きのトレーニングまで図解にて詳しく紹介。

ランニング思考　慎泰俊

民間版の世界銀行を目指す企業家が、過酷なウルトラマラソンの体験から得た仕事と人生の教訓。いかなるマインドセットでレースに臨み､アクシデントをどう乗り越えるか？　読者の「働く」「生きる」を変えるかもしれないエクストリームなマラソン体験記。

偶然の装丁家　矢萩多聞

個性や才能、学歴や資格なんていらない。大切なのは与えられた出会いの中で、身の丈にあった「居場所」を見つけること――。14歳からインド暮らし、専門的なデザインの勉強をしていなかった少年が、どのようにして本づくりの道にたどりついたか。

江戸の人になってみる　岸本葉子

一日、せめて半日、江戸に紛れ込んでみたい――名エッセイストが綴る、大江戸案内にして、年中行事カレンダー。『絵本江戸風俗往来』を片手に、江戸の風情を訪ね歩けば、手習いのお師匠さんになったつもりで、江戸の一日を再現。

自死　瀬川正仁

日本は先進国のなかで、飛びぬけて自死の多い国である。学校、職場、家庭で、人を死にまで追い込むのは、どのような状況、心理によるのだろうか。複雑に絡み合う自死の人の問題点を読み解き、そこに関わる多くの人びとを取材しながら、実態を明らかにする。

民主主義を直感するために　國分功一郎

「何かおかしい」という直感から、政治へのコミットメントははじまる。パリの街で出会ったデモ、小平市都市計画道路反対の住民運動、辺野古の基地建設反対運動……哲学研究者が、さまざまな政治の現場を歩き、対話し、考えた思索の軌跡。

人類のやっかいな遺産　ニコラス・ウェイド　山形浩生・守岡桜（訳）

なぜオリンピック100m走の決勝進出者はアフリカに祖先をもつ人が多く、ノーベル賞はユダヤ人の受賞が多いのか？　ヒトはすべて遺伝的に同じであり、格差は地理や文化的な要因からとするこれまでの社会科学に対する、精鋭科学ジャーナリストからの挑戦。